강아지 훈련
시키지 마라

강아지 훈련 시키지 마라 [개정증보판]

초판 1쇄 발행   2015년 6월 25일
개정판 1쇄 발행   2017년 7월 10일

지은이	김 세 화	일러스트	박 신 연
펴낸이	손 형 국		
펴낸곳	(주)북랩		
편집인	선일영	편집	이종무, 권혁신, 송재병, 최예은, 이소현
디자인	이현수, 이정아, 김민하, 한수희	제작	박기성, 황동현, 구성우
마케팅	김회란, 박진관, 김한결		

출판등록   2004. 12. 1(제2012-000051호)
주소   서울시 금천구 가산디지털 1로 168, 우림라이온스밸리 B동 B113, 114호
홈페이지   www.book.co.kr
전화번호   (02)2026-5777   팩스   (02)2026-5747

ISBN   979-11-5987-661-5 13490(종이책)   979-11-5987-662-2 15490(전자책)

잘못된 책은 구입한 곳에서 교환해드립니다.
이 책은 저작권법에 따라 보호받는 저작물이므로 무단 전재와 복제를 금합니다.

이 도서의 국립중앙도서관 출판예정도서목록(CIP)은 서지정보유통지원시스템 홈페이지(http://seoji.nl.go.kr)와 국가자료공동목록시스템(http://www.nl.go.kr/kolisnet)에서 이용하실 수 있습니다. (CIP제어번호: CIP2017015861)

(주)북랩 성공출판의 파트너

북랩 홈페이지와 패밀리 사이트에서 다양한 출판 솔루션을 만나 보세요!

홈페이지 book.co.kr   •   블로그 blog.naver.com/essaybook   •   원고모집 book@book.co.kr

강아지 훈련 시키지 마라

김세화 지음

혼내지 않는 반려견 교육의 새로운 패러다임
반려견 교육의 원리 이해부터 구체적 방법까지 수록!

『강아지 훈련, 시키지 않아도 됩니다』 2017 개정판

북랩 book Lab

 프롤로그

사랑한다면

우리는 반려견을 '사랑'한다고 말합니다. 가족으로, 친구로, 동반자로 반려견을 사랑한다고 합니다. 그런데 반려견에 대해서 아는 것이 많지 않습니다. 갖가지 편견과 선입견에 사로잡혀 제대로 알고 있는 것이 별로 없는 형편입니다. 잘못된 지식을 옳다고 믿고 있는 때가 더 많습니다. 당연한 결과로 사랑하는 방법은 더더욱 알지 못합니다. 말로는 항상 사랑한다고 외치지만, 어떻게 사랑해야 할지 제대로 알지 못합니다. 사랑한다고 하면서 사랑하는 방법을 실천하지 않고 있습니다. 무지한 사랑은 잘못된 사랑이 될 수 있고 때론 폭력이고 학대일 수 있습니다. 실천하지 않는 사랑은 의미가 없습니다.

자신의 반려견을 정말 사랑(?)하시는 보호자분의 반려견을 교육한 적이 있습니다. 그분은 인스턴트식 대량생산 사료를 반려견에게 먹이지 않았습니다. 간식도 수제 간식을 구입해서 먹이거나 직접 만들어서 먹일 정도였습니다. 반려견을 사랑하는 마음에 사료 하나에서부터 간식에 이르기까지 정말 정성을 다하고 계셨습니다. 그런데 그분은 반려견이 한 살이 다 되어갈 때까지 산책을 거의 시켜주지 않았습니다. 반려견에게는 규칙적인 산책이 필요하다는 사실을 몰랐기 때문입니다.

그런 까닭에 그 반려견은 줄을 매고 밖을 나가자 사시나무 떨듯 덜덜 떨며 주의를 집중하지 못하고, 이곳저곳 뛰어다니며 줄을 끌고 불안한 모습을 보였습니다. 반려견에게 바깥세상은 온통 두려움의 대상으로만 비춰졌습니다. 신나고 호기심 거리로 가득한 즐거운 세상이 아니었습니다. 이따금씩 나오는 바깥세상은 두려운 존재일 뿐이었습니다. 좋은 것만 먹인다고 그것이 사랑은 아닐 겁니다. 집안에만 가둬두는 것은 올바른 사랑법이 아니었습니다. 때문에 그 반려견의 삶은 반쪽짜리 삶에 불과했습니다. 그 반려견은 과연 행복할까요? 그 반려견의 보호자분은 사랑하는 방법을 제대로 알지 못했던 것입니다.

우리는 또한 '사랑의 매'라는 표현을 하는 경우도 있습니다. 때리는 사람 입장에서는 그것이 사랑이라고 생각할지 모르지만, 맞고 있는 상대방 입장에서 그것은 고통이고 폭력이며 강제로 받아들여질 수도 있습니다. 우리는 반려견에게 사랑이라는 이름으로 '사랑의 매'를 너무도 자주 함부로 휘두르고 있는 건 아닌지 돌이켜봐야 합니다.

반려견을 사랑하려면 반려견에 대해서 바르게 알아야 합니다. 반려견을 제대로 사랑하고 행복한 반려견으로 키우기 위해서는 알아야 할 것들도, 실천해야 할 것도 정말 많습니다. 우리는 반려견을 정말 사랑하고 행복한 반려견으로 키우기 위해서, 그래서 우리 자신도 행복한 보호자가 되기 위해서 반려견에 대해 많은 것을 알아야 하고 공부해야 하며 실천해야 합니다.

- 반려견이 반려견답게 살도록 하려면 어떻게 해야 할까?
- 반려견의 스트레스를 최소화하려면 어떻게 해야 할까?
- 반려견의 문제 행동을 예방하는 방법은 뭘까?
- 반려견에게 신뢰감을 주고 교감하려면 어떻게 해야 할까?
- 반려견은 지금 행복할까?
- 반려견의 감정 상태를 알 수는 없을까?
- 반려견의 이런 행동은 어떤 의미일까?
- 나의 몸짓이나 행동은 반려견에게 어떤 의미로 비춰질까?

반려견에 대해 알아야 할 내용들은 이외에도 많습니다. 반려견에 대해 아는 만큼 우리는 반려견을 더 잘 사랑해줄 수 있습니다.

예전에는 미처 몰랐습니다. 반려견을 제대로 교육하고 문제행동을 고치기 위해서라면, 강제와 강압은 불가피한 선택이자 필요악이라고 여겼습니다. 반려견을 기르면서 발생할 수 있는 문제를 예방하고, 문제행동 때문에 버림받아 유기견이 되는 더 큰 불행을 막고, 보호자와 더불어 보호자의 보호 하에 살도록 하자면, 강제 훈련을 하고 벌을 줘서라도 문제행동을 고치기만 하면 되고 사람의 말을 잘 따르게 하기만 하면 되는 것으로 생각했습니다. 체인 목줄로 묶고 서열과 복종을 얘기했습니다.

그러나, 그러나 말입니다. 오랜 기간 이런 방식으로 반려견 교육을 진행하고 반려견들의 문제행동을 고쳤지만, 마음 한 구석엔 문득문득

회의감이나 의구심이 생겨났습니다. 과연 내가 지금 하고 있는 반려견 교육 방식이 최선의 방식일까? 반려견을 교육하고 문제행동을 고쳐준다는 이름 하에 오히려 반려견을 억압하고 반려견에게 몹쓸 짓을 하는 것은 아닐까? 칭찬으로만, 긍정적인 방식으로만 할 수 있는 반려견 교육법은 없는 것일까? 강제 없이 반려견을 교육할 수는 없을까? 하는 회의감이 떠나지 않았습니다.

 이 책은 이런 반성과 고민을 바탕으로 쓰인 책입니다. 가정을 방문하여 많은 반려견을 만나고 그들을 교육하면서 느끼고 배운 점들과 틈틈이 공부하면서 알게 된 내용들을 정리한 글인 동시에, 과거의 제 자신의 잘못에 대한 반성의 글이기도 합니다. 고민하고 반성하면서 많은 반려견 보호자분들이 반려견을 바로 알고 이해하는 데 도움이 되기를 바라는 마음에서 하나 둘 틈틈이 쓴 글들을 모아 엮은 것입니다. 이 글을 통해 우리 사람들이 반려견을 바르게 이해하고, 잘못된 오해와 편견이 조금이라도 바뀔 수 있고, 제대로 된 사랑법을 실천하는 사람들이 늘어난다면, 그보다 더 큰 보람은 없을 것입니다.

 반려견 교육을 하면서 사람을 더 잘 알게 되었습니다. 사람 사이의 관계도 더 잘 알게 되었습니다. 저 자신에 대해 좀 더 잘 알게 되었습니다. 생명의 소중함도 알게 되었습니다. 사람 사이의 관계도, 아이들의 교육법도 반려견들과의 그것과 다르지 않음을 느낄 수 있었습니다. 반려견을 교육하면서 실은 제가 그들에게서 더 많은 것을 배웠습니다. 제가 반려견을 교육하면서 배운 것과 같이, 반려견을 기르는 많은 보호자

분들도 반려견을 기르고 교육하면서 인생을 배우고, 사람 사이의 관계를 배우고, 자신을 더 잘 알게 되는 기회가 되었으면 하는 바람입니다.

결국 이 책이 나오기까지 저의 가장 큰 스승은 제가 만났던 수많은 반려견들이었습니다. 배변을 가리지 못하거나 사람을 물거나 짖는 등, 이른바 '문제견'들이 저의 가장 큰 스승이 되었다고 생각합니다. 부족한 이 글들이 이 땅의 수많은 반려견들이 더 행복해지고, 그로 말미암아 그 보호자분들도 더불어 행복해질 수 있게 되기를 바랍니다.

『강아지 훈련, 시키지 않아도 됩니다』를 낸 지 2년이라는 세월이 흘렀습니다. 당초 이 책은 구체적인 방법이나 테크닉을 제시하기보다 반려견과 반려견 교육에 대한 오해와 편견을 바로잡고 긍정적으로 교육하고 교감하기 위해서는 어떻게 하는 것이 좋은지, 반려견이 행복하고 더불어 보호자도 행복하기 위해서는 어떻게 해야 할 것인지에 대해 전체적인 방향을 제시하는 데 중점을 두고 집필했습니다. 그동안 많은 독자들이 기대 이상의 호응과 격려를 해주셨습니다. 그럼에도 독자들 중에는 구체적인 방법이나 솔루션이 부족하다는 아쉬움과 불만을 표시하는 분들이 적지 않았습니다. 필자 또한 그 점이 늘 해결하지 못한 숙제처럼 마음 한쪽의 부담으로 남아 있었습니다.

그러던 차에 이번에 배변교육에 관한 필자의 다른 책『강아지 배변훈련 시키지 마라』를 출간하게 되었습니다. '떡 본 김에 제사 지낸다'고 이 기회에 그동안 미뤄뒀던 개정판을 함께 준비하게 되었습니다. 이 책은 2년 전에 출간한『강아지 훈련, 시키지 않아도 됩니다』의 개정판으로

책 제목도 『강아지 훈련 시키지 마라』로 바꾸게 되었음을 밝혀둡니다.

개정판에서는 초판의 내용 중 중요도가 떨어지는 내용은 일부 삭제하고 독자들이 반려견을 키우면서 힘들어하고 궁금해하는 '물어뜯는 행동 고치기', '산만하고 날뛰는 반려견 교육'을 추가했습니다. 또한 초판에서 아쉬움으로 지적되던, 구체적인 요령이나 솔루션이 부족하다는 단점을 보완하기 위해 구체적인 팁(tip)들을 최대한 많이 실어 반려견을 키우고 교육하는 데 실제적인 도움이 되도록 노력했음을 밝혀둡니다.

이제 이 한 권의 책만으로도 반려견과 반려견 교육에 대해 바르게 이해하고, 혼내지 않고도 마음껏 사랑하며 키우는데 부족함이 없을 것으로 생각합니다만, 아직도 미진한 부분이 더 많고 아쉬움은 더 큽니다. 앞으로도 부족한 부분은 조금씩 채워나가도록 하겠습니다.

그동안 묵묵히 옆을 지켜주고, 제가 힘들어하고 자신감을 잃을 때마다 용기를 북돋아준 아내가 없었다면 불가능한 일이었습니다. 아내 김선희에게 감사의 말을 전합니다.

2017년 7월

김세화

 강아지 훈련 시키지 마라

프롤로그 사랑한다면 ………………………………… 5

반려견 교육, 패러다임을 바꾸다

만남 ……………………………………………… 16
가두지 않고 키우기 …………………………… 20
누구도 대신할 수 없는 것 …………………… 26
반려견에게 아름다운 세상을 선물하는 법 ……… 32
배변은 스트레스의 표현이기도 하다…………… 43
자주 묻는 배변 교육 궁금증 ………………… 49
배변 교육 프리쉐이핑(freeshaping) …………… 57
반려견 교육, 패러다임을 바꾸다 ……………… 63
나는 냄새 맡는다, 고로 존재한다 …………… 68
노즈 워크(nose work), 새로운 해석과 가능성 …… 77
거꾸로 훈련법 …………………………………… 82
거꾸로 훈련법 2 ………………………………… 87
반려견들의 시선 ………………………………… 91
말하는 반려견 …………………………………… 96
스스로 생각하는 반려견 ……………………… 99

C·O·N·T·E·N·T·S

02 강아지 훈련, 시키지 않아도 됩니다

교정은 없다 …………………………………… 108
산책 훈련은 시키지 않아도 됩니다 ………………… 111
'복종 훈련'은 박물관에 보내세요 ………………… 117
'안 돼'라는 말은 약국에서나 찾으시면 됩니다 ……… 125
많이 짖는 반려견 교육………………………… 131
무는 반려견 교육 ……………………………… 137
물어뜯는 행동 고치기 ………………………… 144
산만하고 날뛰는 반려견 교육…………………… 151
'앉아'라고 하지 마세요………………………… 156
좋은 산책이란?………………………………… 161
좋은 산책이란? 2 ……………………………… 167
애견 방문교육 사례 …………………………… 174
복종, 서열정리 관련 댓글과 답변 ………………… 179
강아지 훈련, 시키지 않아도 됩니다 ……………… 187

03 오해와 진실

- 과잉보호가 문제의 원인일까? ················· 196
- 그녀의 꼬리를 믿지 마세요················· 204
- 먹는 걸로 쩨쩨하게? ···················· 209
- 장막을 걷어라 ······················· 216
- 같이 자면 안 되나요? ··················· 222
- 자율 급식 하고 계시나요? ················· 228
- 반려견을 하나 더 입양할 계획이라면?············ 237
- 개에게도 사유재산이 있다? ················ 243
- 개는 충성스런 동물이 아니다················ 253
- 알파 롤(alpha roll), 절대로 따라하면 안 되는 이유······· 257
- 칭찬 바로 알기 ······················ 265
- 칭찬 바로 알기 2 ····················· 270
- 터그 오브 워(tug of war) 게임의 진실 ·········· 274
- 익숙함과 익숙지 않음의 차이················ 279
- 흥분 상황을 주목하라 ··················· 284

C·O·N·T·E·N·T·S

04 안심해! 절대로 혼내지 않을게

선택 …………………………………… 292
깨무는 강아지 …………………………… 296
공격성은 나타나는 순간 악화되기 시작한다 …………… 305
관찰당하고 있는 나를 관찰하라………………………… 313
반려견과 아기 …………………………… 319
여러 마리의 반려견 기르기……………………………… 327
반려견의 권리를 인정하라?! ……………………………… 339
반려견 교육은 게임이다 ………………………………… 345
안심해! 절대로 혼내지 않을게 ………………………… 348
어미 개처럼 행동하라 …………………………………… 352
퍼피 라이선스(puppy licence)? ………………………… 360
페어런트 라이선스(parent licence)!
반려견과의 교감이란? 이런 것! ……………………… 364
카밍 시그널(calming signal)은 반려견의 연애편지다 … 369
강제 훈련 왜 나쁠까? …………………………………… 374
분리불안증 문제 해결의 초점…………………………… 380
분리불안증 5막 7장의 연극 ……………………………… 388

에필로그 알고 계셨습니까? ……………………………… 394

만남
가두지 않고 키우기
누구도 대신할 수 없는 것

반려견에게 아름다운 세상을 선물하는 법
배변은 스트레스의 표현이기도 하다
자주 묻는 배변 교육 궁금증
배변 교육 프리쉐이핑(freeshaping)
반려견 교육, 패러다임을 바꾸다
나는 냄새 맡는다, 고로 존재한다
노즈 워크(nose work), 새로운 해석과 가능성
거꾸로 훈련법
거꾸로 훈련법 2
반려견들의 시선
말하는 반려견
스스로 생각하는 반려견

01

반려견 교육, 패러다임을 바꾸다

만남

어린 강아지를 입양했을 때를 생각해보세요.
설레고 들뜬 마음에 며칠간 밤잠을 설쳐도 즐겁고
기쁘지 않았던가요?

옷깃만 스쳐도 인연이라는 말이 있습니다. 곰곰이 생각하면 만남이란 참으로 소중한 일일 수 있습니다. 우리는 매순간 수없는 사람이나 대상들과 만남과 이별을 반복하며 살아갑니다. 어떤 연유로 그 사람과 만나게 되었는지 알 수 없는 노릇이지만, 매순간의 만남마다 소중하고 기분 좋은 만남을 많이 만들 수 있다면, 그 사람의 인생도 그만큼 풍요해지고 뜻 깊고 행복한 삶이 되지 않을까 생각해봅니다.

사람과 사람 사이의 인연이나 만남이 소중하듯 사람과 동물 사이, 사람과 반려견 사이의 만남과 인연도 그에 못지않게 소중하다고 아니할 수 없습니다. 어린 강아지를 입양했을 때를 생각해보세요. 설레고 들뜬 마음에 며칠간 밤잠을 설쳐도 즐겁고 기쁘지 않았던가요? 처음 집으로 데려와서 어린 녀석이 아무데나 오줌을 싸고 똥을 싸도 마냥 귀엽게 여겨지고 예뻐 보이지 않았나요? 작은 입으로 깨물어도 아프지 않고 화나지도 않고…, 쌔근쌔근 잠든 모습은 너무도 사랑스러워 애처로운 마음마저 들게 합니다. 어떤 강아지는 성격이 온순하고 차분합니다. 어떤 강아지는 에너지가 넘쳐나 잠시도 가만있지를 못합니다. 어떤 강아지는 소심하여 조그만 소리나 움직임에도 깜짝깜짝 놀라곤 합니다. 어떤 강아지는 사소한 자극이나 변화에도 민감하게 반응합니다. 어떤 강아지는 쉬이 공격적인 성향을 나타내기도 합니다. 어떤 강아지는 보호자에게 순종적이고 여간해서는 공격적인 성향을 드러내지 않습니다. 당신은 지금 어떤 반려견과 살고 계십니까? 입양한 강아지가 온순하고 정해진 화장실에서 배변을 잘 가리고 집안 물건을 물어뜯지도 않고 불필요하게 짖지도 않는 '착한' 강아지인가요? 그렇다면 당신은 정말 행운아입니다. 반대로 똥오줌도 못 가리고 까칠한 성격의 강아지인가요? 그렇다고 실망하지 마세요. 당신이 어떻게 하느냐에 따라 얼마든지 '착한' 강아지로 바뀔 수 있으니까요. 부모가 자식을 가르치고 키우듯 사랑과 인내심을 갖고 하나하나 가르치고 기다려준다면, 당신의 말썽꾸러기 강아지도 머잖아 '착한' 강아지로 대변신할 수 있으니까요. 말썽꾸러기 강아지를 가르치고 올바른 행동을 하도록 길들이는 일은 부모인 우리 사람이 해야 할 역할이자 의무입니다. 당신 강아지에게 기회를 줘보세요.

　반려견 교육을 신청하면서 이런 말씀을 하시는 분들이 많습니다.

"이제 막 어린 강아지를 입양했는데 어떻게 키워야 할지 잘 몰라서, 정말 이 아이가 죽을 때까지 잘 기르고 싶은데 어떻게 기르고 대해야 하는지 잘 몰라서…."

어떤 이들은 이렇게 말합니다.

"강아지를 처음으로 입양해서 자식처럼 가족처럼 잘 기르고 싶은데, 강아지가 말썽을 부리고 말도 잘 듣지 않아 교육을 시켜보려고 인터넷도 뒤져보고 강아지 훈련 책도 여러 권 사 봤는데, 내용이나 주장이 제각각이어서 도무지 어떻게 하는 것이 옳은지 알 수가 없고, 너무 많은 정보가 넘쳐나서 갈피를 잡을 수가 없어요. 그래서 전문가 선생님께 도움을 받는 것이 좋을 것 같아서…."

반려견 교육을 신청하게 되었다고 말합니다.

이는 그 반려견이 어떤 성격의 반려견이 되었건, 어떤 행동을 하는 반려견이 되었건 간에, 반려견과의 만남과 인연을 소중하게 여기고 아름다운 만남이 될 수 있기를 바라는 따뜻한 마음을 표현한 것이라는 생각이 듭니다. 요즘 유행하는 말로 표현하면 반려견에 대한 '의리'(?)라고 할까요. 반려견과의 소중한 만남을 악연으로 바꾸고 싶지 않다면, 혼내고 고함지르고 겁주고 놀라게 하고 때리는 폭력을 행사해서는 안 되겠지요. 훈련을 시킨다며 목줄을 채고 강제 훈련을 시켜서는 안 되겠지요. '안 돼'라는 말도 함부로 해서는 안 됩니다. 반려견의 마음을 다치게 할 수 있으니까요.

설마 안 되는 것만 가르치고 싶으신 건 아니겠지요? 원하는 행동, 좋은 것들을 가르치는 것이 우선입니다. 그래서 긍정적인 (positive) 반려견 교육이 필요합니다. 강제 훈련은 사람과 반려견 사이의 유대감, 신뢰감을 잃게 하지만, 강제 없는 긍정 교육은 반려견과의 만남과 인연을 소중하게 지켜줍니다.

저는 애견 방문교육을 하면서 여러 가정을 방문하여 반려견들을 교육하고 있습니다. 이런 저에게도 매일 만나게 되는 낯선 반려견들과의 만남은 하나하나 소중합니다. 반려견과 보호자의 만남이 끝까지 소중하고 아름다운 만남이 되기를 바라는 마음으로 그들을 만납니다. 오늘도 저는 설레는 마음으로 반려견들을 만나러 갑니다.

가두지
않고 키우기

문제 아닌 행동을 문제행동으로 만드는 것은
잘못된 대처를 하는 우리 사람들입니다.

"저도 울타리에 가둬서 키우고 싶진 않아요. 그런데 풀어서 키우면 돌아다니면서 똥오줌도 아무 데나 마구 싸놓을 것 같고 집안 물건을 물어뜯을 것도 같아서, 풀어줄 엄두가 나질 않아요. 풀어주면 방에서 저랑 같이 자려고 할 텐데, 그러면 서열이 나빠지거나 분리불안증이 생기거나 심해질 위험이 있다고도 하던데, 교육이 제대로 될 때까지는 안전하게 울타리에서 가둬서 키우려고 해요…."

최근에 생후 2개월이 갓 지난 강아지를 입양하여 퍼피클래스(puppy class) 애견 방문교육 과정을 신청한 분이 하신 말씀입니다. 분양받아 올 때 애견 숍에서 그렇게 울타리를 쳐서 당분간 대소변을 가릴 때까지 가두어두고 기르라고 했다는 것입니다.

똥오줌을 가리지 못한다는 이유에서나 집안 물건을 물어뜯는다는 이유 등으로 위의 사례자와 같이 반려견을 한쪽에 격리시켜 가둬서 기르는 것이 과연 최선의 선택일까요? 혹자는 이런 주장을 할지 모릅니다.

"강아지는 자기만의 공간이 필요하다. 이것은 야생 시절의 은신처 역할을 하는 것이다. 그러니 가둬서 기르는 것이 나쁜 것만은 아니다. 오히려 이렇게 좁은 장소를 만들어주는 것이 심리적으로 불안감을 줄여주고 정서적 안정감을 느끼도록 하는 데 도움이 될 수 있다…."

그러나 자기만의 공간을 만들어주는 것과 강제로 가둬두는 것은 전혀 다른 문제입니다. 자기만의 공간을 만들어주되 자유로이 드나들 수 있는 공간이어야 합니다.

어떤 사람은 이렇게 말할지 모릅니다.

"풀어줘서 강아지와 침대에 같이 자거나 같은 방에 자게 되면 서열이 잘못될 수도 있다고 하던데요? 분리불안증이 생길 수도 있다고 하던데, 이런 걸 예방하려면 거실에 따로 재워야 하지 않나요?"

침대에 같이 자거나 같은 방에 잔다고 반려견이 사람보다 우월감을 느끼거나 사람을 깔보지는 않습니다. 그러니 안심하십시오. 반려견과 침대에서 같이 잔다는 이유만으로 분리불안증이 생기는 것도 아니고, 같은 방에 자지 않는다고 분리불안증이 생기지 않는 것도 아닙니다. 같이 자는 것과 분리불안증은 직접적인 연관성이 없으니까요. 분리불안증이 염려되면 무턱대고 격리하고 가둬둘 것이 아니라 예방교육을 시켜주면 됩니다. 가둬두는 것이 분리불안증을 해결하는 해법이 될 수는 없습니다.

또 어떤 사람은 이렇게 얘기할 수 있겠습니다.

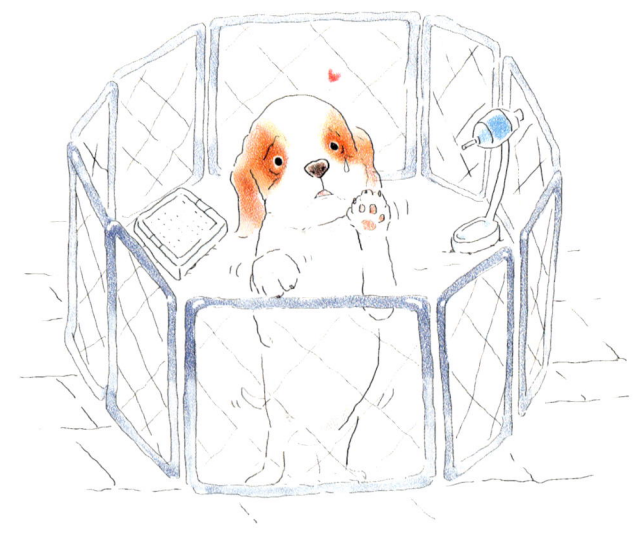

"지금 당장 똥오줌을 못 가리고 집안 물건을 물어뜯으니, 가둬두는 건 불가피한 선택이 아니냐. 풀어서 기르고 싶지만 현실적으로 불가능하지 않습니까?"

그렇지 않습니다. 처음부터 잘하는 사람이 없듯, 처음부터 잘하는 강아지도 없습니다. 강아지가 배변을 실수하고 물건을 물어뜯는 것은 당연하고도 본능적인 행동입니다. 말썽꾸러기 아이를 기르듯 너그러운 마음으로 조금만 기다려준다면, 가두지 않고 기르는 일이 그리 어려운 것은 아닙니다. 반려견 배변교육은 반드시 울타리에 가둬서 해야 하는 것은 아닙니다. 가두지 않고도 얼마든지 원하는 장소에 배변토록 길들일 수 있습니다. 물건을 물어뜯고 가구를 망가뜨리는 행동도 조금만 신경 쓰면 이를 미연에 방지하고 물어뜯지 않게 길들일 수 있습니다.

늘 그렇듯 배변 실수나 물건을 물어뜯는 등 자연스럽고도 본능적인 강아지의 행동을 문제행동으로 규정짓고, 성급하게 혼내고 고함치고 강제하는 사람들의 반응과 대응 방법이 문제를 더 어렵게 만드는 원인이 됩니다. 문제 아닌 행동을 문제행동으로 만드는 것은 잘못된 대처를 하는 우리 사람들입니다.

얼마 전 애견 방문교육을 한 적이 있는 6개월가량 된 스피츠 강아지가 있었습니다. 그 강아지는 배변을 가리지 못하고 풀어두면 물건을 물어뜯는다는 이유로 주택 거실 창가에 줄을 묶어 기르고 있었습니다. 스피츠는 오랫동안 줄에 묶여 생활한 탓에 여러 가지 이상행동과 스트레스성 행동을 보이고 있었습니다. 저는 묶지 않고 풀어서 기르는 쪽이 좋다는 것을 설명하고, 보호자분께 그렇게 할 것을 권했습니다. 그리고 배변 훈련과 물어뜯는 행동에 대한 올바른 대응방법 등을 교육하고 주의사항도 알려주었습니다.

다행히 스피츠의 보호자분은 제 말대로 반려견을 묶지 않고 풀어주면서 기르기로 결정했는데, 머잖아 그리 어렵지 않게 아무런 문제없이 가두지 않고 기르는 데 성공했습니다. 아직도 풀어서 기르길 망설이는 분이 계신다면 용기를 내십시오. 어렵지 않습니다.

개들은 본능적으로 무리를 지어서 함께 생활하는 동물입니다. 함께 있고 싶어 하고 함께 잠자고 싶어 합니다. 누군가에게 의지하고 싶어 합니다. 의지할 대상이 있다는 것은 생각만 해도 마음 뿌듯하고 든든함을 느끼게 됩니다. 아이가 엄마 아빠에게서 느끼는 감정처럼 말입니다. **만약 당신이 의지할 대상이 없는 외톨이라면 얼마나 무섭고 비참하고 쓸쓸한 기분이 들까요? 반려견들에게도 의지할 대상이 필요합니다. 그러자면 소속감을 주어야 합니다. 무리의 일원이라는, 가족 구성원이라는 소속감을 말입니다.** 소속감은 심리적 안정감을 주고 편안하고 안락한 만족감을 주며 스트레스를 예방할 수 있게 할 것입니다.

반려견을 한쪽에 가둬두거나 격리시키면 외톨이라는 느낌을 주게 됩니다. 소속감, 일체감을 주지 못하게 됩니다. 불안감과 좌절감을 느끼게 할 것입니다. 심한 스트레스를 느끼게 하는 일입니다.

오랜 시간 좁은 장소에 갇혀 있는 일 자체가 좌절감과 스트레스의 원인이 되리라는 것은 쉽게 예상할 수 있습니다.

성견이 된 반려견이라고 예외일 수 없습니다만, 특히 조심해야 할 일은 어린 강아지를 막 입양해 왔을 때입니다. 어린 강아지는 정서적으로 불안정한 상태입니다. 당연히 성견보다도 더 세심한 애정과 보살핌이 필요한 시기입니다. 더구나 새로이 바뀐 낯선 환경에서 불안감과 스트레스를 심하게 받는 데다가, 어미 개나 다른 동배새끼들로부터 혼자 떨어져 나와, 극도의 엄청난 심리적 불안감을 느낄 가능성이 높습니다. 이때 의지할 대상이라곤 강아지를 입양한 우리 사람뿐입니다. 이런 강아지를 배변교육 등의 이유로 무조건 격리시켜 가두는 행동은 설상가상(雪上加霜)의 행동입니다.

짖는 반려견은 이런 과정에서 생겨나는지도 모릅니다. 분리불안증을 겪는 강아지는 이런 과정에서 생겨나는지도 모를 일입니다. 늘 침착하지 못하고 날뛰는 반려견은 이런 과정에서 생겨나는지도 모릅니다. 공격적인 반려견도 이런 이유 때문일 수 있습니다. 배변을 가리지 못하는 반려견도, 집안 물건이나 가구를 물어뜯는 반려견도 이런 이유 때문에 생겨날 수 있습니다.

이제 막 강아지를 입양하셨나요? 울타리에 가두어 다른 방에 혼자 두거나 거실에서 혼자 재우지 마세요. 당신이 그래도 강아지를 울타리에 가둬두길 원하신다면, 울타리 옆에서 잠을 자거나 당신이 잠자는 방 한쪽에 울타리를 만들어주는 것이 좋습니다.

누구도
대신할 수
없는 것

어미 개와 동배새끼들로부터 배우는 학습,
누구도 대신할 수 없지만
우리 사람이 도와줄 수는 있습니다.

조기교육이란 말을 흔히들 많이 합니다. 주로 조기교육의 필요성과 중요성을 강조하기 위해 자주 쓰는 말입니다. 예전에는 이런 말들을 그냥 흘러들었습니다. 그런 말을 들으면 "뭐 그럴 수도 있겠네? 그런데 굳이 너무 어릴 때부터 별스럽게 굴 필요가 있을까? 천천히 배운다고 큰일 나는 것도 아니고 대기만성이라는 말도 있는데, 조금 늦어도 차차 배우면 되지…." 했습니다. 조기교육이란 말을 들으면 이런 생각을 하던 것이 솔직한 저의 속마음이었습니다.

그런데 반려견 교육을 하면서 그에 대한 공부를 하면 할수록 조기교육이 중요함을 새삼 느끼게 됩니다. 반려견 교육 측면에서 조기교육은 정말 중요합니다. 그 영향력은 가히 절대적이라고 할 수 있습니다. 마찬가지로 어린아이들의 조기교육도 우리가 구체적인 영향력을 인식하지 못할 수는 있지만, 매우 중요하고도 신비스러운 비밀이 있지 않을까 미루어 짐작해봅니다.

물론 사람이 생각하는 조기교육과 반려견 교육이라는 측면에서의 조기교육은 그 의미가 조금은 다릅니다. 사람에게 있어 조기교육이란 공부나 입시 등을 위한 의미로 주로 사용되지만, 반려견 교육 측면에서의 조기교육은 생존방식, 무리 생활규칙, 상호 간 의사소통 방식, 다양한 대상에의 노출 등 주로 사회화 교육과 관련된 내용을 의미합니다.

반려견의 조기교육이라고 할 수 있는 사회화는 크게 세 가지 국면으로 나누어볼 수 있습니다.

어미 개에게서 출생한 순간부터 가정으로 입양되기 전까지의 기간인 출생 시부터 생후 8주 내지 10주 정도까지의 기간이 그 첫 번째 학습 기간이라고 할 수 있습니다. 두 번째 학습 기간은 가정에 입양되는 생후 8주 내지 10주부터 결정적인 사회화 기간이 끝나는 생후 약 16주까지의 학습 기간입니다. 마지막으로 생후 5개월부터 평생 동안 이어지는 평생학습 기간입니다. 어느 것 하나 소홀히 할 수 없는 것이지만, 세 가지 사회화 국면에서 보다 중요한 부분은 첫 번째와 두 번째 사회화 과정입니다.

생후 약 16주까지의 기간인 첫 번째와 두 번째 국면의 기간 동안에 강아지들은 필요한 많은 것들을 최대한 익히고 경험해야 합니다.

이때 학습한 내용이나 경험한 대상들은 평생을 살아가는 데 결정적인 영향을 미치게 됩니다. 사람들이 흔히들 얘기하는 사회화기란 첫 번째와 두 번째 국면인 생후 약 16주까지의 기간을 의미합니다.

가정에 입양되면 그때부터 사회화의 몫은 보호자인 사람에게 있습니다. 두 번째 사회화 국면이 그것입니다. 다양한 물건, 환경, 소리, 동물, 다른 강아지, 사람 등에 노출시켜줘야 합니다. 자동차, 자전거, 오토바이, 유모차, 어린아이, 고양이, 새, 여러 가지 물건을 든 사람, 모자 쓴 사람, 드라이기 소리, 청소기 소리, 목욕시키기, 발톱 깎기, 이빨 닦기, 빗질하기, 목줄 매기, 옷 입히기…. 우리와 함께 살아갈 반려견에게 알려주고 보여줘야 할 것은 너무도 많습니다. 다른 강아지들과의 만남도 꾸준히 지속시켜주는 것이 필요합니다. 가장 좋은 방법은 사회화에 필요한 체크리스트를 작성하여 빠뜨리지 않고 하나씩 꼼꼼히 실천하는 것입니다. 두 번째 사회화 국면인 가정으로 입양하는 생후 8주 내지 10주부터 생후 16주까지의 기간 동안 보호자인 사람이 해야 할 역할은 아무리 강조해도 지나치지 않습니다. 반려견의 보호자로서 사람이 해야 하는 가장 중요한 의무라고 할 수 있습니다.

그런데 사회화 교육과정에서 위와 같이 사람이 대신할 수 있는 부분이 있는 반면, 사람이 절대로 대신할 수 없는 부분도 있습니다. 바로 첫 번째 사회화 국면에서 어미 개와 동배새끼들로부터의 학습이 그것입니다. 솔직히 우리 사람들은 이 시기에 어린 강아지에게 어미 개 및 다른 동배새끼들과 나누는 교감과 무리 생활이 어떤 영향을 끼치는지, 무엇을 얼마나 배우는지 정확히 알 수는 없습니다. 그러나 그 기간은 길지 않으나 영향력은 매우 큽니다. 이 시기의 학습은 강아지의 일생에 걸쳐 중요한 영향을 미친다고 봐야 합니다.

구체적으로는 어미 개 및 동배새끼들과의 교감과 무리 생활을 통해 애정과 정신적인 안정감을 느끼게 됩니다. 실제로 새끼를 낳은 어미 개에게서는 새끼들을 불안하지 않게 하는 페로몬을 발산한다고 합니다. 그들 상호 간의 교감 방법이나 소통 방법을 배우게 됩니다. 놀이 방법을 비롯하여 사회적인 소통 방법을 배우게 되는 겁니다. 상호 간의 충돌을 방지하고 다른 개들과 공존하며 살아가는 법을 배우게 됩니다. 공격적인 행동을 자제하고 스스로의 본능과 욕구 등 행동을 컨트롤하는 법도 배우게 됩니다.

이 시기의 놀이와 경험을 통해서 무리 생활에 꼭 필요한 '상대방을 너무 세게 깨물면 안 된다는 사실(bite inhibition)'도 배우게 됩니다. 상대방의 몸짓을 통해 상대방의 의도를 파악하는 방법도 익히게 됩니다. 상대방을 편안하게 하고 자극하거나 위협하지 않으려면, 또 상대방으로부터 공격받지 않으려면, 어떻게 행동하고 어떤 자세를 취해야 하는지에 관한 사회적인 기술(social skill)도 배우게 됩니다. **비록 기간은 짧은 편이지만 이 시기에 강아지들이 어미 개나 동배새끼들로부터 배우는 학습의 효과와 영향력을 결코 가벼**

이 보면 안 됩니다. **앞에서 말한 대로 이 시기에 어미 개와 동배새끼들로부터 학습하는 내용은 무척이나 중요하며 결코 사람이 대신해줄 수 없는 것입니다.**

여기서 우리 사람들이 해야 할 일은 무엇일까요? 그렇습니다. 이 시기의 강아지들이 학습권을 보장받을 수 있도록 어미 개 및 동배새끼들과 함께 있을 수 있는 환경을 만들어주고 기다려주는 것이 필요합니다. 이 중요한 시기에 어미 개나 동배새끼들로부터 너무 일찍 강아지를 격리하는 것은 매우 위험합니다. 중요한 학습 기회를 빼앗는 일이 되기 때문입니다. 따라서 반려견을 입양할 때는 이 점을 반드시 고려해야 하며, 아래 사항을 지켜주는 것이 좋습니다.

1) 너무 이른 입양은 곤란합니다. 최소 생후 8주에서 10주 이후의 강아지를 입양하시기 바랍니다. (그렇다고 너무 늦은 입양도 좋지 않습니다. 필요한 사회화 교육을 시킬 수 있도록 생후 16주 이전에 조금이나마 여유를 두고 강아지를 입양해야 할 것입니다.)
2) 어미 개와 동배새끼들이 함께 있는 환경에서 자란 강아지를 입양하는 것이 좋습니다.
3) 외둥이 강아지를 입양하는 것은 좋지 않습니다.
4) 부모 개 특히, 어미 개의 습성이나 성격 등을 확인하고, 이상 증세나 문제가 없는지 직접 살펴보고, 그런 문제가 없는 어미

개의 강아지를 입양하는 것이 좋습니다.

5) 그러자면 입양하고자 하는 견종의 양심적이고 책임 있는 전문 브리더(breeder)를 탐문하여 그로부터 입양하거나, 차선의 방법으로 어미 개와 동배새끼들이 함께 있는 가정집에서 분양받는 것이 좋습니다.

6) 펫 스토어(pet store) 입양은 하지 않는 것이 좋습니다. 펫 스토어에서 입양하는 강아지는 상품화를 위해 너무 일찍 어미 개와 동배새끼들로부터 격리되어 펫 스토어 윈도우 진열장에 전시되어 있을 가능성이 높고, 따라서 중요한 학습 과정이 결여되어 장차 여러 가지 이상 증세를 보일 가능성이 높기 때문입니다. 특히 펫 스토어에서 강아지를 입양하는 일은 무분별하고 비인간적인 강아지 생산 공장인 퍼피 밀(puppy mill)*을 간접적으로 후원하고 조장하는 결과가 되므로, 건강한 브리딩(breeding)** 문화의 정착을 위해서도 펫 스토어에서 무작정 예쁘다는 이유만으로 입양하는 일은 피하는 것이 좋습니다.

어미 개와 동배새끼들로부터 배우는 학습, 누구도 대신할 수 없지만 우리 사람이 도와줄 수는 있습니다.

---

* **퍼피 밀(puppy mill)** : 퍼피 팩토리(puppy factory)라고도 한다. 판매를 목적으로 한 대량 생산적이고 비인간적인 강아지 번식장이나 사육장을 말한다.
** **브리딩(breeding)** : 무분별한 강아지 교배, 번식이 아니라, 체계적이고 과학적인 강아지 교배, 번식을 의미한다.

반려견에게
아름다운 세상을
선물하는 법

사회화기는 반려견에게 아름다운 세상을
선물해줄 수 있는 소중한 기회입니다.
절대 놓쳐서는 안 될 기회입니다!
입양한 이후 한 달도 안 되는 짧은 기간 동안
보호자인 당신이 반려견의 사회화를 위해 해야 할 일이
정말 많다는 사실을 기억하십시오.
지체할 시간이 없습니다.

얼마 전 생후 3개월가량 된 폭스테리어 강아지를 교육한 적이 있습니다. 그런데 그 강아지를 산책시키는 도중 특이한 점을 발견할 수 있었습니다. 길가에 심어진 풀밭이나 잔디 위에 데려가면, 갑자기 무엇에 놀란 강아지처럼 이리저리 느닷없이 날뛰며 불안정한 모습을 보였습니다. 이런 현상은 어린이 놀이터를 데려가도 마찬가지였습니다. 모래가 깔려 있는 어린이 놀이터에 가기만 하면 차분하던 녀석이 풀밭이나 잔디밭에서 날뛰던 모습과 마찬가지로 이리저리 홍분하거나 불안해하며 사람의 혼을 쏘옥 빼놓을 지경이었습니다. 어느 날엔 바람이 심하게 불었습니다. 갑작스레 바람이 세차게 불어오고 주위에 있던 낙엽이나 쓰레기가 이리저리 날리자, 녀석이 또 정신을 차리지 못하고 이리저리 홍분하거나 긴장된 모습을 보였습니다.

이런 모습에 처음에 적잖이 당황할 수밖에 없었습니다. 녀석의 갑작스런 돌발 행동에 당황스럽기도 했지만, 영문을 몰라 답답하기도 했습니다. 곰곰이 녀석의 입장에서 생각해보니 그 이유를 알 수 있었습니다.

녀석은 풀밭이나 잔디밭, 모래밭의 촉감이나 느낌이 평소 다니던 길의 바닥과는 달리 낯설고 이상했던 거였습니다. 갑작스레 불어오는 바람과 주변에서 움직이는 낙엽과 쓰레기들이 이상하고 두려움마저 느끼게 했던 것이었습니다. 처음으로 접하고 느끼는 그런 것들이 낯설고 두렵게 느껴졌기 때문이었습니다.

이런 경우 사람들의 반응은 보통 두 가지 형태를 보입니다.

첫 번째 유형은 불안해하고 홍분하는 강아지를 달래주거나 무조건 안아주는 행위입니다. 그러나 이는 불안감을 해소시켜주기는커녕 오히려 강아지가 느끼는 불안감을 강화할 위험성이 있습니다.

두 번째 유형은 목줄로 통제하려 들거나 목줄을 채워서 벌을 주는 행위입니다. 이는 불안감을 더 가중시키는 행동이 될 수 있습니다. 타는 불에 기름을 들이붓는 행동과 다르지 않습니다.

가장 좋은 해법은 강아지가 그런 낯선 상황에 스스로 적응할 때까지 차분히 기다려주거나, 그런 상황이 무섭거나 위험한 상황이 아니라는 사실을 이해시켜주고 알려주는 것입니다.

위의 사례는 우리 사람들에게는 아무렇지 않게 여겨지는 사소한 것들이 반려견들에게는 낯설거나 새로운 대상에 대한 예민함과 불안감이 어느 정도인지를 보여주고, 그에 따른 사회화의 중요성을 보여주는 것이라고 할 수 있습니다. 사회화의 중요성은 아무리 강조해도 지나치지 않습니다. 보통 생후 3, 4개월까지를 사회화를 위한 결정적인 시기라고 합니다. 그 시기를 어떻게 보냈느냐에 따라 반려견의 일생이 좌우된다고 할 수 있습니다. 반려견의 평생의 삶의 질이 달라집니다. 반려견의 전체 삶에서 이때만큼 중요한 시기는 없다고 해도 과언이 아닙니다.

사회화의 중요성을 표현하고 역설하는 말들을 소개해보겠습니다.

'마법의 창'을 아시나요?

반려견들의 사회화기를 '마법의 창'이라고 표현하기도 합니다. 사회화기에는 모든 대상이나 상황을 거부감이나 경계심 없이 받아들일 수 있지만, 그 이후가 되면 그렇지 못하고, 일정 시기가 지나면(보통 생후 3, 4개월) 열려 있던 마법의 창이 닫혀버려 사회화의 기회를 잃게 됩니다. 바로 그런 의미로 사회화기를 마법의 창이라고 합니다. 마법의 창이 열려 있는 동안, 마법의 창이 닫혀버리기 전에 우리는 사회화를 위해 많은 배려와 노력을 기울여야 합니다.

사회화기를 'critical period[*]' 또는 'sensitive period[**]'라고도 합니다. 그만큼 중요하고 결정적이며, 민감하고 예민한 시기라는 것입니다. 사회화기에는 모든 것을 쉽게 받아들이며, 거부감 없이 접할 수 있는 학습에서의 민감성, 수용 가능성을 표현한 말이기도 합니다. 사회화기를 '스폰지와 같은 시기'라고 표현하기도 하는데, 같은 의미를 내포하고 있습니다.

사회화는 '정신적인 예방접종'이라고 할 수 있습니다. 보통 사람들은 예방접종이라면 동물병원에 데려가서 맞히는 예방접종, 즉 신체적 예방접종만을 생각합니다. 그러나 반려견이 건강한 삶을 누리도록 하기 위해선 신체적 예방접종뿐만 아니라 정신적 예방접종, 즉 사회화를 소홀히 해서는 안 됩니다. 정신적 예방접종이란 어린 사회화기에 미리 조금씩 새로운 상황이나 대상에 노출시켜 다양한 경험을 심어줌으로써, 자신감을 길러주고 낯설고 새로운 상황에 대한 대처 능력과 스트레스에 대한 저항력 내지 대응 능력을 길러줄 수 있다는 사실을 은유적으로 표현한 말입니다. 정신적 예방접종을 소홀히 한 반려견은 평생을 불행하고 고통 속에서 보내게 될 수도 있습니다. 그러므로 정신적 예방접종은 신체적 예방접종 이상으로 중요한 필수과정임을 절대로 잊어서는 안 됩니다.

사회화는 두뇌발달이 민감하고 활발하며 예민한 시기에 스트레

---

[*] critical period : 결정적이며 중요한 시기라는 의미
[**] sensitive period : 예민하고 감수성이 민감한 시기라고 번역할 수 있다.

스 상황에 조금씩 노출시킴으로써, 이후 나이가 들어감에 따라 겪게 되는 다양한 스트레스 상황에 대한 면역력과 대처 능력을 높여주는 과정이라고 설명하기도 합니다. 실제로 사회화기에 다양한 스트레스 상황에 조금씩 지속적으로 노출시킨 개들은 지능 발달과 건강한 성격 형성에 도움이 된다고 합니다.

지금까지 사회화기의 중요성을 강조하는 다양한 표현들과 내용을 살펴보았습니다. 그런데 애견 방문교육을 위해 가정을 방문하여 반려견들의 보호자분들과 상담을 해보면, 안타깝게도 사회화기를 제대로 보낼 수 있게끔 배려해준 분들이 무척 드뭅니다. 정말 중요하고 아깝게 허비해선 안 될 시기에 집안에만 가둬두고 황금같이 귀한 시간을 놓쳐버린 경우가 대부분이었습니다. 겨울에는 춥다는 핑계로 사회화기를 집안에서만 보내게 합니다. 비가 와서 나가지 못했다는 말도 합니다. 어떤 분은 반려견의 하얀 털이 더러워지고, 나갔다 오면 더러워진 발을 씻기기 힘들어서 나가지 못하게 한다고까지 말합니다. 심지어 제가 반려견 보호자분들께 사회화기의 중요성을 아무리 역설하고 얘기해도, 사회화기를 대하는 사람들의 의지나 태도는 별로 달라지지 않고, 이를 실천하려는 적극적인 변화나 노력도 나타나지 않습니다.

바쁘다는 핑계로, 피곤하다는 핑계로, 날씨가 좋지 않았다는 핑계를 내세우며 중요한 사회화기를 헛되이 보내고 맙니다. 예방접종을 다 마칠 때까지 밖에 다니면 절대로 안 된다는 동물병원의 말을 철석같이 믿고 집에 가둬두는 것이 반려견을 위한 최선의 선택인 양 오해하고 있는 상황을 접하면, 안타까워 말이 나오지 않을 지경입니다.

그중에서도 사회화기를 놓치는 가장 큰 이유는 일부 동물병원에서 얘기하는 예방접종과 관련한 주의사항 때문입니다.

"5차까지의 예방접종을 다 마칠 때까지 절대로 밖에 데리고 다니면 안 됩니다."라는 수의사 선생님의 주의사항이 그것입니다. 심하게 얘기하면, 현실적으로 동물병원들이 반려견들의 사회화를 가로막는 가장 큰 장애물이 되고 있다고 할 수 있습니다. 그로 인해 이 땅의 수없이 많은 반려견들이 어릴 때부터 이미 소위 '문제견'이 될 위험성을 품고 살아가게 됩니다. 동물병원에서 이렇게 얘기하는 이유는 도대체 무엇 때문일까요? 단지 몇%의 가능성이나 위험성에도 대비케 하려는 그분들의 걱정이나 의도를 모르는 것은 아니지만, 그것으로 얻는 것보다 잃는 것이 수십, 수백 배 더 크기에, 반드시 짚고 넘어가야 할 문제라고 생각합니다.

통계에 의하면 예방접종기에 전염병에 걸려 사망할 확률보다 사회화기에 적절한 사회화 교육을 하지 않아 이후 여러 가지 문제 행동을 보이게 되고, 그로 인해 버림받거나 유기견으로 끝내 죽음을 맞이하는 확률이 수십, 수백 배나 많다고 합니다. 예방접종이라는 한 가지 측면만을 강조하여 사회화 교육을 가로막는 것은 강아지의 삶이나 그 보호자의 입장을 고려하지 않은 무책임하고 위험한 일이 아닐 수 없습니다. 여기서 우리는 다양한 분야를 공부할 필요성과 현상을 바라보는 다양한 시각, 균형 잡힌 시각이 얼마나 중요한지 새삼 느낄 수 있습니다.

사회화와 관련하여 한 가지 더 짚고 넘어가야 할 점은 사회화를 단순히 산책과 동일시하는 견해입니다. 사회화가 필요하다고 하면, 사람들은 대부분 단순히 자주 산책시켜주면 되는 것으로 생각합니다. 산책은 사회화를 위한 빼놓을 수 없는 중요한 부분이기는 하지만, 절대로 그 전부가 될 수도 전부가 되어서도 안 됩니다. 산책이란 사회화의 일부분에 불과합니다. 사회화란 반려견이 장차 살아가면서 평생 동안 접하고 경험해야 할 상황이나 대상 모두에 대해 미리 조금씩 노출시켜주는 것을 의미합니다. 더 나아가 어떤 상황이나 대상에 무조건 노출시키는 것에 그치지 않고, 그 상황이나 대상에 대해 재미있고 좋은 느낌, 즉 긍정적 노출과 학습 경험을 심어줘야 합니다.

바람직한 사회화를 위해서는 체계적이고 계획적인 사회화를 기획하고 실천해야 합니다. 사회화기에는 목줄 훈련도 해야 합니다. 목욕에 익숙해지게 하는 과정도 필요합니다. 드라이기로 털 말리기도 빼놓을 수 없습니다. 빗질하기도 마찬가지입니다. 발톱 깎기도 사회화기부터 조금씩 적응시켜야 합니다. 칫솔질하기도 필요합니다. 귀 청소에 대한 거부감도 없애줘야 합니다. 옷 입히기도 사회화 과정에 포함되어야 합니다. 진공청소기에 익숙해지게 해

야 합니다. 벨소리에 적응하도록 하는 것도 필요합니다. 낯선 사람이 방문하는 상황에도 익숙해지도록 해야 합니다.

사회화기에 해야 할 일은 정말 많습니다. 이렇게 할 일 많은 사회화기에 해야 할 일을 놓치지 않고 체계적이고 계획적인 사회화를 하기 위해서는 전문가의 도움을 받을 것을 권장합니다.

한편, 사회화기의 좋지 못한 경험이나 기억이 평생에 걸쳐 악영향을 줄 수도 있습니다. 따라서 반려견에게 함부로 야단을 쳐서는 절대로 안 됩니다. 부모의 마음으로 가르쳐주고 이해시키며, 넓은 아량으로 반려견이 이해할 때까지 기다려줄 줄도 알아야 합니다.

사랑하는 반려견에게 아름다운 세상을 선물하고 싶으신가요? 반려견에게 이 세상이란 즐겁고 좋은 것들이 가득한 세상이라는 생각을 갖도록 하고 싶으신가요? 반려견이 장차 접하게 되는 낯선 사람들과 낯선 개들, 낯선 대상이나 상황이 두렵지 않고 좋은 친구라는 생각으로 살아가기를 원하시나요? 이른바 성격 좋고 똑똑한 반려견으로 키우고 싶으신가요? 사랑하는 당신의 강아지가 행복한 반려견으로 살아갔으면 좋겠지요?

당신의 반려견이 세상을 끔찍하고 무서운 곳으로 여기거나 만나는 모든 사람과 다른 개들, 낯선 대상들을 두려워하는 겁 많은 강아지로 살아가길 바라는 사람은 아마 없을 것입니다. 사회화기를 어떻게 보냈는가에 따라 반려견의 평생의 행복과 불행이 결정된다고 해도 과언이 아닙니다.

그렇다면 사회화기를 놓치지 마시기 바랍니다. 반려견을 집안에만 가둬두지 마시기 바랍니다. 사회화기는 반려견에게 아름다운 세상을 선물해줄 수 있는 소중한 기회입니다. 절대 놓쳐서는 안 될 기회입니다! 입양한 이후 한 달도 안 되는 짧은 기간 동안 보호자인 당신이 반려견의 사회화를 위해 해야 할 일이 정말 많다는 사실을 기억하십시오. 지체할 시간이 없습니다. '마법의 창'이 닫히기 전에 '정신적인 예방접종'을….

사회화 교육 시 주의사항

1) 사회화 시기를 놓쳐서는 절대로 안 됩니다. 결정적인 사회화의 시기는 생후 16주 이전입니다. 따라서 반드시 생후 16주 이전에 사회화 훈련을 거쳐야 합니다. 그 시기를 놓친 경우, 강아지에 따라서는 이후 사회화를 위해 아무리 노력해도 평생 동안 그 공백을 만회할 수 없는 경우도 있습니다.

2) 사회화 시기에는 많은 것들을 있는 그대로 배울 수 있는 시기긴 하지만 감수성이 예민하여 쉽게 충격을 받을 수도 있는 시기입니다. 트라우마가 생기지 않도록 주의해야 합니다.

3) 처음에는 약한 자극에 노출시키고 차츰차츰 보다 강한 자극에 노출시켜야 합니다. 너무 급작스럽거나 과다한 노출은 준비가 덜 된 강아지에게 공포심과 심리적 충격을 주어 트라우마를 형성시킬 위험성이 있기 때문입니다. 한마디로 표현하자면, 강아지가 낯설거나 새로운 대상 또는 상황에 압도되게(overwhelming) 해서는 안 됩니다.

4) 사회화 교육을 한다며 처음부터 무턱대고 목줄을 묶어 억지로 끌고 다니는 행동은 무모하다 못해 매우 위험한 행동입니다. 이런 행동이 반려견의 기억에 어떤 악영향을 미칠지 모를 일입니다.

5) 사회화 교육을 위한 산책은 처음에는 5~10분 정도 짧은 시간 동안만, 자극적인 요소가 없는 한적한 곳에서, 걷기보다 제자리에 가만히 머물러 있다가 집으로 들어가는 것이 좋습니다.

6) 단순히 낯선 사람을 많이 만나고 다양한 환경에 노출만 시킨다고 사회성이 좋아지는 것은 아닙니다. 낯선 대상이나 환경에 대해 좋은 인식을 갖도록 해야 합니다. 그러려면 대상이나 상황에 충격을 받거나 압도되지 않도록 하고, 맛있는 간식을 준비하여 반려견이 처음 접하거나 두려워하는 대상 또는 상황을 만나는 것과 동시에 먹여주거나 바닥에 던져주는 것이 좋습니다.

배변은
스트레스의
표현이기도 하다

"이 녀석이 요즘 무척 힘든가 보네. 어디가 아픈 거니?
무슨 힘든 일이 있는 거니?
걱정 마! 내가 꼼꼼히 살펴봐줄게.
안심해…. 그리고 기다릴게…."

"우리 강아지는 사람이 안 보면 꼭 아빠 방에 들어가서 똥오줌을 싸놔요. 아빠가 번번이 똥오줌 못 가린다고 혼내는데도 말이에요. 아빠가 야단쳐서 앙갚음하는 것 같기도 해요."

"우리 토토는 제가 외출했다가 돌아오면 꼭 제 신발에다가 오줌을 싸놔요. 혼자 놔두고 나가서 화가 나서 심술부리는 것 같기도 하고…, 혼내줘도 고쳐지질 않네요."

배변 교육이 되지 않는다는 반려견 보호자분들이 상담할 때 주로 하소연하는 말입니다. 이분들의 말씀에는 각각 두 가지씩의 잘못이 있습니다. 배변을 가리지 못하는 행동을 앙갚음한다거나 화가 나서 심술부리는 것으로 오해하는 것이 그 첫째입니다. 두 번째 잘못은 배변을 가리지 못한다고 혼내는 행동입니다.

제가 보기엔 배변을 가리지 못하는 위 두 가지 경우 모두 지극히 자연스런 행동으로 생각됩니다. 모두 다 힘들다는 표현을 그런 식으로 하소연하고 있다고 볼 수 있습니다. 좀 더 구체적으로 말하면, 스트레스와 불안감의 표현이라고 할 수 있습니다. 그렇습니다. **반려견들의 배변은 그들의 섬세한 감정 상태의 표현이라고 할 수 있습니다. 스트레스와 불안감의 표출이라고 할 수 있습니다.** 좀 더 많은 예를 들어보도록 하겠습니다.

외출했다가 집으로 돌아올 때 오줌을 지리는 반려견들이 있습니다. 쳐다보거나 말을 하기만 해도 그런 경우도 있고, 만지기만 해도 오줌을 지리는 경우도 있습니다. 그럴 때 보통 사람들은 기쁜 나머지 흥분해서 오줌을 지리는 거라고 하거나 어릴 때 어미 개가 새끼강아지의 배변을 처리하던 때의 습성이 남아 있어서 그런 거라고 말하기도 합니다. 하지만 어느 경우든 불안감이나 스트레스의 표현일 수 있습니다. 이런 경우 외출 후 귀가가 반려견에게 위협적인 모습으로 비춰지거나 불유쾌한 기억과 연관되어 있지 않은지 되짚어봐야 합니다.

똥오줌을 잘 가리던 반려견이 애견 숍에서 미용을 하거나 동물병원 진료 후 아무 곳에나 싼다면, 미용이나 병원 진료가 반려견들에게 극심한 충격을 주었거나 스트레스를 유발했기 때문입니다.

새로운 집으로 이사하는 경우에도 마찬가지입니다. 낯선 환경은 사람들의 이사를 이해하지 못하는 반려견으로서는 상당한 충격이 될 위험성이 큽니다. 집안의 모든 짐들이 옮겨지고, 낯선 가구들이 새로 집안에 들어오기도 하고, 한동안 시끄러운 소음에 지속적으로 노출됩니다. 반려견의 눈에는 이삿짐을 꾸리며 분주히 왔다 갔다 하는 사람들의 행동이 평소와는 전혀 다르게 느껴질 것이 분명합니다. 이삿짐 옮기는 사람, 전화 기사, 인터넷 기사, 에어컨 기사 등 낯선 사람들의 출입도 빈번합니다. 영문을 모르는 반려견은 이 모든 것이 불안하고 스트레스 받는 상황이 됩니다. 새로운 환경에 적응하려면 최소 2, 3주 이상 걸린다고 합니다. 배변을 잘 가리던 반려견이 엉뚱한 곳에 똥오줌을 싸거나 여러 가지 이상행동을 보인다고 해서 전혀 이상할 것이 없습니다. 반려견의 불안한 심리 상태를 이해한다면, 지극히 자연스런 행동이 아닐 수 없습니다.

반려견들은 스트레스를 받거나 불안해지면 신체적, 정신적으로 여러 가지 징후를 나타냅니다. 그런 증세 중에는 잦은 배변 행위로 나타나기도 하는데요. 커다란 두려움이나 갑작스런 공포는 스트레스 호르몬인 아드레날린을 분비하고 교감신경계를 활성화시켜, 직장을 자극하여 변을 보게 합니다. 또 수분 밸런스를 변화시켜 보다 자주 오줌을 누게 합니다. 스트레스로 인한 배변 행위는 반려견으로선 무의식적이고도 어쩔 수 없는 반사작용일 따름입니다. 절대 일부러 그런 것이 아님을 아서야 합니다. 멍청해서 그런 것도

아니니 제발 화를 내거나 혼내서 고치려 하지 마세요. 이처럼 반려견들에게 있어 배변은 감정 상태를 표현하고 불안감이나 스트레스를 표출하는 자연스런 행동입니다.

자, 주목하세요. 문제는 여기서부터입니다! 이를 대하는 사람들의 잘못된 태도가 문제의 시발점이 됩니다. 자연스러우면서도 일시적인 현상을 고질적이고 습관적인 문제 행동으로 바꾸는 것은 다름 아닌 우리 사람입니다. 스트레스로 인한 자연스런 배변 행위를 앙갚음이나 화가 나서 심술 부린다는 식으로 받아들이거나, 정해진 장소에 배변하지 않으면 혼난다는 사실을 알면서도 눈치를 살피며 계속 똥오줌을 아무 곳에나 싼다고 오해하여 반려견에게 고함치고 쉬이 혼내는 행동이 문제를 악화시킵니다. 이는 겁먹은 아이에게 겁먹지 말라고 호통을 쳐대는 것과 다르지 않습니다. 겁먹은 아이에게 고함을 치면 아이는 주눅이 들어 아무것도 할 수 없게 됩니다. 스트레스나 불안감 때문에 자신도 모르게 어쩔 수 없이 하게 되는 배변 실수는 보통 일시적 현상에 불과하여, 스트레스 요소가 제거되거나 시간이 지나면 저절로 나아집니다. 하지만 그런 반려견을 혼내면 스트레스나 불안감을 더 가중시켜 배변 실수를 습관화, 고정화시키는 결과를 가져옵니다. 나아지기는커녕 사태를 더 악화시키고 장기화시키게 되는 것입니다. 설상가상(雪上加霜)이란 말은 이런 경우를 두고 하는 말입니다. 배변 실수를 절대로 혼내서는 안 되는 이유가 바로 여기에 있습니다.

반려견이 배변을 잘 가리지 못할 때 이를 반려견 배변 교육만의 문제로 접근하는 것은 편협한 태도입니다. 문제의 핵심인 원인은 그대로 두고, 엉뚱한 곳만 건드리는 것과 같습니다. 이래서는 정해진 장소에서 배변하지 않는 반려견의 문제 행동을 영영 고칠 수 없습니다. 스트레스 요소를 꼼꼼히 체크하여 그것을 없애주는 노력을 게을리하지 않아야 합니다. 당신의 반려견이 스트레스를 잘 받는 기질의 반려견이 아닌지 생각해보세요. 만약 그런 성격의 반려견이라면 세심한 주의가 필요합니다. 주변 환경을 꼼꼼히 체크하여 스트레스 요소가 있는지 살펴봐야 합니다. 생활습관을 돌이켜 보고 스트레스나 불안 요소가 있는지도 따져봐야 합니다. 나를 포함하여 가족들이 평소 반려견을 대하는 방식이나 행동에 문제가 없는지 돌이켜봐야 합니다.

당신의 반려견이 배변을 잘 가리지 못하나요? 그럼 이제부터 이렇게 생각하면 어떨까요?

"이 녀석이 요즘 무척 힘든가 보네. 어디가 아픈 거니? 무슨 힘든 일이 있는 거니? 걱정 마! 내가 꼼꼼히 살펴봐줄게…, 안심해…. 그리고 기다릴게….''라고 말입니다.

자주 묻는
배변 교육
궁금증

반려견들의 배변 행위는 심리적인 문제와
매우 밀접하고도 예민하게 관련되어 있습니다.

반려견을 기르다 보면 배변 문제 때문에 힘들고 궁금한 점들이 많습니다. 사람들이 오해하고 있거나 자주 묻는 배변 교육 궁금증들을 정리해봤습니다.

"우리 강아지는 다리를 들고 벽이나 가구 등 집안 곳곳에 오줌을 싸고 다닙니다. 아무리 야단쳐도 안 되는데, 어떻게 해야 할까요?"

야단을 친다고 해결될 문제가 아닙니다. 오히려 사태를 더 악화시킬 뿐입니다. 반려견들의 배변 행위는 심리적인 문제와 매우 밀접하고 예민하게 관련되어 있습니다. 반려견이 무언가 불안하거나 스트레스를 받고 있을 가능성이 큽니다. 스트레스 요소가 무엇인지, 반려견을 불안하게 하는 원인은 없는지 꼼꼼히 살펴보고, 원인 요소를 없애줘야 합니다. 그리고 현재 반려견의 생활이 개로서의 정상적인 생활인지를 점검해봐야 합니다. 산책을 자주 데리고 나가, 밖에서 다리 들고 마음껏 배변하게 하는 것도 실내에서 다리 들고 배변하는 행위를 줄여줄 수 있습니다.

"지금까지 배변을 잘 가렸었는데, 어느 날부터인가 갑자기 아무 곳에다 배변을 합니다. 왜 그런지 이해할 수 없습니다. 어떻게 해야 할까요?"

갑작스런 충격이나 스트레스를 받았을 수 있습니다. 혹시 최근에 반려견이 아파서 병원에 입원하거나 수술을 받은 적은 없나요? 미용을 했거나 목욕을 했기 때문일 수 있습니다. 우리 반려견들은 사소한 변화에도 힘들어하고 스트레스를 받을 수 있습니다. 스트레스나 불안 요소를 없애줘야 합니다. 스트레스를 받고 있다면 스트레스를 해소할 수 있도록 적극 도와줘야 합니다. 우선 자주 산책을 나가는 것부터 시작해보세요.

"평소 대소변을 잘 가리는 편인데, 아빠가 주무시는 침대 위에다 오줌을 싸놓는 일이 많은데, 왜 그럴까요?"

아빠가 반려견을 자주 혼내거나 야단치진 않나요? 아니면 그 방에 들어오거나 침대 위에 올라오면 내려가라고 고함을 지르거나 혼내고 쫓아내진 않나요? 개들은 야단맞은 장소나 야단치는 사람과 관련된 장소에서 자신도 모르게 불안감에 휩싸이거나 스트레스를 받을 수 있습니다. 스트레스로 말미암아 부지불식간에 오줌을 싸게 되는 것이고요. 평소 이유 불문하고 절대로 야단치거나 고함지르고 혼내선 안 됩니다. 반려견에게 원하는 것이 있다면, 먼저 자연스레 알려주도록 노력해야 합니다. 어떤 이들은 반려견의 이런 행동을 보고 혼을 내서 그 사람에게 보복하기 위한 행동이라고 오해하기도 합니다. 보복하기 위한 행동이 아니니, 절대로 혼내거나 화내지 마시기 바랍니다. 혼낼수록 사태를 악화시키게 됩니다.

"우리 강아지는 자기가 싼 똥을 먹어요. 아무리 못 먹게 혼내고 말려도 안 되네요. 후추 가루나 식초를 뿌리라는 사람도 있어서 그렇게도 해봤는데 소용없어요."

똥을 먹는 증세를 식분증이라고도 합니다. 동물병원에 문의하면 보통 영양 불균형 때문이라고 하면서 영양제 등을 처방해주곤 하는데, 효과가 없는 경우가 대부분입니다. 식사량이 부족해서 그런 경우도 있습니다만, 주된 원인은 심리적인 이유 때문인 경우가 많습니다. 똥오줌을 잘 가리지 못한다고 지속적으로 야단맞은 개들

중에 식분증 증세를 보이는 사례가 많습니다. 그래서 똥오줌을 못 가리는 반려견들 중에 똥을 먹는 케이스가 많습니다.

  야단치면서 배변 교육 하는 행동을 즉각 중단해야 합니다. 칭찬을 통해 배변 교육을 시켜줘야 합니다. 그 외에 불안감이나 스트레스가 원인인 경우도 있습니다. 불안감이나 스트레스가 없는지 면밀히 살펴보고, 그런 요소를 없애줘야 해결됩니다. 물론 똥을 싸면 지체하지 말고 아주 맛있는 간식으로 즉시 보상해주고, 먹기 전에 치워야겠지요.

"배변을 엉뚱한 곳에 하면 즉시 그 자리에서 야단쳐야 하지 않나요? 야단을 치지 않으면 강아지가 잘못한 걸 모르잖아요. 그런데 어떤 분은 전혀 야단을 치면 안 된다고 하던데, 과연 어떻게 하는 것이 옳은지 종잡을 수가 없네요."

  배변을 가리지 못하는 반려견은 야단쳐야 한다고 말하는 사람이 있는 것으로 압니다만, 절대로 야단치지 말아야 합니다. 야단을 치면 배변 교육은 배변 교육대로 나아지지 않고 오히려 악화될 뿐 아니라, 수없이 많은 부작용을 가져올 수 있습니다. 아래에 나열된 행동은 배변 행위를 야단쳐서 가르치려고 할 때 나타나는 이상행동이나 증상들입니다.

1) 야단치는 행동은 잘못된 배변 행위에 대한 반응이나 관심, 즉 보상으로 작용하여 잘못된 배변 행위가 더 심해질 수 있습니다.
2) 야단맞는 행위 자체가 스트레스로 작용하여, 그 스트레스 때문에 배변 교육이 더 나빠질 수 있습니다.
3) 숨어서 배변하거나 사람이 보지 않을 때 배변하는 습성이 생기게 됩니다.
4) 정상적인 배변 준비 동작을 보이지 않습니다. 냄새를 맡거나 장소를 고르며 빙글빙글 도는 등의 준비 행동을 하지 않고, 느닷없이 똥오줌을 싸고 눈치를 보게 됩니다.
5) 똥을 한 곳에 머물면서 누는 것이 아니라, 움직이면서 싸는 습성이 나타날 수 있습니다.
6) 자기가 싼 똥을 먹게 됩니다.
7) 엉뚱한 곳에 배변을 하게 되면 눈치를 보거나 겁을 먹고 숨게 됩니다. 이런 모습을 보고 사람들은 반려견이 자기가 잘못한 것을 알고도 계속 그런다고 오해하지만, 전혀 그렇지 않습니다. 잘못했다고 생각해서 눈치를 보거나 숨는 것이 아니라, 그런 상황에서 지금껏 수차례 야단 맞았기 때문에 나타나는 학습된 행동일 따름입니다.
8) 반복된 야단은 반려견의 공격성을 불러오는 이유가 됩니다.
9) 자신의 행동에 자신감을 갖지 못하는, 겁 많고 자존감이 낮은

반려견이 됩니다.
10) 사람과 반려견 사이의 신뢰 관계에 금이 가게 됩니다.

어떻습니까? 배변을 가리지 못한다고 야단을 쳤을 때 나타나는 부작용이 이렇게 많다는 사실에 놀라지 않으셨나요?

"배변을 잘못할 때 야단치지 말라고 해서 야단친 적이 없는데도, 가족들이 보는 앞에서 배변하지 않고 숨어서 배변하는데, 왜 그런 걸까요? 고치는 방법은 뭔가요?"

때리는 것만이 야단이 아닙니다. 기분 나쁜 표정으로, 기분 나쁜 눈빛으로 빤히 쳐다보는 것만으로도 야단이고 위협일 수 있습니다. "어! 또 싸네."라는 한마디 말도 야단으로 여겨질 수 있습니다. 고함지르는 행동도 야단일 수 있습니다. 엉뚱한 곳에 싸는 순간에 배변판으로 안아서 급히 옮기는 행동도 야단일 수 있습니다. 혼내거나 야단치는 행동은 물론 반려견 입장에서 야단으로 여겨질 수 있는 행동은 모두 해서는 안 됩니다.

야단으로 빚어진 오해는 칭찬으로 풀어야 합니다. 반려견이 눈치 채지 못하게 숨어서 지켜보다가, 정확한 곳에 배변하는 순간 맛있는 간식을 듬뿍 주며 칭찬을 반복하면, 어느 순간부터 사람이 보는 앞에서도 당당히 배변하는 날이 오게 됩니다. 자주 산책을 나가서 마음껏 배변할 기회를 주고, 배변할 때마다 간식을 주는 것도 도움이 될 수 있습니다.

"우리 강아지는 배변을 찔끔찔끔 자주 싸요. 일부러 간식을 얻어 먹으려고 그러는 것 같기도 해요. 일일이 보상을 해줘야 할까요?"

네, 그때마다 보상을 해주는 것이 좋습니다. 특히 배변 교육 초기에 그런 현상이 나타난다면, 더욱 좋은 신호입니다. 반려견이 당신이 원하는 화장실 장소를 인지하게 되었다는 신호라고 볼 수 있으니까요. 그리고 귀찮게 생각할 것이 아니라, 이런 반려견을 만난 건 오히려 행운이라고 생각해야 합니다. 자주 싸는 만큼 더 자주 칭찬해줄 수 있고, 그에 따라 배변 교육이 더 빨라지고 더 확실해지게 될 테니까요. 물론 나중에 배변 습성이 고정화되면 점차적으로 간식 보상을 줄여나가면 됩니다.

"이따금씩 배변판 위에서 용변을 보는 경우도 있지만, 배변판 주변에다가 자주 싸는 편인데, 어떻게 고쳐야 할까요?"

반려견에게 배변판이 낯설고 불편한 장소로 여겨지면 그 장소를 피할 가능성이 있습니다. 이럴 경우 우선 배변판에 익숙해지도록 하는 과정을 충분히 거쳐주면, 의외로 쉽게 해결되는 경우가 많습니다. 한편, 스트레스나 불안감이 원인이 되어 배변판 주변에 실수하는 사례도 많습니다. 반려견이 스트레스를 받거나 불안감을 느끼는 요소가 없는지 점검해봐야 합니다. 아울러 스트레스를 줄여주는 적극적인 노력이 필요합니다.

"우리 강아지는 소변은 배변판에 거의 실수하지 않고 잘 싸는 편인데, 대변은 좀처럼 배변판에서 누질 않아요. 어떻게 해야 할까요?"

소변과 대변을 가리지 않고 같은 장소에 싸는 반려견이 있는 반면에, 소변과 대변을 다른 장소에서 보려는 반려견들도 많습니다. 배변 장소가 꼭 배변판 한 곳이어야 할 까닭도, 소변 장소와 대변 장소가 같은 장소여야 할 까닭도 없습니다. 그건 사람의 지나친 욕심이나 요구일 수 있습니다. 소변은 배변판에서 보는 편인데 대변은 다른 곳에 보려는 반려견이라면, 대변 보는 장소를 따로 지정해서 가르쳐주는 것이 좋습니다. 배변판과 따로 욕실이나 베란다를 대변 보는 장소로 개방해서 유도하면 손쉽게 해결될 수 있는 문제입니다. 한편, 이런 반려견들은 자주 산책을 시켜주면 머잖아 주로 실외에서 대변을 보게 될 가능성이 높은 강아지라고 할 수 있습니다.

배변 교육
프리쉐이핑
(freeshaping)*

배변 교육도 반려견들의 학습 원리 내지
행동 원리를 이해하고 활용하면,
얼마든지 혼내지 않고, 또 가두지 않고도 할 수 있게 됩니다.

반려견을 혼내지 않고, 그리고 가두지 않고 배변 교육을 시킬 수 없을까? 저의 오랜 고민거리 중 하나였습니다. 아니, 반려견을 기르는 모든 사람들의 고민거리가 아닐 수 없습니다. 반려견을 입양하여 가장 많이 혼내고 힘들어하고 고민하는 이유가 배변 문제 때문이니 당연한 얘기겠지요. 배변 교육만 혼내지 않고 시킬 수 있어도 사랑스러운 반려견을 혼내지 않아도 될 테니, 반려견과의 관계를 보다 원만하고 돈독히 유지할 수 있습니다. 혼내고 고함치고, 사람과 반려견 모두의 마음에 상처를 주고, 그로 말미암아 스트레스와 문제 행동을 유발하는 일이 줄어들게 될 겁니다.

---

* 구체적인 방법은 필자의 다른 책 『강아지 배변훈련 시키지 마라』를 참조해주시기 바랍니다.

반려견의 배변 교육도 혼내지 않고, 가두지 않고 할 수 있습니다. 큰 틀에서 보면 반려견 배변 교육도 다른 교육과 다른 점이 전혀 없기 때문입니다. 우리 반려견들은 기본적으로 자기 행동에 대한 결과를 통해 그 행동을 계속할지 계속하지 않을지를 결정합니다. 어떤 행동에 대한 결과나 주변 반응이 호의적이거나 보상이 주어지면 자발적으로 그 행동을 계속하려는 반면, 행동에 대한 결과나 주변 반응이 비호의적이거나 보상이 주어지지 않고 반응이 없게 되면, 그 행동을 하지 않거나 멈추게 됩니다. 그러므로 반려견을 교육하려면 유도 등의 방법으로, 내가 원하는 행동을 할 수 있게끔 도와주고 그 행동을 보상함으로써 내가 원하는 행동을 알려주고 이해시켜주며, 그 행동의 발생 빈도와 확률을 높여 습관적이고 고정적인 행동이 되도록 하면 됩니다. 배변 교육도 반려견들의 이런 학습 원리 내지 행동 원리를 이해하고 활용하면 얼마든지 혼내지 않고, 가두지 않고도 할 수 있게 됩니다.

그런데도 많은 사람들이 혼을 내기도 하고 무작정 울타리에 가둬두면서 배변 교육을 하는 이유는 뭘까요? 성급한 결과를 기대하기 때문이기도 하지만, 무엇보다도 반려견들의 위와 같은 행동 원리를 이해하지 못하고 그에 대한 믿음이나 확신이 없는 까닭입니다. 쉽게 말해서, 반려견들을 멍청하고 지능이 낮은 동물로 여겨, 보상을 통해 배변 장소를 알려주고 이해시켜주는 방식을 이해할 수 없으리라 여기고, 잘못에 대해 혼내고 그때그때 일일이 행동을 통제해야 배변 교육이 가능하리라 생각하기 때문입니다. 그러나 이런 **성급함과 반려견들의 학습 능력이나 행동 원리에 대한 불신이 자연스런 배변 교육을 방해하고 배변 교육을 망치는 주범이 됩니다.**

다시 말하지만, 배변 교육도 다른 교육과 다르지 않습니다. 원리에 있어서는 다르지 않지만, 배변 교육이 다른 교육과 다르게 여겨지고 더 어렵고 오랜 시간이 필요한 것은 배변 교육이 다른 교육과 비교하여 몇 가지 점에서 특수성을 갖고 있기 때문입니다.

용변을 보는 행위가 생리적인 현상이기 때문에 다른 행동들과 달리 의지대로 마음대로 조절하거나 유도·통제하기 쉽지 않다는 점, 용변을 보는 행위가 자주 있는 일이 아니어서 칭찬과 보상을 해서 그 행동을 강화하고자 해도 그럴 기회 자체가 많지 않다는 점, 더구나 이따금씩 보는 용변 중에서도 실수하는 경우가 더 많다면 바르게 용변하는 경우를 칭찬하고 보상할 수 있는 기회는 더욱더 제한적이라는 점 등이 배변 훈련을 어렵게 하고 다른 교육에 비해 더 많은 노력과 시간을 필요로 하게 합니다.

배변 교육과 '앉아'라는 동작을 가르치는 경우를 비교해서 생각해보면 쉽게 이해할 수 있을 것입니다. '앉아'라는 동작은 10분이라는 짧은 시간 동안에도 수십 차례 이상 사람의 의도대로 그 동작을 유도하고 보상하여 단시간 내에 가르칠 수 있지만, 배변 교육은 그럴 수 없습니다. 따라서 반려견의 배변 교육을 위해서는 꾸준한 노력과 상당한 기간이 필요합니다. 성급한 결과를 기대하여 반려견을 닦달하고 조급하게 화내고 혼내거나 야단치는 행동을 해서는 절대로 안 되는 이유이기도 합니다.

그렇다면 구체적으로 반려견을 가두지 않고, 혼내지 않고 배변 교육을 하는 방법은 무엇일까요?

배변 교육도 프리쉐이핑(freeshaping) 방식으로 할 수 있습니다. 프리쉐이핑이란 클리커 트레이닝(clicker training)에서 자주 활용하는 훈련 방식인데, 목표로 하는 원하는 행동을 단계적으로 세분화해서, 원하는 행동이 완성될 때까지 세분화된 행동을 마킹(marking)하고 보상하여 점차적으로 목표 행동을 완성하는 훈련 기법입니다. 진정한 의미의 프리쉐이핑은 사람이 어떤 행동을 유도하는 것이 아니라, 먼저 반려견이 어떤 행동을 하기를 기다렸다가, 세분화된 어떤 행동을 마킹하고 보상하여 점차적으로 원하는 행동을 완성하는 것입니다. 이런 프리쉐이핑 기법은 위에서 말한 자신의 행동에 보상이 주어지는 행동을 반복하고 계속하려는 반려견들의 학습 원리 내지 행동 원리를 활용한 기법에 다름 아닙니다.

반려견들의 학습 원리 내지 행동 원리를 활용한 프리쉐이핑 방법을 활용한다면, 반려견을 가두지 않고, 혼내지 않고 배변 교육을 할 수 있습니다. 다른 교육과 배변 교육은 원리에 있어서는 동일합니다. 다만 배변 교육에는 약간의 특수성이 있을 뿐입니다. 이처럼 다른 교육과 배변 교육의 같은 점과 다른 점을 인식하고, 조급해하지 않고 인내심을 가지고 충분한 기간을 두고 노력하며, 점차적으로 확률을 높여 나간다는 느긋한 생각으로 배변 교육에 임하면 반드시 성공할 수 있습니다.

  여기에 더하여 반드시 필요한 것이 반려견들의 학습 원리 내지 행동 원리를 충분히 이해하고, 그에 대한 전폭적인 믿음과 확신을 갖는 것입니다. 배변 교육 프리쉐이핑 방법은 반려견을 가두지 않고, 혼내지 않고 배변 교육을 할 수 있는, 신뢰에 바탕을 두고 신뢰 관계를 더 단단히 할 수 있는 배변 교육 방법이라고 할 수 있습니다.

배변교육의 시작은 환경설정에서부터

가두지 않고 혼내지 않아도 되는 배변교육은 올바른 환경설정에서부터 시작됩니다. 환경설정은 배변장소를 어디로 어떻게 정하느냐의 문제인데, 배변장소를 정하는 데 최우선적으로 고려되어야 할 사항은 반려견이 잠을 자고 밥이나 물을 먹는 장소 즉, 침실 및 식당장소와 배변장소는 반드시 공간적으로 분리되어야 한다는 점입니다. 침실 및 식당장소와 배변장소가 동일한 공간에 있어서는 안 됩니다. 침실 및 식당장소와 배변장소는 되도록 멀리 떨어져 있는 것이 좋으며, 같은 공간 내에서라면 서로 반대편에 둬야 합니다. 이런 원칙은 배변교육을 할 때 처음부터 끝까지 반드시 지켜져야 합니다.

반려견의 배변교육을 의뢰받아 가정을 방문해서 배변환경을 살펴보면 이런 배변장소에 대한 기본적인 원칙마저도 지키지 않은 채 배변교육을 하고 있는 경우가 정말 많습니다. 그런 상황에서 반려견이 배변을 가리지 못하는 것은 어찌 보면 당연한 결과라고 볼 수도 있습니다. 사람들의 이해부족이 배변교육을 망친 사례입니다. 침실 및 식당장소와 배변장소를 구분하려는 배변본능에 충실한 반려견일수록 그와 배치되는 부적절한 환경에 처할 경우 배변을 가리지 못할 가능성이 높습니다. 이런 반려견들은 침실 및 식당과 화장실 장소를 공간적으로 분리시켜주기만 해도 배변 문제가 자연스레 해결되기도 합니다. 실제로 필자가 애견 방문교육을 하면서 수없이 경험한 사례입니다.

생후 2~3개월 정도 된 어린 강아지를 입양한 초기에도 이런 본능에 어긋나지 않게 배변장소를 마련해주면 의외로 쉽게 배변을 잘 가리게 될 가능성이 높습니다. 구체적으로 설명하면, 방 한쪽에 침실과 식당장소를 마련해주고 그곳과 떨어진 같은 방 반대편 바닥에 배변판이나 배변패드를 깔아두기만 해도 배변판이나 배변패드에 용변을 볼 확률이 매우 높습니다.

반려견 교육,
패러다임을
바꾸다

사람 위주의 일방적인 통제와 명령 체계가 아니라.
반려견과의 상호작용과 교감, 신뢰가
바탕이 되는 교육이 되어야 합니다.

세상은 참으로 빠르게 변화하고 있습니다. 하루가 다르게 새로운 기술과 기계가 등장하고 사라집니다. 직업도 마찬가지입니다.

얼마 전까지만 해도 각광받고 유망하다고 전망되던 직업도 불과 몇 년 사이에 소리 없이 자취를 감추고 맙니다. 이념과 유행도 빠르게 바뀌는 세상입니다. 정신을 빠짝 차리고 끊임없는 공부를 하는 것, 그것만이 급변하는 세상에 대한 미래의 대비책이 아닐까 생각해봅니다.

제가 애견 훈련소를 시작한 지도 벌써 16년째입니다. 애견 훈련소도 이런 빠르게 변하는 세상에서 많은 변화를 겪은 분야일까요?

애견 훈련소도 점차적으로 시대의 요구와 조류에 따라 변화하고 있다고 봅니다. 돌이켜보면 십 수 년의 짧은 세월 동안 상당한 변화를 보였다고 볼 수 있습니다. 16년 전 제가 처음 애견 훈련소를 열 당시만 해도 대부분의 사람들은 애견 훈련소라는 것이 있는지조차 잘 알지 못했습니다. 소수의 사람들만이 애견 훈련소에 훈련을 위탁했습니다. 당시의 애견 훈련소라는 것은 반려견을 일정 기간 위탁하여 훈련한 뒤 집으로 돌려보내는 위탁 방식의 애견 훈련소가 전부였습니다. 그러다가 1990년대 중. 후반부터 반려견에 대한 사람들의 관심이 높아지기 시작했습니다. 사람들의 소득 수준이 높아지고 복잡한 사회생활에 따른 소외감과 스트레스를 달래줄 위안거리가 필요한 상황이었기 때문인 듯합니다. 이에 때맞춰 TV 등 각종 매스컴에서 애견 관련 기사와 프로그램이 상당한 인기를 누리며 유행했습니다.

 그런 경향을 더 가속화한 것은 인터넷의 보급이었습니다. 사람들은 인터넷을 통해 반려견이나 반려견 교육에 관한 다양한 정보들을 검색할 수 있게 되었고, 애견 훈련소들 역시 너도나도 인터넷 홈페이지를 통해 홍보하는 시대가 도래했습니다. 그와 더불어 애견 훈련소뿐 아니라 동물병원, 애견미용, 애견용품, 애견 장례식장, 애견 카페 등 애견 관련 산업들이 속속 등장하기에 이르렀습니다.

 2000년대 중반 무렵 반려견 교육 분야에는 두 가지 커다란 변화가 있었습니다. 그 첫 번째는 실내 애견 훈련소의 등장이었습니다.

소형 실내견을 많이 기르는 우리나라의 도시 실정에 발맞춰 소형 실내견들을 주된 대상으로 하는 실내 애견 훈련소 또는 애견 유치원이 하나 둘씩 생겨났다는 점입니다.

또 하나의 변화는 애견 방문교육이 반려견 교육의 새로운 트렌드로 자리 잡게 되었다는 점입니다. 애견 방문교육은 제가 운영하는 퍼스트 출장방문애견훈련소가 주도했습니다. 2005년 당시 애견 방문교육이 전무하다시피 한 상태에서 퍼스트 애견훈련소가 처음으로 체계적인 애견 방문교육을 시작한 것이었습니다. 이러한 새로운 트렌드는 『동아일보』 2005년 9월 9일자 신문에 '[trend] 애완견 출장 방문훈련 서비스 인기'라는 제목으로 퍼스트 애견훈련소의 애견 방문교육이 소개되기 시작했고, 이후 여러 TV 프로그램이나 매스컴 등에 소개되었답니다.

앞으로 10년쯤 뒤에는 반려견 관련 산업이 어떻게 변하게 될지 벌써부터 궁금해집니다. 그에 따라 반려견을 기르고 관심 있어 하는 사람들의 의식 수준도 많은 변화를 겪으리라 예상해봅니다.

그런데 반려견 교육 분야에서 지금까지 크게 달라지지 않았던 부분이 있다고 한다면, 그것이 무엇인지 짐작하시겠습니까? 반려견 교육에 대한 사람들의 인식과 이해, 반려견 교육의 구체적인 방법, 즉 반려견 교육 방식이 과거와 비교해서 아직까지도 크게 바뀌지 않았다는 것입니다. 아직도 구태의연한 과거의 전통적인 반려견 교육 방식과 사고에서 벗어나지 못하는 애견 훈련소와 반려견

보호자들이 많습니다. 반려견과의 상호작용과 의사소통, 신뢰에 초점을 맞춘 교육이 아니라, 사람의 입장만을 내세우고, 일방적이고 강제적이며 통제 위주인 애견 훈련이 반려견 교육의 전부이고 최선인 양 여기는 분들이 대부분인 것이 아직까지의 현실입니다.

자연스런 변화와 긍정적 강화(positive reinforcement)라는, 가장 중요시되어야 할 과정은 깡그리 무시된 채 훈련의 결과만을 중요시하여, 한 번에 모든 것을 고쳐준다는 '1회 훈련'이라는 초단기의 비정상적인 훈련 방식이 유행하고 있습니다. 그 당연한 결과로 강제와 체벌을 당연시하는 풍토가 또한 만연해 있습니다. 서열이 공격성을 비롯한 모든 문제 행동의 원인이 되는 것처럼 잘못 인식되는 것도 같은 맥락입니다. 서열이라는 명목 하에 반려견들의 자유롭고 건강한 생활이 억압되고, 사람과 반려견 사이의 상호작용과 소통은 단절되고 있습니다. 이런 경향이 특히 심해진 까닭은 아직도 과거의 구시대적인 애견 훈련법들이 주류를 이루는 일본의 애견 훈련 관련 서적들이 최근 많이 번역되어 들어온 탓도 커 보입니다. 대부분의 번역자들이 반려견 교육에 대해 문외한인 상태에서 무분별하게 번역해서 출판한 까닭이라 판단됩니다.

앞으로는 반려견 교육의 패러다임을 바꿔야 합니다. 강압과 강제, 체벌이 아닌, 칭찬과 자연스런 유도, 긍정적 교육법을 사용하는 것이어야 합니다. 사람 위주의 일방적인 통제와 명령 체계가 아니라, 반려견과의 상호작용과 교감, 신뢰가 바탕이 되는 반려견 교육이 되어야 합니다. 형식적이고 획일적인 복종 훈련이나 재주 부리기 위주의 편협한 애견 훈련에서 벗어나, 실생활에 실질적인 보탬이 되는 반려견 교육이 되어야 합니다. 반려견과 함께 시간을 보내고 느끼며 서로 교감하고 생활하는 모든 것이 반려견 교육이 되도록 해야 합니다. 성급하게 결과만을 바라고 강아지만 바뀌기를 바랄 것이 아니라, 부모의 마음으로 인내하고 기다리며 차근차근 가르쳐주는, 삶을 함께하는 동반자로서의 반려견 교육이 되어야 합니다.

애견 훈련소도 이런 관점으로 변화해야 합니다. 보호자의 참여가 없이 애견 훈련소에 의해 일방적으로 이뤄지는 반려견 교육에서 보호자가 주도적으로 참여하는 반려견 교육 프로그램으로 바뀌고 활성화되어야 합니다. '애견 방문교육'이나 '견주 참여 애견 훈련교실' 등이 그것입니다. 이러한 변화를 이루자면, 전문가인 애견 훈련사나 애견 훈련소는 끊임없이 노력하고 공부해야 할 것입니다. 이런 변화를 따라오지 못하는 애견 훈련소는 머잖아 자연스레 도태되리라 생각합니다. 이것이 앞으로 제가 반려견 교육을 하고 애견 훈련소를 운영하는 이유가 될 것입니다.

나는 냄새 맡는다,
고로 존재한다

당신의 반려견에게 보다 자주 많이
세상의 다양한 냄새를 맡을 기회를 주세요.
반려견의 삶이 보다 풍부해지고 행복해집니다.
정신적으로 건강하고 성숙한 반려견이 될 수 있습니다.

반려견 교육을 의뢰받아 가정을 방문합니다. 문을 열고 들어서면 어김없이 낯선 반려견들이 저를 반깁니다. 물론 경계하며 짖기도 하지만, 얼마간 기다리면 가까이 다가와 킁킁거리며 냄새를 맡기 시작합니다. 신발 냄새에서부터 옷에 묻어 있는 냄새를 이곳저곳 집중해서 맡습니다. 마치 냄새로 무언가를 알아내려는 듯 냄새 맡기에 열중합니다. 메고 있는 가방 냄새도 놓치지 않으려 애씁니다. 저는 현관에 들어서서 그들이 충분히 냄새 맡을 때까지 가만히 기다려줍니다.

훈련을 의뢰하신 반려견 보호자분들은 이런 저의 모습을 보고 "들어오세요."라며 무조건 빨리 들어올 것을 재촉하거나 "토리, 안 돼! 이리 와." 하며 반려견의 냄새 맡는 행동을 제지하려 합니다. 가만히 몇 분씩이나 현관 앞에 서서 들어오지도 않고 서 있는 모습이 답답해 보이기도 하고 이해하기 어렵기 때문일 겁니다. 하지만 이 시간은 사실 반려견에게 낯선 나를 소개하는 시간이라고 할 수 있습니다. 서로 인사를 나누는 시간이라고 할 수 있습니다. 냄새를 충분히 맡은 개들은 이제야 알겠다는 듯이 꼬리를 흔들면서 반겨주거나 경계심에 다시 짖기도 합니다.

개들의 뛰어난 후각 기능은 너무나도 잘 알려진 사실입니다. 제가 여기서 그들의 후각 기능을 이러쿵저러쿵 재차 언급하는 것은 큰 의미가 없습니다. 그런 것들은 전문서적을 뒤져보거나 인터넷을 찾아보면 금세 알 수 있을 테니까요. 사실 저는 지금까지 개들에게 냄새 맡는 일이 어떤 의미일지 마음 한쪽에서 늘 궁금했었습니다. 이 글을 통해 그런 궁금증을 정리하고 구체적으로 생각해보도록 하겠습니다.

개가 냄새를 맡는다는 건 그들에게 과연 어떤 의미가 있을까요? **개들은 냄새로 세상을 '본다'고 합니다.** 우리 사람들은 시각을 통해 대부분의 정보를 얻지만, 개들은 반대로 냄새를 통해 보다 많은 정보를 얻습니다. 개들의 예민한 후각은 우리가 화가 났는지, 두려움을 느끼고 있는지도 구분할 수 있다고 합니다. 실제로 암환자 여부를 냄새를 통해 구분할 수 있다는 점도 실험을 통해 이미 증명된 사실입니다.

개들이 냄새를 맡는 일은 사람이 독서를 하고 사색과 명상을 하는 것에 비유되기도 합니다. 냄새 맡는 행위를 통해 개들은 세상을 배우고 체험합니다. 산책을 나가 벤치에 앉아 있다 보면, 움직이지 않고 가만히 먼 곳을 보고 있는 듯한 강아지를 자세히 살펴보세요. 그때 당신의 반려견은 코를 벌름거리며 바람에 실려 다니는 갖가지 냄새에 심취해 있는 것입니다. 반려견과 차를 타고 드라이브를 즐겨보세요. 창문을 열고 스쳐가는 바람을 맞으며 바람 속에 실려 오는 세상의 온갖 냄새에 코를 킁킁대며, 당신의 반려견은 행복에 겨워 눈을 지그시 감고 갖가지 냄새를 음미하는 모습을 발견할 수도 있을 거예요. 차를 타면 낑낑대고 짖기만 한다고요? 물론 차 타는 것을 무서워하는 강아지라면, 우선 차 타는 것을 익숙하게 하는 것이 우선이겠지요.

냄새 맡는 행위는 개들의 인사법이기도 합니다. 처음 보는 개에게 인사하고 싶다면, 나를 소개하고 싶다면, 그 개가 당신의 냄새를 차분히 맡을 수 있게 시간을 주세요. 갑자기 다가가 만지려 하지도 말고, 말을 걸려고 하지도 말고, 눈을 마주치려고 하지도 말고, 그저 강아지가 다가와 냄새 맡게 해주고 차분히 기다려주면 됩니다. 이때 서지 않고 앉아서 기다린다면 개들은 한층 더 편안해 할 겁니다. 만지려 하지 말고, 천천히 아래쪽으로 손을 내밀고 기다리기만 하면 됩니다.

냄새 맡는 일만큼 개들에게 일상의 변화와 자극을 주는 방법은 없을 겁니다. 쌓인 에너지를 발산하게 도와주고, 개들을 빨리 지치게 하는 방법이기도 합니다. 육체적 피로 이상으로 정신적 피로는 개들을 지치게 하는 데 효과적입니다. 아무리 운동을 많이 시키고 산책을 많이 시켜도 강철 체력을 자랑하며 쉬이 지치지 않는 반려견들이 있습니다. 이런 반려견들을 지치게 만드는 방법은 정신적 피로감을 주는 것입니다. 뇌는 몸 전체에 소요되는 에너지의 20%를 사용할 정도로 에너지 소모량이 많다고 합니다. 공부하는 수험생이 육체 노동자 못지않게 많은 에너지를 필요로 하는 이유입니다. 냄새를 많이 맡게 하는 것은 뇌를 자극하고, 에너지 소모량을 급격히 증가시켜 정신적 피로감을 주고 지치게 하는 가장 빠른 방법입니다. 피로감은 행복한 노곤함과 휴식을 가져옵니다.

냄새를 많이 맡게 하는 것은 스트레스를 해소시켜주는 좋은 수단이 됩니다. 사람들은 자신이 좋아하는 다양한 취미활동 등의 방법을 통해 쌓인 스트레스를 해소합니다. 냄새 맡기를 싫어하는 개는 거의 없습니다. 마찬가지로 개들이 좋아하는 냄새 맡기를 통해 쌓인 에너지를 발산하고 스트레스를 해소하는 데 큰 도움을 줄 수 있습니다. 개들은 스트레스를 냄새 맡는 행위로 표현하기도 합니다. 거꾸로, 냄새를 맡으면 스트레스를 해소시켜주기도 합니다.

코를 사용하는 일을 노즈 워크(nose work) 또는 센트 워크(scent work)라고 표현합니다. 말 그대로 개들에게는 냄새 맡는 것이 그들의 삶에서 매우 큰 비중을 차지하는 중요한 '일(work)'이 됩니다.

냄새 맡을 기회를 자주 많이 주는 것은 개들에게 일거리를 주는 것과 다르지 않습니다. 일거리가 없는 개는 따분하고 무료한 일상이 되겠지만, 냄새 맡는 일이 많은 개는 일이 많아 무료할 틈이 없고 행복한 나날을 보낼 수 있습니다. 냄새를 맡게 하는 것은 개들에게 즐겁고 호기심 가득한 일거리를 주는 것과 같습니다.

냄새를 맡게 하는 것은 불안감을 없애고 자신감을 회복시켜주는 방법이 되기도 합니다. 개가 낯선 대상이나 장소에 빨리 익숙해지도록 하는 방법은 그곳의 냄새를 충분히 많이 자주 맡게 해주는 것입니다. 낯선 대상이나 장소의 냄새를 충분히 맡지 못한 개들은 그 대상이나 장소를 두려워하고 불안해합니다. 새로운 집으로 이사를 했다면, 개들은 대체로 한동안 불안해할 가능성이 높습니다. 이때 새로 이사 온 장소의 냄새를 많이 맡게 해주면, 새로 이사 온 낯선 장소에 대한 불안감을 줄이고 빨리 적응하는 데 도움이 됩니다.

개들은 자신이 현재 있는 장소나 주변의 냄새를 맡음으로써 주변의 상황을 알 수 있게 되고, 그를 통해 불안감에서 벗어나 안심할 수 있게 되고, 현재 자신이 처한 상황이나 위치도 파악할 수 있게 됩니다. 주변에 어떤 개들이 있고 어떤 동물이 있는지, 암컷 개가 있는지, 수컷 개가 있는지, 나이는 어느 정도인지 등…. 지피지기면 백전백승이라 했나요? 개들에게 지피지기하도록 하는 방법이 냄새를 맡게 하는 일입니다.

개들은 냄새를 통해 주변에 존재하는 다른 동물이나 개들의 존재를 인식하고 그들에 관한 여러 가지 정보를 얻을 수 있습니다. 또한 다른 동물이나 개들이 남겨놓은 냄새의 흔적에 자신의 냄새를 남겨둠으로써 자신의 존재를 그들에게 알리는 역할도 하게 됩니다. 개들은 냄새를 맡고 냄새를 남기기도 하면서 서로간의 의사소통과 정보 교류를 한다고 볼 수 있습니다. **냄새 맡을 기회를 차단하는 것은 세상과의 소통을 단절시키는 것과 같습니다.** 주변의 상황을 인식하지 못하게 하고, 상호 간 정보 교환의 기회를 차단시켜 사회적 고립을 초래하고, 결과적으로 외부 세계나 낯선 대상에 대해 두려움을 쉬이 느끼는 개가 되게 합니다.

냄새 맡는 일은 개들에게 여러 가지 호르몬의 분비작용을 활발하게 한다고 짐작할 수 있습니다. 이로써 육체적, 정신적으로 건강하고 조화로운 반려견으로 살아갈 수 있게 된다고 볼 수 있습니다. 냄새를 맡지 못하고 무료한 생활을 반복하는 반려견은 이런 호르몬의 분비가 미약하거나 불균형을 이뤄, 비정상적인 이상 행동을 보이는 반려견이 될 가능성이 높습니다. 우리 사람들이 행복감을 느낄 때 세로토닌 등의 호르몬이 분비되듯이, 개들도 자신이 좋아하는 것을 하면 세로토닌을 비롯한 여러 가지 감정 조절 호르몬이나 신체기능 조절 호르몬 등 각종 호르몬이 분비되어 행복감을 느끼고 신체적·정서적으로 안정된 반려견으로 살아갈 수 있게 됩니다.

냄새 맡는 일이 개들에게 어떤 의미일지를 간단히 정리해보았습니다. 개에게 냄새 맡는 일은 우리가 생각하는 것 이상으로 개가 개로서 살아가기 위해 필수 요소라는 점을 절감해야 합니다. 냄새 맡는 일은 본능입니다. 본능이 차단되면 심각한 스트레스와 이상 행동을 보일 가능성이 높아집니다.

우리 사람에게 후각 기능은 시각 기능에 비해 그리 중요하게 여겨지지 않는 것이 보통입니다. 그런 까닭에 개들의 냄새 맡는 일을 하찮게 여기기 쉽습니다. 냄새 맡는 개를 답답해하거나 불필요하고 비위생적인 행위로 규정짓고, 못하게 야단치고 기회마저 박탈하곤 합니다.

개에게서 냄새 맡을 기회를 뺏는 것은 사람이 생각하지 못하게 하는 것과 같다고 볼 수 있습니다. 독서를 하지 못하게 해서 지적·정서적 발달을 차단하는 것과 같습니다. 정보 습득과 교류를 차단시켜 사회적으로 고립시키는 것과 같습니다. 변화 없는 무미건조한 일상을 보내도록 강요하는 것과 다르지 않습니다. 아무것도 볼 수 없는 컴컴한 어둠속에 가둬두는 것과 다를 바 없습니다. 개들은 코로 세상을 보기 때문입니다. 코로 생각하기 때문입니다.

'냄새 맡는 개'는 개를 가장 개답게 특징짓는 요소입니다. 냄새를 맡지 못하는 개는 무늬만 개일 뿐 개가 아니라고 해도 과언이 아닙니다. 개로서의 정상적인 삶을 누리지 못하므로 매우 불행한 개라고 말할 수 있습니다. 냄새를 많이 맡거나 마음껏 맡을 수 있는 개는 행복한 개라고 말할 수 있습니다.

혹시 지금까지 반려견이 냄새를 맡으면 고함을 지르면서 못하게 하진 않았나요? 산책을 하다가 반려견이 냄새를 맡으면 목줄을 잡아채며 벌을 주거나 억지로 다른 곳으로 끌고 가진 않았나요? 날씨가 춥다는 핑계로 혹은 바쁘다는 핑계로 반려견을 집안에만 가둬두지 않았나요? 반려견은 집에만 가둬두며 이따금 예뻐해주는 장난감 같은 존재가 아닙니다. 이런 행동들은 반려견에게 가장 기본적인 본능과 반려견으로서 당연히 누려야 할 반려견다운 삶을 박탈하는 끔찍한 일일 수 있습니다. 당신의 반려견에게 보다 자주 많이 세상의 다양한 냄새를 맡을 기회를 주세요. 반려견의 삶이 보다 풍부해지고 행복해지게 됩니다. 정신적으로 건강하고 성숙한 반려견이 될 수 있습니다.

철학자 데카르트는 이런 명제를 남겼습니다.

"나는 생각한다, 고로 존재한다."

이 말을 우리 반려견들에게는 이렇게 바꿔볼 수 있겠습니다. 그만큼 중요하고 필수적이니까요.

"나는 냄새 맡는다, 고로 존재한다."

노즈 워크(nose work),
새로운 해석과 가능성

요즈음 새롭게 주목되는 분야가
노즈 워크를 이용한 반려견과의 놀이와 게임입니다.

노즈 워크(nosework)?

처음 듣는 사람들에게는 생소하고 낯설게 느껴지는 단어일 듯합니다. 반려견 교육에 이런 분야가 있었던가? 뭐지? 고개를 갸우뚱하고 시선을 고정하여 내용을 살펴보면 이내 고개를 끄떡이게 되는 단어입니다. 다름 아닌 개가 '코를 사용하는 일'을 가리키는 말이기 때문입니다. '센트 워크(scent work)'라고도 합니다. 좀 더 전문적인 용어를 쓰자면 '후각 작업'을 의미합니다.

노즈 워크의 역사는 개가 우리 사람들과 함께 생활하게 된 이후인, 즉 가축화된 개의 역사만큼이나 오래되고 자연스런 일입니다. 사실 따져보면 새삼 새로울 게 전혀 없는 것이 바로 노즈 워크라고 할 수 있습니다. 노즈 워크 훈련을 통해 마약이나 폭발물을 탐지하고 범인을 찾거나 추적하고 잃어버린 물건이나 범죄의 단서가 될 만한 물건을 찾으려는 노력은 지금껏 계속되어왔고, 일상생활에서 수시로 영화나 뉴스 등 각종 매체를 통해 개들의 뛰어난 후각 작업 능력을 접해온 터라 노즈 워크란 용어 자체는 낯설지 모르지만 우리는 막연하게나마 개들의 노즈 워크에 이미 익숙해져 있습니다.

전통적인 포멀(formal) 노즈 워크 분야는 세분하자면 3가지로 나눌 수 있습니다. 센트 디스크리미네이션(scent discrimination: 냄새를 구분하는 작업), 서칭(searching: 사람이나 물건을 찾는 작업), 트래킹(tracking: 추적 작업)이 그것입니다. 이를 크게 2가지로 구분하면 서칭과 트래킹으로 나눌 수 있습니다. 최근에는 뛰어난 후각 능력을 활용하여 암이나 당뇨병 등의 발병 여부를 탐지하도록 하는 등 의료 분야에 활용코자 하는 노력도 진행되고 있습니다.

그런데 반려견이 일반화된 현대 사회에서 요즈음 새롭게 주목되는 분야가 노즈 워크를 이용한 반려견과의 놀이와 게임입니다. 사람들은 바쁜 일상에 쫓겨 반려견과 놀아줄 시간이 부족하고, 일터에서 집으로 돌아오면 피곤에 지쳐 산책은 엄두도 내지 못하는 경우가 많습니다. 반려견들은 늘 좁은 집안에 갇혀 감옥 같은 따분하고 지루한 나날을 보내야 합니다. 노즈 워크를 활용한 게임은 이런 답답한 반려견들의 일상에 탈출구 역할을 하게 합니다. 노즈 워크 게임을 활용하면 좁은 실내에서도 반려견과 교감하며, 반려견과 사람 사이의 신뢰 관계를 돈독히 할 수 있습니다. 노즈 워크의 효과나 장점은 여러 가지입니다. 그중에서도 무엇보다 큰 장점은 반려견의 스트레스 해소에 탁월한 효과를 발휘한다는 점입니다. 반려견이 가장 좋아하면서도 가장 잘할 수 있고 가장 효과적이면서도 자연스러운 스트레스 해소 수단이 다름 아닌 노즈 워크를 활용한 게임과 놀이인 것이지요. 현대를 사는 반려견들에게 우리 사람들이 줄 수 있는 가장 큰 일거리이자 선물이 노즈 워크라고 해도 틀린 말이 아니라고 봅니다.

나아가 장차 노즈 워크는 포멀 노즈 워크, 노즈 워크를 활용한 게임이나 놀이뿐만 아니라, 반려견이 일상생활에서 늘상 하게 되는 일상적인 활동이 이루어지는 방향으로 그 필요성이 인식되고 발전되게 하는 노력이 절실히 요구된다 하겠습니다.

실내에서도 노즈 워크를 마음껏 즐길 수 있는 환경을 만들어주는 것이 필요합니다. 지금껏 노즈 워크라면 실외에서 하는 전통적인 포멀 노즈 워크만 생각하는 것이 관행이었습니다. 그러나 과거와 달리 요즘에는 실내에서 대부분의 시간을 보내야 하는 우리 반려견들에게 실내에서 즐길 수 있는 노즈 워크 게임과 환경을 만들어주는 것이 매우 중요해졌다고 할 수 있습니다. 강아지가 좋아하는 노즈 워크 게임이나 놀이를 알려줘서, 평소 혼자서도 노즈 워크를 일상화하게 해줄 수 있습니다. 실내에서 간단히 즐길 수 있는 노즈 워크 게임이나 놀이를 다양하게 개발하고 발굴하는 노력이 필요합니다.

실외에서도 지금까지와는 다른 인식의 전환이 필요합니다. 반려견과의 산책이나 나들이 시간을 노즈 워크를 마음껏 즐길 수 있는 시간으로 바꿔보세요. 실외에서 즐길 수 있는 노즈 워크 게임을 익혀서 실천해보거나 서칭, 트래킹 등 포멀 노즈 워크에 도전해보는 것은 반려견과 사람 양자 모두를 가슴 설레게 하는 일일 것입니다.

한편, 산책의 필요성을 단순히 반려견의 운동의 필요성이나 운동 효과로만 생각하는 사람들이 많습니다. 그러나 반려견과의 산책을 단순한 운동 효과 증진에 중점을 두기보다는, 자유롭고 충분한 노즈 워크와 이를 통한 스트레스 해소에 두어야 하는 것은 아닌지 새삼 재점검해볼 필요가 있습니다. 이런 관점에서 본다면, 반려견으로 하여금 노즈 워크를 마음껏 할 수 있게 하는 산책이 좋은 산책이라는 쪽으로 인식 전환이 이루어지고, 그 당연한 결과로 사람 위주의 산책이 아닌, 반려견과 사람이 함께 즐길 수 있는 산책이 가장 의미 있는 산책이라는 것을 알게 되고, 나아가 이런 산책이 일반화되어야 한다고 생각합니다.

그러니 냄새 맡지 못하게 하는 산책, 급히 어디론가 가기만 하는 산책, 목줄을 채는 산책, 사람만 쳐다보면서 따라가는 산책, 자유로운 노즈 워크를 방해하는 다양한 모습의 억압된 산책은 좋은 산책이 아닌 겁니다. 산책의 한쪽 당사자인 반려견의 입장에서 본다면, 즐거운 산책이 아닐 수 있다는 것입니다.

실내에서 즐길 수 있는 간단한 노즈 워크 훈련을 가르쳐 준 어느 반려견 보호자분의 말씀입니다. "지금껏 이렇게 강아지가 한 가지 일에 집중하고 열심히 하는 모습을 처음 보는 것 같아요. 너무 신기하고 놀랍습니다. 그리고 강아지가 즐거워하고 더 하고 싶어 하는 모습을 보니 저도 너무 기분이 좋네요…."

"혹시 개가 냄새로 산삼을 찾도록 훈련할 수는 없을까요?"

예전에 훈련 상담을 하다보면 이런 질문을 하는 분들이 종종 있었습니다. 많은 시간을 들여 체계적으로 교육한다면, 산삼 찾는 강아지 훈련이 불가능할 것도 없다고 봅니다. 외국 일부에서는 노즈 워크 훈련을 통해 잃어버린 반려견을 찾아주는 서비스를 제공하는 업체도 있다고 합니다. 머잖아 우리나라에도 그런 서비스가 등장할지도 모르겠습니다. 개들의 노즈 워크를 활용하여 잃어버린 아이를 찾아주거나 잃어버린 귀중품을 찾아주는 서비스가 등장할지도 모를 일입니다.

거꾸로 훈련법

굳이 '앉아' 등의 명령어를 붙여주지 않아도
얼마든지 원하는 행동을 길들일 수 있습니다.

'거꾸로 훈련법'이라고 들어보셨나요? 당연히 들어보지 못하셨을 겁니다. 제가 붙인 이름이니까요. 사람들이 일반적으로 생각하는 훈련법과는 다른 방식의 교육법이라고 할 수 있습니다.

사람들은 보통 강아지 훈련을 한다고 하면 어떤 모습을 상상할까요? 울타리에 가둬두거나 줄을 묶어둔 반려견에게 접근합니다. 반려견이 반갑다고 흥분해서 껑충껑충 뛰어오릅니다. 낑낑거리거나 짖기도 합니다. 반려견이 흥분하고 짖어대니 접근하려던 사람의 마음도 덩달아 급해집니다. 이 녀석 무슨 명령어를 알더라? 그렇지! '앉아'가 있었지! 그러면서 "앉아!"를 연신 외쳐댑니다.

"앉아, 앉아, 앉아 … !"

나중엔 고함이 됩니다. 그 반복되는 소리와 고함소리에 반려견의 흥분과 짖어대는 소리, 날뛰는 행동은 좀처럼 가라앉지 않고 오히려 더 심해집니다.

사람들이 일반적으로 생각하는 강아지 훈련은 반려견에 대한 '통제'와 동일시하는 경향이 있습니다. 반려견의 행동에 통제를 가하고 일방적으로 명령하고 강제하는 것을 훈련이라고 오해하고 있습니다. 그것뿐이 아닙니다. '이리 와', '앉아' 등의 신호(cue)를 벌을 주는 수단으로 사용하는 경우도 많습니다. 반려견이 잘못했다고 여기거나 말을 듣지 않을 때 이렇게 하곤 합니다.

"초코, 너 이리 와! 앉아! 너 이게 뭐야? 안 돼! 안 돼!"

이렇게 하면 반려견은 '이리 와' 해서 가니 야단맞고, '앉아'라고 해서 앉으니 야단을 맞게 됩니다. '이리 와'와 '앉아'라는 말을 들으니 그때마다 벌이 주어지는데, 그 행동을 자발적으로 계속하려는 바보는 이 세상에 없는 것이 당연합니다. 개들을 포함한 모든 생물은 자신의 행동에 대한 결과에 불이익이 주어지면, 그 행동을 하지 않으려는 것이 본능적인 생존법이자 학습법이기 때문입니다. 이런 오류를 계속하게 되면 어떻게 될까요? 나중에는 '이리 와' '앉아'라는 신호(cue)를 따르지 않게 됩니다.

많은 반려견 보호자분들이 이런 얘기를 합니다.

"우리 강아지는 손에 간식이 있을 때에만 명령어를 말하면 알아들어요. 간식 없으면 전혀 듣지를 않아요."

물론 그렇게 된 데는 다른 이유나 요령 부족이 있을 수도 있지만,

위와 같은 오류를 저지르기 때문일 수도 있습니다. "이리 와!" "앉아!"라고 해서 그 말에 따랐는데 벌을 주고 불이익을 주니, 반려견의 입장에서 보면 따르지 않는 것이 당연한 겁니다. 평소에는 따르지 않고, 먹이가 손에 있을 때만 따르게 되는 것입니다.

강아지 훈련을 이렇게 이해하고 실생활에서 잘못되게 적용하니 각종 부작용에 직면하게 되고, 당초에 의도했던 것과는 정반대의 훈련 결과가 나타나기도 하는 겁니다.

이제 거꾸로 훈련법을 활용해보세요. 울타리에 가둬두거나 줄을 묶어둔 반려견에게 접근합니다. 반려견이 반갑다고 흥분해서 껑충껑충 뛰어오릅니다. 낑낑거리거나 짖기도 할 겁니다. 반려견이 흥분하고 짖어댄다고 접근하려던 사람마저도 마음이 급해져선 안 됩니다. "앉아!"라거나 "안 돼!"라는 말은 하지도 마세요. 반려견이 당신에게 닿지 않을 정도의 거리까지만 접근해서 등을 돌리고 가만히 계세요. 반려견과 눈을 마주치거나 말을 하거나 움직이지 않는 것이 중요합니다.

그렇게 어깨너머 곁눈질로 반려견의 행동을 계속 관찰하기만 합니다. 그렇게 하면 한동안 반려견은 평소보다 더 심하게 날뛰거나 더 심하게 낑낑대거나 짖어대며 당신의 관심을 끌려고 할 가능성이 높습니다. 그래도 가만히 기다려야 합니다. 그렇게 한동안 시간이 지나면 반려견은 이윽고 가만히 멈춰서 지켜보게 됩니다. 그때 "옳지!" 하며 보상을 해주거나 가까이 다가가줍니다. 만약 이 상황에서 반려견이 앉는 행동을 원한다면 스스로 앉는 동작을 할 때까지 기다리는 겁니다. 반려견이 스스로 앉으면, "옳지!" 하며 보상을 주거나 가까이 다가가 만져주셔도 됩니다. 이때 "앉아!"라는 말은 굳이 하지 않으셔도 됩니다. 이렇게 몇 차례만 반복하면, 굳이 "앉아!"라고 큰소리 치지 않아도 반려견에게 접근하면 스스로 앉아서 대기하게 됩니다.

이처럼 **거꾸로 훈련법은 미리 신호(cue)를 말하지 않고, 거꾸로 내가 원하는 행동이 나올 때까지 기다리고 있다가, 내가 원하는 행동이 나오면 그때를 놓치지 않고 보상을 해줘서 그 행동을 스스로 반복하도록 강화하는 훈련법입니다.**

반려견을 교육하는 방법은 여러 가지일 수 있습니다. 과거에는 사람이 일방적으로 명령하고 통제하고 강제하는 것을 훈련이라 생각하고, 그런 식의 강제적인 훈련 방식이 주류를 이루기도 했습니다. 하지만 최근 들어 그런 방식의 강제적인 훈련법이 비자발적이며 부작용이 심각한 훈련 방식이라는 인식이 힘을 얻으면서 점차 설 자리를 잃어가고 있습니다.

강제를 사용하지 않는 자연스런 반려견 교육법으로 대표적인 것이 luring 방식*과 capturing 방식** 두 가지가 있습니다. luring 방식은 반려견이 좋아하는 간식 등을 이용하여 원하는 행동을 유도하

---

* luring 방식 : 간식 등으로 원하는 행동을 유도하는 훈련 방식
** capturing 방식 : 순간적인 동작을 사진을 찍듯 원하는 동작을 기다렸다가 보상해주는 훈련 방식

고 그에 따른 보상을 주는 방식입니다. 반면에 capturing 방식은 반려견이 스스로 원하는 행동을 할 때까지 기다렸다가, 원하는 행동이 나오면 그때를 놓치지 않고 보상함으로써 사람이 원하는 행동을 강화하는 훈련 방식입니다.

capturing 방식은 luring 방식보다 더 자연스럽고 효과적인 훈련 방식이며, 개들의 자연 상태의 학습 방식에 가장 가까운 훈련 방식입니다. capturing 방식의 최대 장점은 순전히 자발적이라는 점입니다. 일체의 강제나 유도를 사용하지 않기 때문입니다. capturing 방식이 가능한 이유는 개들은 자신의 행동에 대한 결과에 아주 민감하게 반응하고 알아채기 때문입니다. 그러기에 굳이 "앉아!" 등의 명령어를 붙여주지 않아도, 얼마든지 원하는 행동을 길들일 수 있습니다.

제가 지금까지 설명한 거꾸로 훈련법은 capturing 훈련 방식을 보다 이해하기 쉽게 설명하기 위해서 붙인 용어입니다. 거꾸로 훈련법을 활용하면, 정말 쉽고 자연스럽게 원하는 행동을 길들일 수 있게 됩니다.

거꾸로
훈련법 2

햇살이 비치면 어둠은 저만치 물러갑니다.
반려견의 일상을 하면 좋은 행동,
해도 되는 행동으로 가득 채워주세요.
그러면 하면 안 되는 행동은 저절로 사라지게 됩니다.

'안 돼'라는 말을 가르치는 것이 시급하고 중요한 반려견 훈련 중 하나라고 생각하는 사람들이 많습니다. 목줄을 채면서 '안 돼'를 가르쳐야 한다는 사람도 있고, 눈을 노려보면서 단호한 목소리로 '안 돼'라고 해야 한다고 하기도 합니다. 신문지로 바닥을 두드리면서 '안 돼'라고 해야 한다는 사람이 있기도 하고, 반려견의 입을 손으로 잡고 '안 돼'라고 가르쳐야 한다고 하기도 합니다. 또 먹이를 앞에 두고 먹지 못하게 하면서 '안 돼'를 가르쳐야 한다는 사람도 있습니다.

그뿐만이 아닙니다. 반려견의 행동을 일일이 감시하며 따라다니면서 '안 돼'라고 고함치고 못하게 하는 것을 강아지 훈련이라고 생각하는 분들도 많습니다. 바닥에 떨어진 음식이나 물건을 입에 물어도 "안 돼!" 휴지를 물어뜯어도 "안 돼!" 사람의 손발을 깨물어도 "안 돼!" 짖어도 "안 돼!" 똥오줌을 실수한다고 "안 돼!"…

반려견은 야단맞는 것이 일상이 됩니다. 반려견 입장에서는 도무지 이해할 수도 종잡을 수도 없습니다. 따라다니면서 일일이 '안 돼'라고 고함치고 위협하니 스트레스가 이만저만이 아닙니다. 세상은 무서운 것 투성이입니다. 주변에 있는 모든 것들이 두려움의 대상으로 보이기 시작합니다. 무엇을 해야 할지 알 수 없습니다. 무엇을 해야 할지 제대로 배운 적이 없기 때문입니다. 강아지 훈련을 해선 안 되는 것을 못하게 하는 것으로 오해하고 있진 않으신가요? 반려견의 행동을 통제하는 것을 강아지 훈련으로 알고 있진 않으신가요? 못하게 통제하는 것을 강아지 훈련으로 생각해선 안 됩니다. 못하게 야단치고 통제하는 것이 우선되어선 안 됩니다.

먼저 필요한 것은 우리 반려견들에게 우리가 원하는 것을 가르쳐주는 것입니다. 우리가 원하는 것을 이해할 수 있도록 도와주는 것입니다. 강아지 훈련법이란 반려견에게 가르쳐주는 방법입니다. 반려견에게 우리가 원하는 것을 이해시켜주는 방법입니다. 통제 방법이, 고치는 방법이 강아지 훈련법은 아닙니다.

반려견이 하면 안 되는 행동을 하는 것은 해도 되는 행동을 제대로 알지 못하기 때문입니다. 해도 되는 행동을 제대로 알려주지 않았기 때문입니다. 손님이 방문할 때 반려견이 짖는 것은 조용히 있는 법을 배우지 못했기 때문입니다. 반려견이 배변을 가리지 못하는 것은 배변 장소를 제대로 알려주지 않았기 때문입니다. 식사를 할 때 반려견이 짖고 덤비는 것은 얌전히 있는 법을 제대로 배우지 못했기 때문입니다. 햇살이 비치면 어둠은 저만치 물러갑니다. 반려견의 일상을 하면 좋은 행동, 해도 되는 행동으로 가득 채워주세요. 그러면 하면 안 되는 행동은 저절로 사라지게 됩니다. 시간이 없어서 힘들다고요? 그럼 조금만 더 노력해보세요.

키우는 반려견이 말썽을 일으키나요? 고쳐야 할 행동이 있으신가요? 그럼 우선 녀석에게 가르쳐야 할 것이 무엇인지 생각해보세요. 내가 먼저 해줄 것이 무엇이 있나 생각해보시기 바랍니다. 고쳐야 할 무엇이 있다면 거꾸로 먼저 해줄 것이 무엇인지를 생각해보시기 바랍니다.

incompatible behavior

'거꾸로 훈련법 2'에서 설명한 것처럼 반려견을 교육하고 문제행동을 고치려면 내가 원하는 행동을 먼저 가르치고 이해시켜줘야 합니다. 내가 원하는 행동을 먼저 가르치고 이해시켜주는 방법은 교육원리상 이를 다르게 표현하면 incompatible behavior(양립할 수 없는 동작)를 강화하는 것과 같습니다.

incompatible behavior는 대체행동(replacement behavior)을 가르치는 방법 중 하나로 문제행동과 동시에 양립할 수 없는 다른 행동을 강화하여 문제행동을 줄이거나 방지하는 방법입니다. 예컨대 반려견 앞에서 식사를 할 때 반려견이 식탁으로 덤벼드는 행동을 방지하기 위해 차분하게 앉아서 기다리는 동작을 보상하고 강화하는 것이 그것입니다. 이렇게 하면 식사 시 덤비는 행동을 혼내거나 강제로 통제하지 않고도 차분한 반려견으로 교육할 수 있습니다. incompatible behavior는 반려견에게 내가 원하는 행동을 먼저 가르쳐주고 이해시켜주는 방법과 일맥상통하는 방법입니다.

반려견들의 시선

그들은 말을 하지 못하는 대신 미세한
움직임을 통해 자신의 의사를 전달하고,
우리 사람들의 움직임을 통해 직관적으로 이해할 수 있습니다.
한마디로 '보디랭귀지 커뮤니케이터(body language
communicator)의 달인'
이라고 할 수 있습니다.

솔직히 우리 사람들은 개가 되어보지 못했으니 개들의 생각이나 감정, 행동 등을 100% 정확히 알 수는 없습니다. 다만 그들의 행동이나 반응, 몸짓 등을 통해 어렴풋이나마 짐작할 수 있을 따름입니다. 이런 관점에서 우리 사람들을 보는 반려견들의 시선이 어떠할지 짐작해봅니다.

조나단 스위프트(Jonathan Swift)가 지은 유명한 소설『걸리버 여행기』를 모르시는 분은 아무도 없을 겁니다. 소설에서처럼 우리 사람들이 거인들의 세계에 살게 된다면 어떻게 될까요? 거기다가 말도 통하지 않는다면 어떤 느낌이 들까요? 아니면 영화 '쥬라기 공원'을 생각해보면 더 선명한 느낌이 들지 않을까요? **집채보다 더 큰 거대한 공룡들이 눈앞에서 분주히 움직인다면 우리 사람들이 느끼는 감정은 어떠할까요?**

좀 더 실감나는 사례로는 동물원의 코끼리를 예로 들 수 있습니다. 코끼리들은 엄청난 몸무게와 덩치, 높은 키 등을 지녀, 동물원에서 코끼리를 기르는 사육사들은 항상 조심해야 한다고 합니다. 꼬리나 코에 살짝만 부딪쳐도 크게 튕겨져 나가 중상에 이를 수 있기 때문입니다. 우리 사람과 함께 사는 반려견들이 느끼는 감정이 이렇지 않을까요?

거대한 코끼리나 집채보다 큰 공룡 앞에 있는 자그마한 사람과 다르지 않으리라는 생각이 듭니다. 거대한 코끼리나 공룡과 함께 생활하는 사람이라면, 그들의 사소한 몸짓이나 행동 하나하나에 매우 민감하게 반응할 수밖에 없을 것입니다. 항시 그들의 몸짓이나 행동에 모든 신경과 주의를 집중하고, 조그마한 변화에도 그에 따른 의미를 파악하려 노력해야 할 것입니다.

우리 사람들은 쉽사리 반려견들의 입장이나 형편을 잊어버립니다. 반려견들의 시선이 낮다는 것을 기억할 필요가 있습니다. 반려견들의 시선은 지면에 매우 가깝습니다. 반려견들은 우리 사람들이 다가오면, 거인 같은 존재가 자신에게로 다가오는 것으로 느낄 수 있습니다. 그것만으로도 반려견들에게는 우리 사람들의 행동 하나하나가 위협적으로 느껴질 수 있는 겁니다.

그러기에 반려견을 대하거나 반려견 주변에서 움직이거나 반려견과 함께 생활할 때는 매우 세심한 주의가 필요합니다. 사람들이 아무런 생각 없이 성큼성큼 반려견에게 다가가는 것이 반려견에게는 위협일 수 있습니다. 사람들이 반려견 앞에서 허리를 숙이는 행위가 거대한 공룡이나 코끼리가 자신을 덮치는 것과 마찬가지로 매우 위협적인 동작이 될 수 있는 것입니다. 아니면 거대한 물체가 자신에게로 넘어져오는 느낌이 들지 않을까요? 우리 사람들도 일상생활을 할 때 이와 비슷한 경험을 하는 경우가 많습니다. 앉거나 누워 있을 때 여러 사람들이 분주히 왔다 갔다 한다면, 매우 불안한 감정을 가질 수밖에 없을 것입니다. 사람들의 사소한 행동이 강아지들에게는 매우 위협적이거나 커다란 의미를 가질 수 있게 되는 이유가 바로 여기에 있습니다.

이와 관련하여 반드시 알아야 할 중요한 사실이 있습니다. 개들은 우리 사람들의 보디랭귀지(body language)를 읽는 데 아주 능숙하다는 점입니다. 그들은 말을 하지 못하는 대신 미세한 움직임을 통해 자신의 의사를 전달하고 우리 사람들의 움직임을 통해 직관적으로 이해할 수 있습니다. 한마디로 '보디랭귀지 커뮤니케이터(body language communicator)의 달인'이라고 할 수 있습니다.

미국의 저명한 애견 훈련사인 패트리샤 맥코넬(Patricia McConnell)은 그녀의 저서 *The Other End of the Leash*에서 개들의 이러한 특성을 다음과 같이 표현하고 있습니다.

"All dogs are brilliant at perceiving the slightest movement that we make, and they assume that each tiny movement has meaning."

(모든 개들은 우리 사람들의 아주 미세한 움직임을 파악하는 능력이 뛰어나며, 작은 움직임도 의미를 가진 것으로 이해한다.)

반려견을 기르고 반려견 교육을 하는 데 있어 반려견들의 시선을 이해하고, 그들의 보디랭귀지와 의사소통 방식을 이해한다면, 보다 훌륭한 훈련 성과를 얻을 수 있을 것입니다. 반려견들의 행동에 세심한 주의를 기울이는 한편, 우리 사람들의 행동이 반려견들에게 어떻게 비춰질지 이해하고 행동한다면, 반려견과의 소통과 교감은 더욱 공고해지고, 여러 가지 문제 행동을 고치거나 예방하는 것이 한결 쉬워지며, 반려견 교육에도 결정적인 열쇠를 제공하게 될 것입니다. 반려견들의 시선과 몸짓을 이해하려고 노력해보세요.

말하는
반려견

이제부터 반려견들의 말을 유심히 관찰해보세요.
반려견들은 늘 우리 주변에서 우리에게 말을 걸어오고 있습니다.

말하는 반려견이 있습니다. 반려견이 말을 할 줄 압니다. 저는 말하는 반려견을 매일 만납니다.

예전에는 미처 몰랐습니다. 반려견이 말할 줄 안 다는 사실을 말입니다. 반려견이 싫거나 기쁘다거나, 두렵거나 심심하다거나, 힘들다는 표현을 한다는 사실을 깨닫지 못했습니다. 반려견들은 항상 우리 주변에서 우리를 관찰하고 우리에게 말하고 있다는 사실을 까마득히 모르고, 내 입장만 생각하고 내 입장에서만 행동하는 잘못을 저지른 사실이 새삼 부끄럽기도 하고 미안한 마음이 듭니다.

반려견들도 자기가 싫은 것을 시키면 싫다는 표현을 합니다. 두려운 사람을 만나거나 길에서 마주치는 다른 개가 무서우면 무섭다는 표현을 합니다. 자기 물건을 빼앗으려 들면 하지 말라고 말합니다. 하기 싫은 목욕을 시키면 무섭기 때문에, 하기 싫기 때문에 하기 싫다는 표현을 합니다. 도망을 가려 하거나 거부의 몸짓을 보이다가 이윽고 으르렁댑니다.

알다시피 사실 반려견들은 말을 하지 못합니다. 우리 사람들의 언어와 같은 말을 하지는 못합니다. 그러나 그들은 그들 나름의 언어를 가지고 있습니다. 반려견들의 언어에는 몸짓신호, 행동, 자세, 소리, 표정 등이 있습니다. 그 언어를 통해 상대방에게 자신의 의사를 전달하려 노력합니다. 반려견들은 또한 상대방의 몸짓신호, 행동, 자세, 소리, 표정 등을 통해 그들 자신의 방식으로 상대방의 의사를 해석하고 평가합니다. 그러기에 **우리 사람들의 몸짓 하나하나, 말투 하나하나, 자세 하나하나가 반려견들에게는 매우 중요한 의미로 비춰질 수 있습니다.** 참말로 우리 사람들은 개들에게 아무런 생각 없이 무심코 행동하기 쉽습니다. 그 행동이나 몸짓이 개들에게 어떤 의미로 비춰질지 모른 채 말입니다. **사람들의 사소한 몸짓이 개들에게는 매우 중요한 의미로 받아들여질 수 있습니다. 사람들의 작은 몸짓이 때로는 중대한 위협으로 비춰질 수도 있습니다.**

우리는 누구나 말하는 반려견을 만날 수 있습니다. 반려견과 대화할 수 있습니다. 말하는 반려견을 만나고 만나지 못하고는 전적으로 우리 사람들에게 달려 있습니다. 우리 사람들이 반려견들의 언어와 신호를 배우고 이해하면 됩니다. 우리 사람들이 반려견들의 언어를 배우고 이해하면, 말하는 반려견을 만나고 그 반려견들과 대화하고 교감할 수 있습니다. 이를 통해 보다 깊은 신뢰 관계를 형성할 수 있습니다. 반려견들의 어려움과 고통, 감정, 두려움 등을 이해하고 그것들을 보다 쉽게 해결해 줄 수 있습니다.

반려견이 하기 싫다는 표현, 하지 말라는 표현, 힘들다는 표현 등을 하면, 우리 사람들은 그에 응하여 그 의사를 읽고 그를 인정해 주고 해결해주도록 노력해야 합니다. 반려견들이 계속해서 우리 사람에게 말을 하는데도 이를 알지 못한다면, 반려견들은 심한 좌절감을 느끼게 될 것입니다. 반려견들의 말이 사람들에게 반복적으로 묵살당하고 무시당할 때 의사소통은 단절되고 관계는 끊어질 것입니다. 스트레스는 증폭되고, 행동은 과격해지며, 공격성이나 짖음 등의 이상 행동으로 부작용을 표출하게 됩니다.

이제부터 반려견들의 말을 유심히 관찰해보세요. 반려견들은 늘 우리 주변에서 우리에게 말을 걸어오고 있습니다.

스스로
생각하는
반려견

반려견에게 스스로 생각할 수 있는
기회를 주고 차분히 기다려주세요.
우리가 할 일은 반려견이 쉽게 이해할 수 있도록 알려주는 것입니다.

반려견을 교육할 때 반려견 스스로 생각하게 하고 자발적으로 자신의 행동을 선택하도록 유도하여, 사람이 원하는 행동을 하도록 교육하고 길들일 수 있습니다. 바람직한 반려견 교육은 사람에 의한 외부적인 통제와 억압을 통해 이루어지는 것이 아니라, 반려견 스스로 생각하고 스스로의 선택에 의해 자신의 충동이나 욕구를 자발적으로 조절할 수 있도록 유도하고 도와주는 과정이어야 합니다. 반려견으로 하여금 스스로 생각하게 하고 자신의 행동을 자발적, 능동적으로 선택하여 행동할 수 있도록 하려면, 반드시 지켜야 할 몇 가지 주의사항이 있습니다.

우선 절대로 벌을 주고 강압을 가하는 강제 훈련을 해서는 안 됨니다. 반려견을 교육하는 원리는 사람의 그것과 다르지 않습니다. 칭찬과 긍정 교육이 당장은 느린 듯 보이지만 원하는 결과를 얻을 수 있는 가장 빠른 방법입니다.

　어린아이에게 글자 공부를 가르치거나 수학을 가르칠 때, 가르치는 어른의 입장에서 보면 답답할 때가 한두 번이 아닙니다. 설명을 해도 좀처럼 알아듣지 못하고, 예전에 잘하던 것들도 어느 순간 잘하지 못하는 퇴보된 모습을 보이기도 합니다. 예전에 잘하던 것마저 틀리고 잘하지 못하면, 옆에서 가르치는 사람은 울화통이 터집니다. 그때 그런 화난 감정을 아이에게 그대로 드러내 화를 내고 야단을 친다면 어떻게 될까요? 아이는 공포심과 두려움에 일순간 얼어붙어 생각하는 기능이 전부 멈춰버리게 됩니다. 그때부터 아이의 공부는 더 이상 진전을 보이지 않게 됩니다. 이런 일이 반복되면 아이는 공부란 머리만 아프고 야단 맞는 시간이라는 생각에 지배되어, 점차 공부에 흥미를 잃고 거부감을 가지게 될 것입니다.

　'반려견은 다를 것이다'라고 생각하는 분이 계시다면, 이제부터 생각을 달리 하셔야 합니다. 반려견이나 사람이나 배우는 원리는 동일합니다. 강제 교육이나 강제 훈련이 아닌 긍정 교육이나 긍정 훈련이 보다 효과적이라는 사실은 사람에게나 개를 포함한 모든 동물들에게 보편적으로 입증된 타당한 진리라고 할 수 있습니다. 이는 많은 과학적이고 실증적인 실험과 연구를 통해 증명된 사실이니까요.

반려견으로 하여금 생각하게 하고 자발적으로 원하는 행동을 하도록 하려면 기다리는 자세가 필요합니다. 반려견이 스스로 생각하고 이해해서 우리가 원하는 행동을 할 수 있을 때까지 기다려줄 때, 반려견은 스스로의 생각과 선택에 의해 자발적으로 우리가 원하는 행동을 할 수 있게 됩니다. 반려견이 이해하는 데는 시간이 필요하기 때문입니다. 반려견이 새로운 장소나 환경, 규칙에 적응하는 데에도 시간이 필요하기 때문입니다. 기다려주지 못하고 성급하게 반려견을 몰아붙이면, 생각하는 반려견을 만날 수 없게 됩니다.

반려견 교육을 할 때 생각하는 반려견의 모습을 확인하는 방법이 있습니다.

다시 말해서, 다음과 같이 해보면 반려견이 스스로 생각하고 자발적, 능동적으로 사람이 원하는 행동을 선택하도록 유도할 수 있음을 느낄 수 있습니다. 방법은 간단합니다.

우선 벌을 주지 않고 칭찬과 간식을 통해 앉는 동작을 가르칩니다. 반려견이 앉는 동작을 잘하게 되었다고 판단되면, '앉아'라는 말과 신호를 붙여주면 됩니다. 처음 한동안은 '앉아'라고 말하거나 신호를 해도 이해하지 못할 가능성이 큽니다. 그러므로 '앉아'라고 미리 말하지 말고, 반려견이 앉는 순간 '앉아'라는 말과 신호를 붙여주면서 칭찬해줍니다. 그렇게 수차례 반복한 뒤 이번에는 '앉아'라는 말과 신호를 먼저 말하고 한동안 기다려봅니다. 이 시간은 5

초 내지 10초에서 길게는 15초 정도로, 길게 기다려보는 것이 좋습니다. 그러면 대부분의 반려견들은 처음에는 머뭇머뭇 망설이다가 스스로 '앉아' 자세를 취합니다.

금세 사람이 의도하는 바를 알고 앉아 자세를 취하는 반려견도 있지만, 처음 한동안은 자신감도 부족하고 확신이 들지 않아 머뭇거리고 망설이는 반려견이 대부분입니다. 그런 모습을 보이다가 이윽고 조심스럽게 앉는 자세를 취하게 됩니다. 그때 우리는 아주 칭찬을 해주면 됩니다. 잭팟(jackpot)을 터트려줘야 합니다. 그러면 반려견은 사람의 의도를 확실히 파악하고 자신감을 가지고 열정적이면서도 자발적으로 '앉아' 자세를 취합니다. 이런 모습을 보면 반려견이 정말로 생각하며 행동하는 모습을 확연히 확인할 수 있습니다.

여기서 주의할 점은 무엇일까요? '앉아'라는 말을 너무 자주 반복하는 것은 좋지 않다는 것입니다. '앉아'라는 말은 한 번만 말하고, 반려견이 스스로 거기에 응할 때까지 기다리는 것이 좋습니다.

가장 간단한 사례를 들어보았습니다만, 생각하는 반려견의 모습과 사례는 이외에도 무수히 많습니다.

반려견도 우리 사람처럼 생각할 줄 압니다. 반려견들의 생각하는 능력을 과소평가하지 마세요. 생각을 잘하는 반려견이 되느냐 아니냐는 우리에게 달려 있습니다. 반려견에게 스스로 생각할 수 있는 기회를 주고 차분히 기다려주세요. 우리가 할 일은 반려견이 쉽게 이해할 수 있도록 알려주는 것입니다. 외부적인 통제와 야단과 강제는 반려견을 혼란스럽게 할 뿐 아무것도 가르쳐줄 수 없습니다. 외부적인 통제와 야단과 강제를 가하는 순간 반려견의 생각하는 기능은 정지됩니다. 통제와 서열, 복종, 야단과 강제로는 반려견과의 진정한 교감도, 신뢰도, 생각하는 능력도 얻을 수 없게 됩니다. 반려견으로 하여금 스스로 생각하게 하고 행동하게 할 때 반려견과의 진정한 교감과 신뢰가 형성되게 됩니다. 반려견 스스로 충동과 감정을 조절하고 자신의 행동을 조절할 수 있게 됩니다. 반려견의 이런 생각하는 능력을 활용하면, 우리가 원하는 행동을 자발적으로 하게 할 수도, 원하지 않는 행동을 스스로의 선택에 의해 하지 않게 할 수도 있습니다. 훌륭한 보호자는 반려견이 스스로 생각할 수 있도록 도와주고 기다려주며, 우리가 원하는 것을 쉽게 이해할 수 있도록 알려주는 사람입니다.

반려견 교육은 통제와 강제가 아닙니다. 생각할 수 있도록 도와주고 이해시켜주는 것이 반려견 교육입니다.

교정은 없다
산책 훈련은 시키지 않아도 됩니다
'복종 훈련'은 박물관에 보내세요

'안 돼'라는 말은 약국에서나 찾으시면 됩니다
많이 짖는 반려견 교육
무는 반려견 교육
물어뜯는 행동 고치기
산만하고 날뛰는 반려견 교육
'앉아'라고 하지 마세요
좋은 산책이란?
좋은 산책이란? 2
애견 방문교육 사례
복종, 서열정리 관련 댓글과 답변
강아지 훈련, 시키지 않아도 됩니다

02

강아지 훈련,
시키지 않아도 됩니다

교정은 없다

탓할 것은 그들을 제대로 이해하지 못한 우리 자신입니다.
탓할 것은 우리가 우리 반려견에게
제대로 알려주지 않았다는 사실입니다.
그들이 이해할 수 있게 알려주지 못한 우리 자신을 탓해야 합니다.
교정할 것은 바로 우리의 게으름과 무지와 어리석음입니다.

흔히들 '교정'이라는 말을 많이 사용합니다. 문제 행동 교정, 나쁜 버릇 교정, 무는 행동 교정…. 어느 날부터 이 '교정'이라는 말이 거슬립니다. 듣기에 거북합니다. 그래서 요즘은 강아지 교육 관련 글이나 상담에서 '교정'이라는 말을 사용하지 않으려 애씁니다. 아니, 쓰지 않습니다. 애견 훈련소 홍보 문구마다에서 교정이란 말을 너무도 흔히 볼 수 있습니다. 애견 훈련소 홈페이지에 들어가서 살펴봐도 정말 흔하게 볼 수 있습니다. 교정(矯正)이란 말의 사전적 의미는 '틀어지거나 잘못된 것을 바로잡음'입니다만, 주로 교도소나 소년원 따위에서 재소자의 잘못된 품성이나 행동을 바로잡기 위한 과정을 의미하는 용어로 많이 사용됩니다. 이에 관한 학문 분야가

'교정학'이고, 교도소 등에서 재소자 관리나 교육을 주로 담당하는 공무원을 '교정직 공무원'이라고 합니다.

언제부터인지 모르지만 반려견 교육 분야에서도 이 교정이라는 용어가 많이 사용되기 시작했습니다. 이제는 그 말의 사용이 일반화되어, 전문 애견 훈련사가 아닌 일반의 강아지 보호자들도 교정이라는 말을 자연스레 사용하곤 합니다. "우리 강아지 짖음이 너무 심한데, 이거 교정하는 데 기간이 얼마나 걸리고 비용은 얼마나 하나요?"라고 말입니다.

교정(correction)이란 말은 강제 훈련과 맥락을 같이한다고 볼 수 있습니다. 마찬가지로 서열 정리가 필요하다거나 복종 훈련이 필요하다고 보는 시각과 불가분의 관계에 있습니다. 초크 체인으로 벌을 주고 혼내고 때리고 "안 돼!"라고 고함지르면서 폭력을 행사하는 것을 교정이라고 합니다. '갑(甲)의 횡포'를 대표하는 말이 바로 '교정'입니다. 따져보면 부끄러운 말입니다.

과연 우리 반려견에게 교정해야 할 행동이 있나요? 아무것도 모르는 우리 천진한 반려견들이 벌 받을 만큼 큰 잘못을 저지른 적이 있던가요? 물건을 물어뜯는 행동이 교정할 행동일까요? 짖는 행동이 교정할 행동일까요? 무는 행동은요? 교정할 행동은 하나도 없습니다.

너무 힘들어서 하는 행동이라고 봐야 합니다. 너무 낯설고 무서워서 하는 행동이라고 봐야 합니다. 본능에 충실한 행동이라고 봐야 합니다. 우리는 다만 우리가 원하는 행동을 반려견에게 알려주기만 하면 됩니다.

강요할 필요도 없습니다. 반려견의 행동을 통제하려고도 하지 마세요. 반려견들이 이해할 수 있도록 우리가 충분히 알려주기만 하면, 그들은 기꺼이 따른답니다. 잘난 사람에게도 못난 사람에게도 기꺼이 따릅니다. 요령을 피울 줄도 잘 모릅니다. 탓할 것은 그들을 제대로 이해하지 못한 우리 자신입니다. 탓할 것은 우리가 우리 반려견에게 제대로 알려주지 않았다는 사실입니다. 그들이 이해할 수 있게 알려주지 못한 우리 자신을 탓해야 합니다. 교정할 것은 바로 우리의 게으름과 무지와 어리석음입니다.

'교정'이란 말 대신 '교육'이란 말이 그나마 적당합니다. 반려견과 함께 사는 보호자로서의 우리에게 필요한 것은 교정이 아닙니다. 우리가 원하는 행동을 알려주는 방법을 제대로 아는 것입니다. 그리고 이를 꾸준히 일관되게 실천하는 것입니다. 그리고 이제부턴 이렇게 말하세요.

"우리 강아지 짖음이 너무 심한데, 이거 '교육'하는 데 기간이 얼마나 걸리고 비용은 얼마나 하나요?"

산책 훈련은
시키지 않아도
됩니다

'산책'이 필요할 뿐인데, '산책 훈련'이 필요하다고 했습니다.

'반려견과의 산책'이라고 하면 어떤 생각이 떠오르세요? 많은 분들이 반려견과의 산책에 대해 오해를 하고 계시는 듯합니다.

반려견과 산책하려면 어떻게 해야 할까요? 반려견과 산책을 잘하려면, 보다 효과적인 산책을 하려면 약간의 준비가 필요합니다. 주의사항도 필요합니다. 꾸준한 실천과 연습이 필요한 것도 사실입니다. 그러나 오해하진 마세요. 형식에 너무 얽매이진 마시기 바랍니다. 중요한 건 어떻게든 자주 산책하는 것이니까요. 많은 분들이 산책 시간은 얼마 동안 해야 하느냐고 묻곤 합니다. 산책 시간이 길면 좋겠지만, 형편이 여의치 않다면 짧게라도 해주면 전혀 하지 않는 것보다는 당연히 낫겠지요. 아주 바쁘고 피곤한 날이라면 10분 정도만 해도 좋습니다. 전혀 하지 않는 것보단 나을 테니까요. 조금씩이나마 매일 산책하세요. 비오는 날 밖에 나가기 어렵다면, 현관문을 열고 아파트 계단이라도 오르락내리락해보세요. 아니면 아파트 계단을 내려와 아파트 입구에 서서 강아지와 함께 비오는 모습을 보고만 계셔도 좋습니다. 들어오고 나가는 사람들을 구경하셔도 좋겠네요.

멀리 가지 않아도 됩니다. 산책이라고 하면 무조건 일정 거리 이상을 걸어야 하는 것으로 생각하는 분들이 많습니다. 그렇지 않습니다. 집주변을 서성이기만 해도 됩니다. 집 앞 작은 공원에서 시간을 때우셔도 됩니다. 빨리 걷지 않아도 됩니다. 천천히 게으르게 걸으셔도 됩니다. 멈춰서 지나가는 행인들을 구경만 하셔도 됩니다. 반려견과 벤치에 앉아서 여유와 계절의 정취를 즐기셔도 좋습니다. 반려견이 코를 땅에 대고 냄새 맡기에 열중한다면, 느긋하게 기다려주세요. 용변을 보거나 군데군데 수없이 영역 표시를 하는 반려견이라면, 마음껏 그리하도록 내버려두세요.

산책의 형식은 중요하지 않습니다. 중요한 것은 반려견과의 산책입니다. 반려견도 즐겁고 나도 즐거운 여유로운 산책을 하는 것이 중요합니다.

우리는 지금까지 산책을 오해하고 있었습니다. 반려견이 사람을 앞서 나가면 안 된다고 생각하고 있었습니다. 사람 옆에 얌전히 잘 따라와야 한다고 생각했습니다. 사람을 쳐다보며 따라와야 한다고 생각했습니다. 산책의 주도권을 사람이 가져야 한다고 생각했습니다. 냄새를 맡으면 안 된다고 생각했습니다. 영역 표시를 하면 안 된다고 생각했습니다. 그래서 '산책 훈련'이 필요하다고 생각했습니다. 이를 위해 체인 목줄을 쓰곤 했습니다. "안 돼!"라고 외치며 목줄을 채곤 했습니다. 냄새를 맡거나 영역 표시를 하면 못하게 하려고 억지로 끌고 갔습니다. 앞서 나가면 목줄로 채며 앞서 나가지 못하게 하는 데 온 신경을 집중했습니다. '산책'은 뒷전이고 '산책 훈련'에만 치중했습니다. 반려견은 반려견대로, 사람은 사람대로 모두에게 산책을 부담스럽고 재미없는 형식이나 절차로 만들어버렸습니다.

좋은 산책에 대한 새로운 기준과 인식의 변화가 필요합니다. 애견 훈련소에서 말하는 '산책 훈련'은 현실에 맞지 않습니다. 이른바 '각측행진*'은 하지 마세요. 반려견을 불필요하게 억압하고 강제하는 것이니까요.

우리는 이미 오래전부터 반려견과의 산책을 문제없이 잘하고 있었는지도 모릅니다. 실제로 많은 사람들이 누구에게 배우지 않았어도 반려견과 사람 모두에게 편안하고 즐거운 산책을 해오고 있었습니다.

그런데 애견 훈련소에서는 그런 산책을 잘못된 산책이라고 얘기하곤 했습니다. 불필요한 형식을 강요했습니다. 앞서 나가면 안 된

---

* **각측행진(脚側行進)** : 반려견이 앞서 나가지 않고 주로 사람의 좌측에 붙어서 얌전히 따라오도록 하는 산책 훈련의 방식

다고 했습니다. '산책'이 필요할 뿐인데, '산책 훈련'이 필요하다고 했습니다. 산책에 아무런 상관도 없는 복종과 서열을 얘기하면서, 사람들의 판단을 흐리게 하고 오해하게 했습니다. 산책 중 앞서 나가는 것과 복종, 서열은 무관합니다.

애견 훈련소에서 주장하는 형식적이고 강제적인 '산책 훈련'을 무조건 따라하다 보면, 정말로 중요한 '산책'은 하지 못하게 된답니다. 형식에 얽매여서 본질을 놓치는 우(愚)를 범해선 안 되겠지요.

'산책 훈련'은 필요하지 않습니다. '산책 훈련'은 시키지 않아도 됩니다. 이제부턴 반려견과 함께 '산책'을 즐기시면 됩니다. 산책을 즐기려면 어떻게 하는지만 알면 됩니다.

산책에 관한 몇 가지 질문과 문제해결

"산책 시에는 꼭 긴 줄을 써야 하나요?"

그렇지는 않습니다. 반려견에게 좀 더 자유롭고 여유 있는 산책을 즐길 수 있게 하기 위해 긴 줄을 매서 다닐 필요는 있지만 그것이 항상 줄을 길게 해서 다니라는 말은 아닙니다. 줄의 길이보다 더 중요한 것은 반려견이 줄을 당기지 않고 천천히 걸을 수 있도록 교육하고 습관들이는 것입니다. 줄의 길이는 그 다음 문제입니다. 줄이 아무리 길어도 팽팽히 당기며 급하게 산책한다면 의미가 없습니다.

"줄을 당기면서 급하게 가요."

반려견이 줄을 당기며 급하게 가려 할 때 사람도 같이 거기에 응해주거나 줄을 당기면서 같이 움직여서는 안 됩니다. 천천히 가라고 줄을 잡아채서도 안 됩니다. 반려견이 줄을 당기지 않고 차분하게 행동할 때까지 줄을 잡은 채로 그 자리에 멈춰서 가만히 있어야 합니다. 줄을 당기지 않고 차분히 행동하면서 조금씩 움직이기를 반복해야 합니다.

이런 반려견은 산책의 중점을 거리가 아닌 차분하게 산책하는 데 둬야 합니다. 더 근본적으로는 바깥으로 나와서 처음부터 걷기보다 움직이지 않고 줄을 잡은 채 한 곳에 머무는 형태의 산책을 하여 외부환경에 적응시키고 흥분과 긴장감을 가라앉히는 것이 우선되어야 합니다. 그런 연후에 천천히 움직이는 산책을 하는 것이 순서입니다.

"산책을 하다가 다른 사람을 보면 좋아서 덤벼요."

이런 행동을 보고 좋아서 덤비는 것이라고 생각하기 쉬운데 그렇지 않습니다. 익숙하지 않음과 긴장감의 표현입니다. 익숙해진 개는 지나가는 사람에게 덤벼들지 않습니다. 멧돼지가 사람과 마주쳤을 때 덤벼드는 행동과 다르지 않습니다. 이런 행동을 고치려면 사람이 지나갈 때마다 맛있는 간식을 주면 됩니다. "앉아."라고 하지 말고 자연스레 앉는 동작을 유도하여 사람이 지나갈 때마다 앉은 상태에서 간식을 주면 더 좋습니다.

"바닥에 떨어진 것을 주워 먹어요."

산책을 갓 시작한 초기의 호기심 때문일 수도 있지만, 시간이 지나도 나아지지 않거나 정도가 지나치다면 긴장감이나 불안감에 의한 스트레스의 표현이라고 봐야 합니다. 이런 경우 우선 외부환경에 적응시키는 것이 선행되어야 합니다. 처음부터 걸으려하기보다 움직이지 않고 줄을 잡은 채 한곳에 머무는 형태의 산책을 하여 외부환경에 적응시키고 흥분과 긴장감을 가라앉히는 과정이 우선되어야 합니다. 그런 다음 천천히 걷는 법을 가르쳐야 합니다. 주워 먹지 못하게 통제하려고만 해서는 고쳐지지 않습니다.

이때 바닥에 떨어진 것을 주워 먹으려 한다고 부산스레 입을 벌려 빼앗아서는 안 됩니다. 그렇게 하면 빼앗기지 않으려고 더 빨리 삼켜버리거나 공격성을 띠게 됩니다. 차분히 맛있는 간식을 코앞에 대거나 바닥에 던져줘서 입에 문 것을 스스로 뱉게 해야 합니다.

보통은 입에 넣어보곤 먹을 것이 아니라고 여기면 반려견 스스로 뱉는 경우가 대부분이므로 너무 걱정하지 않아도 됩니다.

'복종 훈련'은 박물관에 보내세요

"앉아!"를 시키면서 사람들은 반려견이 복종하는 모습(?)을 보고 싶은가 봅니다.

"우리 강아지는 내 말을 너무 안 들어요. 자기가 대장인 줄 아는 것 같아요. 복종이 전혀 안 돼요. 무는 버릇도 있고 해서 복종 훈련이 필요한 것 같아요."

반려견 교육 상담을 하시는 어느 보호자분의 말씀입니다. 어떤 분은 이렇게 말씀하십니다.

"우리 강아지는 이제 3개월 정도 된 아이인데요. 손이나 발을 너무 깨물어요. 어떤 땐 너무 아파서 '안 돼' 하며 주둥이를 잡거나 콧잔등을 때리거든요. 그래도 전혀 나아지지를 않아요. 이런 아이 복종 훈련이 필요하겠죠?"

제가 대답합니다.

"지금처럼 혼내고 야단치는 방식으로 대처하시면 안 됩니다. 혼내지 않고 자연스럽게 깨물지 않도록 교육할 필요가 있습니다."

그분이 다시 이렇게 되묻습니다.

"그럼 깨물어도 그냥 놔두라는 건가요? 그럼 복종이 되지 않는 거 아닌가요?"

현재 우리나라에서 반려견 교육을 얘기하는 곳이라면 언제 어디서든 너무나도 자주 접하게 되는 말이 '서열' 또는 '복종 훈련'이라는 말일 것으로 생각됩니다. 애견 훈련소 홈페이지들을 방문해보면, 거의 대부분의 애견 훈련소가 복종 훈련이 필요하다느니 복종 훈련을 시켜준다는 등의 문구를 쉽게 찾아볼 수 있을 겁니다.

사람들이 말하는 '복종 훈련'이란 무엇을 뜻하는 것일까요? 용어가 의미하는 것처럼 개가 사람의 통제나 명령에 따르고 사람에게 복종토록 강제하는 훈련을 말하는데, 통상적으로 각측행진, '앉아', '엎드려', '기다려' 등의 강제성을 띤 기본적인 명령어를 가르치는 과정으로 이해하거나 혼용하기도 합니다. (억지로 배를 뒤집어 만지고 일어나지 못하게 하는 알파 롤[*]이나 홀드 스틸, 머즐 컨트롤 등도 복종 훈련이라고 이해하기도 하는데, 이에 대해서는 다른 기회에 얘기하도록 하고, 이 글의 범주에서는 제외하겠습니다.)

복종 훈련이란 정말 필요한 것일까요? 복종 훈련은 전혀 필요 없습니다. 복종 훈련 절대로 하지 마세요. 복종 훈련의 필요성을 주

---

[*] 알파 롤(alpha roll) : 이른바 대장 개나 늑대가 서열이 낮은 개나 늑대를 바닥에 눕혀 공격하고 제압하는 모습을 본떠 붙여진 강제적인 훈련 방식 중 하나

장하는 사람들은 반려견의 모든 문제 행동 해결의 열쇠를 복종 훈련에서 찾으려 합니다. 복종 훈련은 개가 사람과 함께 문제없이 살아가기 위해서 반드시 필요한 예절과 같은 것이어서 필요불가결한 훈련이라고 주장합니다. 복종 훈련을 시키지 않으면 문제견이 되는 것처럼 얘기하기도 합니다. 반대로, 아무리 문제견이라 하더라도 복종 훈련만 시켜주면 모든 문제 행동이 고쳐진다고 말합니다. 그러나 이런 주장은 사실과 전혀 다른 허무맹랑한 말입니다.

 복종 훈련을 하지 않는다고 문제견이 되는 것도 아니고, 복종 훈련을 한다고 해서 문제 행동이 고쳐지는 것도 아닙니다. 복종 훈련은 단지 통제나 억압의 도구에 불과합니다. 복종 훈련을 한다며 체인 목줄을 채워, 명령어에 따르지 않으면 체인 목줄로 쇼크를 가하는 행위는 훈련이라기보다 학대에 가까운 행동이라고 봐야 합니다.

 모든 문제 행동이나 증세는 복종이 되지 않아서이거나 자신이 무리의 대장이라고 여기기 때문에 생겨나는 것이 아니라, 다른 원인이 있기 때문입니다. 반려견이 짖거나 무는 것은 서열이 잘못되어서라거나 복종 훈련이 되지 않아서가 아니라, 다른 원인이 있기 때문인 것입니다. 그 원인을 찾아 제거해주면 짖거나 무는 문제 행동은 자연스레 줄어들게 됩니다. 절대로 복종 훈련이 안 되어서가 아닙니다. 그러니 이런 문제 행동을 고치려면 환경, 생활 습관, 평소 반려견을 대하는 사람의 태도와 행동 방식 등 문제의 원인을 세밀히 검토하여 이를 없애주어야 합니다. 문제의 원인은 그대로 둔 채 복종 훈련만으로 해결하려는 것은 엉뚱한 처방으로 소를 죽게 만드는 교각살우(矯角殺牛)의 우를 범하는 일이라 할 수 있습니다. 문제의 원인이 따로 있는데 모든 문제의 책임을 엉뚱하게도 반려견에게 돌리는 잔인하고도 어리석은 일이 아닐 수 없습니다.

우리는 오늘날 가정에서 기르는 강아지를 '반려견'이라고 합니다. 우리 사람과 더불어 삶을 함께 보내고 친구처럼, 가족처럼 상호 교감하고 신뢰하며 아끼고 사랑하는 아들, 딸 같은 존재로 여기고 있습니다. 그런데 이율배반적이게도 우리는 이런 반려견에게 복종을 요구하고 있습니다. 서열을 따지고 뜻대로 되지 않는다고 강제하고 억압하고 있습니다. 말로는 가족이라 하면서도 다른 한쪽으로는 복종을 강요하는 너무도 모순된 행동을 무심코 반복하고 있습니다. 진정 반려견으로 여긴다면, 진정 아들, 딸처럼 가족으로 여긴다면, 사랑으로 대하고, 너그러이 용서하고, 기다려주고, 모르는 것이 있다면 먼저 가르쳐주는 것이 가족으로서 부모로서의 올바른 태도일 텐데 말입니다.

개들의 조상이라는 야생의 늑대도 우리 사람과 같은 모순된 행동을 보이지 않습니다. 사람들이 오해하는 것과 달리 야생의 부모 늑대는 새끼 늑대에게 복종을 강요하고 공격적으로 대하지 않습니다. 너그러이 대하고 필요한 것들은 가르쳐주면서 어른 늑대가 될 때까지 기다려줍니다.

사실 복종 훈련이라 칭하는 '앉아', '엎드려', '기다려' 등 기본적인 신호(cue)는 반려견을 기르는 데 반드시 필요한 것이 아닙니다. '앉아', '엎드려', '기다려' 등을 전혀 가르치지 않아도, 반려견과 교감하고 생활하는 데 전혀 지장이 없습니다. 실상이 이러한데도 사람들이 복종 훈련에 그토록 목매는 이유는 뭘까요? 곰곰이 생각해보면, 복종 훈련이 지금처럼 지나치게 강조되고 사람들이 그에 대해 오해하게 된 것에는 애견 훈련소들의 영업을 위한 홍보가 커다란 원인으로 작용했다고 생각합니다. 반려견을 문제없이 잘 기르려면 반드시 복종 훈련이 필요한 것처럼 홍보하여, 반려견 보호자들이 애견 훈련소에 반려견 교육을 의뢰하게 하려 한 의도가 상당 부분 작용했다고 봅니다.

또 다른 이유는 강제 없는 긍정 교육 등 자연스런 다른 반려견 교육법을 알지 못한 애견 훈련소들이 고객들의 다양하고 복잡한 반려견들의 문제 행동을 해결해주어야 하는 입장에서, 현실적으로 대처할 수 있고 유일하게 매달린 수단이 바로 복종 훈련이었기 때문이라고 생각됩니다.

복종 훈련은 과거 사람들 사이에서도 권위주의가 판을 치고 상하관계가 당연시되던 시절에 유행하던 강제 훈련의 잔재로서 학대적이고 비인간적인 좋지 못한 훈련 방식입니다. 그 당시에는 그런 훈련 방식을 최선으로 여기고 그것이 유일한 훈련 수단이라고 여기던 시절이었기에 당연시되었겠지만, 다양한 긍정 교육법들이 등장하고 반려견에 대한 이해와 인식이 바뀐 오늘날에는 바꿔야 할 과거의 좋지 못한 잔재가 아닐 수 없습니다. 복종 훈련은 문제나 증세의 원인이 다른 데 있음에도 불구하고 무조건 반려견을 강제하고 통제하여 문제를 해결하려는 눈속임과도 같은 훈련 방식이며, 모든 문제의 원인을 반려견의 복종심 없음 탓으로 돌려 억압하려는 책임전가식의 무책임한 훈련 방식입니다.

가정을 방문해서 사람들이 반려견을 대하는 태도를 살펴보면, 필요하지도 않은 상황에서 반려견에게 "앉아! 앉아! 앉아!…" 하며 불필요한 명령어를 남발하는 모습을 볼 수 있습니다. "앉아!"라는 말에 반려견이 앉지 않으면 화를 내고 고함을 칩니다. 왜 '앉아'를 시키는지 이유를 알 수 없는 상황입니다. 꼭 필요하지도 않은 상황에서 '앉아'를 남발합니다. '앉아'를 시키면서 사람들은 반려견이 복종하는 모습(?)을 보고 싶은가 봅니다. 복종 훈련에 대한 오해와 환상을 은연중에 표현하는 모습이 아닐까요?

가장 금해야 할 훈련 방식은 체인 목줄 등을 채워 강제적으로 행하는 엄격한 복종 훈련입니다. 체인 목줄을 채워 사람보다 앞서 나가지 못하게 하는 소위 각측행진 훈련을 시키고, '앉아', '엎드려', '기다려' 등을 명하여, 그에 따르지 않으면 체인 목줄로 쇼크를 가하곤 합니다. 엄격한 복종 훈련은 사람에 대한 신뢰감을 잃게 하고, 반려견으로 하여금 자신감을 잃게 하여 겁 많은 성격이 되게 하며, 학습된 무기력에 빠지게 하거나 심각한 공격성을 불러올 수도 있는 등, 그 부작용이 한두 가지가 아닙니다.

문제 행동 해결을 위한 강제는 더 강한 강제를 불러오는 악순환을 가져오고, 이런 강제는 부풀어 오르는 풍선을 억지로 누르고 있는 상황과 비슷합니다. 머잖아 한계상황에 이르고 폭발할 수밖에 없게 됩니다. 억압과 강제로 수면 아래 눌려 있던 문제나 증세는 더 큰 문제 행동으로 유발되거나 2차적인 다른 증세를 가져옵니다.

　복종 훈련이라는 용어도 바뀌어야 합니다. '앉아', '기다려' 등의 기초적인 교육을 보통 복종 훈련이라 부르는 것이 일반적이었는데, '기초 교육'이라고 부르는 것이 좋습니다. '명령어(order)'라는 용어 대신 '신호(cue)'라고 해야 합니다. 이렇게 물으시는 분이 있을 것 같습니다.

　"그럼 '앉아', '기다려' 같은 훈련은 전혀 필요가 없는 건가요?"

　그렇지는 않다고 봅니다. 위에서도 말씀드렸듯이 그런 훈련이 전혀 없어도 반려견과 생활하고 교감하는 데에는 아무런 문제가 없지만, 도움이 되지 않는 것은 아닙니다. 이런 기초적인 신호(cue)는 일상생활에 적절히 사용하면 유용하게 활용할 수 있고, 반려견과의 교감, 자신감 향상 등에 도움을 줄 수 있으며, 보다 전문적인 훈련의 기초가 되기도 합니다. 복종시키려는 의도의 억압적이고 강제적인 훈련이 아니라면 괜찮습니다. '앉아', '기다려' 등을 비롯한 여러 가지 기초적인 교육은 반려견과의 게임이나 놀이처럼 자연스레 시켜주면 됩니다. 목줄을 채워 강제할 필요도 없습니다. 이를 통해 반려견에게 자신감을 길러주고, 정신적인 자극을 주며,

사람과 반려견 사이의 신뢰감을 돈독히 하고, 교감의 통로를 풍성하게 할 수 있을 테니까요.

 복종 훈련 없이도 반려견과 생활하는 데는 전혀 문제가 없으며, 복종 훈련 없이도 짖는 행동에서부터 무는 행동에 이르기까지 반려견의 모든 문제 행동을 고칠 수 있습니다. 복종 훈련은 이제 구시대의 유물이 되었습니다. 한때의 역사적 유물로 박물관에나 전시해두면 될 듯합니다. 복종 훈련은 이제 박물관에 보내세요.

'안 돼'라는 말은
약국에서나
찾으시면 됩니다

강한 어조나 저음의 '안 돼'라는 소리는
반려견을 놀라고 긴장되게 하는 동시에
아주 위협적인 느낌을 주게 됩니다.
이는 마치 개들이 이빨을 드러내고 '으르렁'대는 소리와
위협적인 모습을 연상케 합니다.

당신은 반려견에게 '안 돼'라는 말을 얼마나 자주 사용하시나요? 하루에도 수십 번 '안 돼'라는 말을 사용하는 분들이 많을 것으로 생각됩니다. 심지어 반려견의 이름보다 '안 돼'라는 말을 더 자주 사용하지는 않는지?

저는 요즘 가정을 방문하여 반려견 교육을 진행할 때 '안 돼'라는 말을 전혀 사용하지 않고 반려견과 생활하고, 반려견의 문제 행동을 고치는 방법을 알려드리고 있습니다. 많은 분들이 '안 돼'라는 말을 사용하지 않고 반려견의 문제 행동을 고치고 반려견 교육을

할 수 있다는 사실에 한편으론 기뻐하고 한편으론 놀라워합니다. 그렇습니다! '안 대(?)'라는 말은 눈이 아플 때 약국에서나 찾으시기 바랍니다.

그렇다면 '안 돼'라는 말을 쓰지 않는 것이 좋은 이유는 뭘까요? 무엇보다 '안 돼'라는 말에는 부정적인 의미가 내포되어 있습니다. 이런 부정적인 의미는 '안 돼'라는 말을 사용할 때, 그 의미가 그대로 반려견에게 전달될 수밖에 없습니다. 부정적인 이미지는 반려견에게 좌절감과 반항심을 불러올 가능성이 높습니다. '안 돼'라는 말이 반려견에게 주는 의미는 벌이나 야단, 강제 등 부정적이고 좋지 못한 기억과 연관되어 있을 가능성이 큽니다. 과거에 한두 차례만이라도 '안 돼'라는 말과 동시에 야단을 치거나 강제하거나 혼을 내고, 심하면 때리기까지 했다면, 반려견에게 '안 돼'란 벌이나 야단, 강제, 체벌과 동일시될 것입니다.

강한 어조나 저음의 '안 돼'라는 소리는 반려견을 놀라고 긴장되게 하는 동시에 아주 위협적인 느낌을 주게 됩니다. 이는 마치 개들이 이빨을 드러내고 '으르렁'대는 소리와 위협적인 모습을 연상케 합니다. 그 결과 '안 돼'라는 말은 반려견에게 공격적인 행동을 가르쳐주는 좋지 못한 결과를 가져올 수도 있습니다.

반대로 날카롭고 시끄러운 소리로 '안 돼'라고 고함치면, 반려견을 안정시키고 그 행동을 멈추게 하기보다 반려견의 행동을 더 자극하고 흥분하게 하며, 스트레스를 가져와 그 행동을 더 조장하기

나, 차분하고 침착하지 못한 반려견이 되게 할 수 있습니다. 더구나 '안 돼'라는 말을 하여 반려견을 놀라게 하고 하던 행동을 멈추게 했더라도, 좋지않은 행동을 멈춘 데 대한 칭찬을 해주는 사람은 거의 없습니다. 하던 행동에 대한 제지만 하고 멈춘 행동에 대한 보상이 주어지지 않는다면, 반려견에게 '안 돼'라는 말은 그것이 반복될수록 부정적인 이미지만 남아, 그 효력이 약화되고 무의미해져 점차 따르지 않게 될 가능성이 높습니다. 그래서 유명한 애견 훈련사이자 애견 행동 전문가인 패트리샤 맥코넬(Patricia McConnell)은 '안 돼'라는 말을 부정적인 용도로 사용하는 것이 아니라 '긍정적인 중지(positive interrupt)'의 수단으로 사용할 것을 주장하기도 합니다. 부드러운 어조로 '안 돼'라고 말하여 반려견이 하던 행동을 멈추고 보호자를 돌아보거나 보호자에게로 다가오면 칭찬해주는 것이 바로 그것입니다. (당신이 계속해서 '안 돼'라는 말을 사용하고 싶다면 이렇게 '긍정적인 중지'의 의미로 사용하는 것을 권합니다!)

'안 돼'라는 말을 강아지 이름과 함께 사용하는 것도 좋지 않습니다. 당신은 혹시 "예삐, 안 돼!"라는 식으로 말하지 않나요? 반려견의 이름을 부르면 항상 좋은 일이 생기게 해야 합니다. 그런데 이름을 부르면서 '안 돼'라고 말하기를 반복하면, 이름과 부정적인 이미지의 '안 돼'라는 말이 연관되어 이름에도 부정적인 의미를 주게 되므로, 나중에는 이름을 불러도 무시하거나 오지 않는 반려견이 되게 할 수도 있기 때문입니다.

어떤 애견 훈련사는 반려견 교육을 할 때 제일 먼저 가르쳐야 하는 중요한 말이 '안 돼'라는 말이라며, 강압적이고 강제적인 방법으로 '안 돼'를 가르치는 한심한 행동을 반려견 보호자분들에게 가르치고 있습니다. 먹이를 앞에 두고 먹지 못하게 하면서 '안 돼'라고 외치거나 목줄을 채며 '안 돼'라고 고함치는 행동을 반복하는 것이 그것입니다. 안타깝게도 그분은 '안 돼'를 대신할 다른 긍정적인 방법이 있다는 사실을 모르기 때문이지요.

어떤가요? '안 돼'라는 말을 사용하지 않는 것이 좋다는 말에 수긍이 가시나요?

그러면 당신은 또 궁금해 하겠지요. '안 돼'라는 말을 쓰지 않고 어떻게 반려견 교육을 할 수 있는지, '안 돼'라는 말을 쓰지 않고 도대체 어떻게 반려견에게 좋지 못한 행동을 못 하게 하고, 그것이 해서는 안 되는 행동인지를 알려줄 수 있느냐고 말입니다. 그런 방법이 실제로 있기는 있는 건지 궁금해 하거나 반문할 것입니다. 물론 있습니다. 여기에는 몇 가지 방법이 있습니다. 이들 방법을 상황에 맞게 적절히 혼용하는 것이 좋답니다. 그중 한 가지 팁을 드리겠습니다.

항상 날뛰고 침착하지 못한 반려견을 차분하게 만들려면 어떻게 하는 것이 좋을까요? 그때마다 "안 돼!"라고 고함을 처야 할까요? 아닙니다. 평소 차분한 동작을 강화시켜주는 것(보상)이 해법입니다.

평소 날뛰지 않고 차분히 있는 동작을 보는 대로 칭찬해주고 보상을 해주는 겁니다. 앉을 때마다 보상해주는 것도 좋습니다. 이때 "앉아"라는 말은 하지 않는 것이 좋습니다. 그러면 반려견은 시간이 지날수록 스스로 차분한 동작을 반복하게 됩니다. 차분한 동작이 많아질수록 날뛰는 동작은 줄어들겠지요. 두 가지 동작을 동시에 할 수는 없을 테니까요.

반려견 교육할 때 '안 돼'라는 말은 피해주세요. 반려견을 위축시키고 소심하고 소극적인 반려견이 되게 할 가능성이 높습니다. 좌절감과 지속적인 스트레스를 유발하고 공격성을 가르칠 수 있습니다. 이제부터 '안 대(?)'라는 말은 눈이 아플 때 약국에서나 찾으시기 바랍니다.

많이 짖는
반려견 교육

짖는 반려견을 '통제'해서 고치려 해서는 안 됩니다.

사람들은 쉽게 이런 말을 합니다.

"개 짖는 소리 하고 있네."

대부분 아무 의미 없이 입에 밴 소리로 그렇게 말하거나 남들이 하니까 그 의미도 모른 채 따라서 그렇게 하는 경우가 많겠습니다만, 곰곰이 따져보면 이 말은 틀린 말입니다. 사람들의 '개 짖는 소리'라고 하는 말에는 '아무 의미 없는 소리'나 '불필요한 소리'를 뜻하는 의미가 포함되어 있는 것 같습니다. 그러나 개들이 짖는 데에는 모두 이유가 있기 마련입니다. 사소한 짖음에도 반드시 까닭이 있습니다. '헛짖음'이라는 표현도 많이들 하지만, 개들이 이른바 '헛짖음'을 하는 것도 이유가 있기 때문입니다.

당신의 반려견이 '헛짖음'이 심한 편인가요? 그렇다면 반려견의 생활전반을 꼼꼼히 되짚어 보시기 바랍니다. 반려견의 '헛짖음'은 현재 자신이 너무 힘들다는 표현일 수 있으니까요.

따라서 짖는 반려견을 짖지 않게 교육하려면, 반려견이 짖는 원인을 파악하는 것이 중요합니다. 반드시 짖음이 과도한 원인이 있기 마련이니까요. 짖는 원인을 면밀히 파악하여 그 원인을 제거해 주는 것이 짖는 반려견을 짖지 않게 하는 근본적인 해결책입니다.

사실 반려견들의 짖는 소리는 그들 언어의 일종입니다. 그들의 의사표현의 방식이자 본능적인 행동(behavior)의 하나입니다. 짖음은 두려움의 표현입니다. 경계의 표현입니다. 가까이 오지 말라는 경고의 표시이기도 합니다. 스트레스를 표출하는 행위일 수 있습니다. 좌절감과 욕구불만을 표현하는 행위이기도 합니다. 동료나 무리에게 위험을 알리는 신호이기도 합니다. 아니면 단순히 사람의 관심을 끌기 위한 학습에 의한 짖음 행위도 있습니다. 반려견들은 짖음을 통해서 끊임없이 우리 사람들에게 자신의 의사나 감정 상태, 심리 상태를 표현하거나 전달하고 있다고 볼 수 있습니다. 때론 힘들다는 표현을 하고 있다고 볼 수 있습니다.

그들이 짖는 원인을 자세히 파악하여 그에 따른 환경을 바꿔주고 생활방식이나 태도를 달리하는 등의 조치를 해줘야 하는 것은 그들의 보호자이자 책임자인 우리 사람들이 해야 할 몫이자 의무라고 생각합니다.

사람들은 언뜻 짖는 반려견을 짖지 않게 교육하려면 단순히 사회성이 부족해서 그런 것이므로 사회성을 충분히 길러줘야 한다는 식의 일률적이고 단편적인 해석만을 내려, 막연히 산책만 많이 자주 시켜주면 된다고 오해하는 경우도 많습니다. 그러나 그것만으로는 부족합니다. 가장 보편적인 잘못은 짖는 반려견의 과도한 짖음 행위를 서열 문제로 인식하는 태도입니다. 반려견이 자기가 서열이 제일 위인 것으로 착각하고 오해하니까, 외부에서 소리가 나거나 외부인이 방문하면 무조건 반려견이 가장 먼저 현관문으로 뛰어나가 경계하며 짖어댄다는 주장이 그것입니다. 그래서 짖는 반려견을 고치려면 무엇보다 먼저 반려견의 서열을 정리하고, 이를 바로잡아주는 훈련을 해야 한다고 주장합니다.

　서열을 바로잡기 위해서 필요한 경우, 상벌을 위주로 한 강력한 복종 훈련은 필수적이며, 강제와 강압은 필요악이라 여겨 과도하게 반려견을 억압하거나 혼내고 고함치며, 초크 체인이나 목줄로 채며 벌을 줍니다. 당연히 강제 훈련으로 흐를 수밖에 없습니다.

　짖음 행위를 서열 문제로 인식하여 강제 훈련을 하면, 짖는 상황에 대한 반려견의 스트레스는 증폭되고 짖음은 더 악화되며, 마침내 공격성을 띠는 지경에까지 이르고 맙니다. 짖는 실질적인 이유는 따로 있습니다. 짖음 행위를 서열 문제로 인식하는 한 정확한 짖음의 원인 파악은 어렵고, 결국 원인 제거를 통한 근본적인 해결과는 거리가 멀어지게 됩니다.

　짖을 때 사람들의 잘못된 대처 방식도 짖는 반려견의 짖음 행위를 더 부추깁니다. 짖을 때 '반응'을 보여주는 식의 대처는 사태를 더 악화시킵니다. 달래주거나, 짖는 반려견을 붙잡거나, 고함을 지르거나, 얼른 반려견을 품에 안는 식의 행동은 짖음에 대한 '반응'이나 '보상'이 되어, 짖는 행동을 더 강화하게 됩니다.

짖는 반려견을 '통제'해서 고치러 해서는 안 됩니다. 짖으면 시끄러우니까 사람들은 급한 마음에 "안 돼!" "짖지 마!"라고 고함을 지르거나 "쉿!" 하며 주의를 줍니다. 회초리로 겁을 주거나 목줄을 채기도 하고 페트병을 집어던지기도 합니다. 이런 식의 대처는 짖는 반려견을 짖지 않게 교육하는 데 전혀 도움이 되지 않습니다.

일시적인 중단에 사람들은 그 방식이 효과적이라 착각하기 쉽지만, 시간이 지나고 횟수가 거듭될수록 짖는 행위는 더 심해집니다. '통제'는 절대로 근본적인 해결책이 될 수가 없습니다.

낯선 사람이 방문하거나 짖을 때 "앉아!"라고 하거나 특정한 장소에 "들어가!"를 시키는 것도 '통제'를 통해 반려견의 짖음을 억제하려는 행동의 일종으로, 바람직한 해결책이라고 보기 어렵습니다. '통제'할 것이 아니라, 짖지 않을 것을 알려주고 이해시켜줘야 합니다.

절대로 짖는 반려견의 짖음 행위를 서열 문제로 인식하지 마시기 바랍니다. 이른바 '서열 정리'를 하고 '복종 훈련'을 한다고 짖는 행동이 고쳐지진 않습니다. 반대로 '서열 정리'나 '복종 훈련'을 하지 않아도 얼마든지 짖는 반려견을 교육하고 고칠 수 있습니다. 강제로 혼내고 벌 주지 않아도 짖지 않게 교육할 수 있습니다.

짖는 반려견을 짖지 않게 하는 구체적인 해결책이나 교육법은 전문가의 도움을 받아 해결하는 것이 안전합니다. 왜냐하면 과도한 짖음의 유형과 원인은 여러 가지이며, 이런 원인들이 복합적으로 작용한 경우가 대부분입니다. 따라서 이를 해결하려면 정확한 문제의 원인 진단과 그에 따른 종합적이고 체계적인 시각과 관점에서의 긍정적인 접근이 필요하기 때문입니다. 한두 가지 단순한 요령만으로는 문제 해결의 해법이 될 수 없습니다.

짖는 반려견의 짖음 방지 교육을 하려면 문제의 원인을 제대로 파악하여 그 원인을 바꿔주고 제거해줘야 합니다. 아울러 반려견에게 짖지 않아도 된다는 사실을 알게 하고, 빈번히 짖게 되는 상황에 대한 긴장감과 불안감을 낮춰주며, 짖지 않고 조용히 하는 행동을 가르쳐주고, 조용히 하면 보상해준다는 사실을 알려주고 이해시켜줘야 한다는 점만은 분명히 말씀드립니다.

짖음 방지 교육은 '통제'가 아닙니다. 긴장감과 불안감을 해소시켜주는 과정입니다. 알려주고 이해시켜주는 과정입니다.

반려견이 짖을 때 하지 말아야 할 행동

1) 쳐다보지 말아야 합니다. 짖고 있는 반려견과 눈을 마주치지 말아야 합니다.
2) "안 돼."라고 하거나 "쉬!"라고 하는 등 말을 하지 않는 것이 좋습니다. 고함을 질러서는 더더욱 안 됩니다.
3) "앉아.", "엎드려." 등 반려견을 통제하려는 명령어를 외치거나 불필요한 명령어를 남발해서는 안 됩니다.
4) 급하게 행동하거나 과격한 움직임을 보여선 안 됩니다.
5) 신문지로 바닥을 치거나 반려견을 때리는 등 벌을 줌으로써 고치려 해서는 안 됩니다. 야단을 치거나 혼을 내면 장기적으로 상태를 더 악화시키게 됩니다.
6) 반려견을 붙잡거나 품에 안아서는 안 됩니다.
7) 손님이 방문해서 짖을 때 반려견을 방에 가두는 행위도 임시방편일 뿐, 근본적인 해결책은 될 수 없습니다.
8) 체인 목줄을 채워 목줄을 당기는 등 벌을 줘서는 안 됩니다.
9) 페트병을 집어던지는 등의 행위를 해서는 안 됩니다.
10) 전기 충격기 등 짖음 방지기를 사용해서도 안 됩니다.

무는
반려견 교육

흙탕물을 맑게 하려면, 저절로 오물이
가라앉을 때까지 기다리는 것이 현명합니다.

　반려견이 무는 행동 때문에 고민하시는 분들이 너무도 많은 것 같습니다. 과도하게 짖는 문제와 더불어 반려견을 기르시는 분들의 최대 고민거리 중 하나가 바로 무는 반려견을 어떻게 교육하고 고칠 수 있겠는가 하는 문제일 것입니다.

　사실 반려견의 무는 행동을 어떻게 고치고 완화할 수 있느냐의 문제는 쉬운 문제가 아닙니다. 개에 따라 상당한 시일이 요구되며, 체계적이고 꾸준한 노력이 있어야 원하는 결과를 얻을 수 있는 난제 중의 난제가 아닐 수 없습니다. 반려견을 기르는 보호자들의 고민거리일 뿐 아니라, 전문가인 애견 훈련소나 애견 훈련사들의 변함없는 고민거리이기도 합니다. 무엇보다도 공격성이 강한 반려견을 교육하는 일은 다칠 위험이 상존하기 때문에, 교육을 진행하는 데 현실적으로 어려움이 많을 수밖에 없습니다.

현재 애견 훈련소나 애견 훈련사들의 무는 반려견에 대한 훈련 방식은 대부분 상벌을 통한 교정법에 기초를 두고 있습니다. 좋은 행동, 원하는 행동을 하면 칭찬하고 보상을 주는 반면에, 좋지 못한 행동을 하거나 원하지 않는 행동을 하면 적극적으로 벌을 주고, 강제와 강압에 의한 물리력을 행사하여 교정하는 방식에 초점을 맞추고 있는 실정입니다. 이는 개의 입장은 철저히 무시한 채, 주로 사람의 편의와 입장에서 일방적으로 개를 통제하고 변화시키려는 시도로, 개의 감정과 심리 상태, 개로서 누려야 할 당연한 본능적 생활 등을 외면하고 억압하는 일방적이고 비타협적인 훈련 방식이라고 할 수 있습니다. 이런 일방적이고 강제적인 훈련 방식이 보편화된 이유는 사람들의 성급함, 개들이나 반려견 교육에 대한 이해 부족 등 여러 가지 이유가 있겠지만, 그중에서도 가장 큰 잘못과 오류는 모든 문제를 서열 문제로만 인식하려는 잘못된 사고 방식에서 비롯된 까닭입니다.

"서열 정리가 되지 않아서…."

"자기가 대장인 줄 알고…."

"사람을 우습게 봐서…."

"복종이 되지 않아서…."

무는 반려견을 대하는 사람들의 인식은 대체로 이러합니다. 반려견이 무는 행동을 서열이나 우위성, 리더십의 문제와 동일시하는 편협하고 판에 박힌 시각으로서, 이런 잘못된 시각을 버릴 때 비로소 올바르고 근본적인 해결책을 찾을 수 있습니다.

저도 예전에는 늘상 이런 시각에서 반려견의 무는 버릇을 고칠 수 있다는 입장을 견지해왔습니다. 그런 입장에서 실제로 많은 반려견들의 무는 행동을 고쳐주긴 했지만, 혼내거나 고함치고 겁을 주거나 신체적인 강제나 강압은 어쩔 수 없는 필요악이라는 변명과 함께 당연시하는 잘못을 저지르고 말았다는 점을 솔직히 고백합니다. 대부분의 잘못도 사람이 아닌 개에게 전가되었습니다.

"우리 강아지는 너무 극성맞아서…."

"우리 강아지는 성격이 너무 사나워서…."

"우리 강아지는 너무 겁이 많아서…."

전통적인 상벌에 의한 훈련법과 '서열'이나 '복종'이라는 입장에서의 강제와 강압에 의한 훈련은 바람직한 해결책이 될 수 없습니다. 무는 반려견의 공격성을 더 심화·악화시킬 수 있습니다.

무는 행위나 으르렁대는 행위는 개의 입장에서 보면 정상적인 의사표현 방식의 하나일 수 있습니다. 개가 우리 사람에게 보내는 싫다는 표현이거나 하지 말라는 표현, 더 가까이 오지 말라는 표현, 그렇게 대하지 말라는 표현인 것입니다. 개가 왜 그런 표현을 하는지 따져보거나 생각해보지 않은 상태에서 무조건 억압하고 강제하고 혼을 낸다면, 문제의 원인이 다른 곳에 있는데 그곳은 외면하거나 덮어둔 채 엉뚱한 곳을 찾아 헤매는 것과 다를 바 없습니다. 문제를 해결하는 것이 아니라, 일시적으로 개의 과잉 행동이나 공격성을 억압할 뿐입니다.

이는 머잖아 같은 문제를 일으킬 수 있으며 더 심각한 다른 문제 행동을 유발하는 최악의 임시 미봉책이 될 위험성이 큽니다. 혼내고 강압적으로 억압하는 과정에서 개는 사람과의 신뢰 관계에 치명적인 상처를 입게 되며, 불안과 공포심에 휩싸여 스트레스가 증폭됩니다. 또 여러 가지 심리적인 부작용으로 기존의 공격성이 더 심해질 수 있고, 더 고치기 어려운 이차적인 문제 행동을 유발할 수 있습니다. 결국 개의 공격성은 완화되지 않고, 악순환을 반복하게 됩니다.

상벌 위주의 훈련이나 서열이나 복종이라는 입장에서 반려견을 억압하거나 혼내고 강제하지 않더라도, 반려견의 무는 행동을 충분히 고칠 수 있습니다. 자연스런 긍정 교육을 통해 반려견과 교감하며 공격성을 완화시킬 수 있습니다. 최근에 저는 그런 방식으로 무는 반려견, 공격성을 보이는 반려견들의 무는 행동을 실제로 여러 차례 고칠 수 있었습니다. 강압적으로 훈련하고 초크 체인을 쓰던 때보다 훈련 성과는 탁월했습니다. 전혀 혼내거나 벌을 주고 고함지를 필요도 없었습니다.

무는 행동은 이를 예방하는 것이 최선이나, 이미 공격성이 나타난 경우에는 가능한 한 초기에 고치도록 노력해야 합니다. 공격성을 고치기 위한 구체적인 방법이나 프로그램은 전문가의 도움을 받는 것이 안전합니다. 그래야 정확한 원인을 진단하고, 그에 따른 종합적이고 체계적인 문제 해결을 할 수 있기 때문입니다. 어설픈 접근은 반려견의 공격성을 더 악화시킬 수 있습니다. 실제로 보호자분들이 인터넷 등을 통해 얻은 정보로 스스로 무는 행동을 고치려다가, 증세를 더 악화시킨 경우를 수없이 보아왔습니다.

  다시 한 번 더 강조합니다. 반려견의 공격성을 서열이나 복종, 강압적인 방식으로 고치려 해서는 절대로 안 됩니다.

공격성을 고치는 방법

공격성이 강한 반려견을 고치기 위한 개략적인 큰 틀을 알려드린다면 다음과 같습니다.

1) 야단치고 고함지르며 혼내는 훈련법이나 생활을 하지 않아야 합니다.
2) 반려견의 공격성이나 무는 버릇을 '서열'이나 '복종'이라는 틀에 넣어 이해하려는 태도는 개를 억압하거나 강제 훈련으로 흐르기 쉽습니다.
3) 반려견들은 사람보다 하등하거나 종속된 존재가 아니라, 사람과 다를 바 없는 독립된 개체임을 인식해야 합니다.
4) 반려견들의 몸짓신호를 이해하고, 그들이 보내는 신호와 감정을 읽기 위해 노력해야 합니다. 예컨대 반려견이 하지 말라는 신호를 보내거나 불편하다는 신호를 보낼 때는 그 신호나 표현을 존중해주는 것이 좋습니다. 그것을 무시하고 계속해서 강요하거나 그 상황에서 야단치는 행동을 무심코 반복한다면, 반려견은 장차 한계점에 다다라 공격성을 적극적으로 표출할 가능성이 높습니다.
5) 사람의 몸짓이나 행동, 말이 반려견들에게 어떤 의미를 가지는지 이해해야 합니다.
6) 반려견들의 공격성을 자극하는 행동을 해서는 안 됩니다. 흙탕물을 맑게 하려면 저절로 오물이 가라앉을 때까지 기다리는 것이 현명합니다. 공격성을 자극하는 행동은 흙탕물을 휘젓는 것과 다르지 않습니다.
7) 목욕을 하거나 목줄을 묶는 등 특정한 상황에서만 공격성을 보인다면, 그런 행동을 억지로 강요하거나 강압적으로 강제해서는 안 됩니다.
8) 스트레스나 불안 요소를 파악하여, 스트레스나 불안 요소를 없애 주거나 그에 대한 거부감 또는 예민함을 줄이거나 없애줘야 합니다.
9) 반려견들에게 본능적으로 익숙하지 않은 일들이지만 어릴 때부터 사람과 함께 살아가기 위해서 필요한 것들, 예를 들어 목줄을 하거나 옷을 입는 일, 빗질이나 드라이, 목욕, 귀 청소, 발톱 깎기, 칫솔질, 미용 등과 친숙하게 해서 공격성이 생길 소지를 사전에 예방해주는 것이 좋습니다.

10) 생후 3~4개월 이전 사회화기에 다양한 상황에서의 노출과 경험은 성견이 된 이후의 스트레스를 줄여주고 공격성을 예방하는 데 결정적인 역할을 합니다.
11) 그들의 기본적인 본능과 욕구를 이해하여 건강하고 균형 잡힌 생활을 할 수 있게 도와줘야 합니다.
12) 평소 반려견을 대하면서 신뢰감을 주어야 합니다.

물어뜯는 행동
고치기

정작 고쳐야 할 것은 반려견의 행동이 아닙니다.
힘들어하는 반려견의 마음을 살펴보는 것이 우선입니다.

얼마 전 반려견이 집안 물건을 물어뜯는 행동이 너무 심하다며 이를 고쳐달라는 요청을 받고 방문훈련을 진행한 적이 있습니다. 반려견의 물어뜯는 행동 때문에 교육을 신청한 가정 중에 근래에 특히 기억에 남는 곳은 두 곳이었는데요, 두 가정의 반려견 모두가 7~8개월 이상 된 성견에 가까운 푸들이었으므로 이갈이 시기는 이미 지난 상태였습니다. 그리고 두 녀석 모두 가족이 외출하거나 눈앞에 보이지 않으면 소파를 발로 긁어 흠집을 내는가 하면 신발이나 벽지, 전선 등을 물어뜯어놓기도 했습니다. 한마디로 사람이 눈에 보이지 않으면 집안 물건을 닥치는 대로 물어뜯어 놓는 녀석들이었습니다.

특히, 그중 한 녀석은 보호자가 아끼는 화분들을 모조리 물어뜯고 망가뜨려 보호자의 고민이 이만저만이 아니었습니다. 더구나 보통의 상식으로는 이해하기 힘든 점은 날카롭고 딱딱한데다 가시가 촘촘한 선인장까지 입으로 갈기갈기 찢거나 물어뜯곤 한다는 점이었습니다.

그런데 두 녀석의 문제행동은 집안 물건을 물어뜯는 행동이 전부가 아니었습니다. 잠시도 조용히 있지 못하여 소파와 거실을 정신없이 뛰어다니고 가족들에게 다가와 이유 없이 짖어대기도 하며 계속해서 사람의 손발을 깨무는 등의 행동을 공통적으로 하고 있었습니다.

집안 물건을 물어뜯거나 깨무는 행동에 대한 사람들의 1차적인 판단은 대체로 이갈이 시기에 이빨이 가려워 그렇다는 식의 단순한 진단을 내리는 경우가 많습니다. 그러나 이런 단순한 진단으로는 집안 물건을 물어뜯는 행동을 해결하는 데 전혀 도움이 되지 못합니다. 그렇다면 이갈이가 끝난 성견의 물어뜯는 행동은 어떻게 설명하고 어떻게 고쳐야 할까요?

물어뜯고 씹는 행동은 개들에게는 매우 자연스럽고도 본능적인 행동 중 하나입니다. 잘못된 행동이라고 여기거나 해서는 안 되는 행동이라고 여기기보다는 건강하고 정상적인 반려견으로 살아가기 위해서는 오히려 반드시 필요한 행동이라고 보는 것이 옳습니다. 그런 점에서 물어뜯을 만한 다른 물건이나 장난감을 마련해줘야 합니다. 어린 강아지든 나이가 많은 성견이든 마찬가지입니다.

나이든 반려견에게도 물어뜯거나 씹을 만한 장난감 등이 반드시 필요합니다. 어떤 가정을 방문해보면 반려견을 위한 장난감이 거의 없는 집을 보곤 합니다. 집안이 어지러워지는 것을 싫어하고 깔끔한 것을 좋아하는 보호자의 성격 탓에 그런 것이겠지만 반려견이 생활하기에는 좋은 환경이 되지 못합니다.

집안 물건을 물어뜯지 않게 하려면 무엇보다 먼저 물어뜯으면 안 되는 물건을 물어뜯지 않도록 '관리'해야 합니다. 물어뜯으면 안 되는 물건을 물어뜯도록 방치하면서 물어뜯는 행동을 고칠 수는 없습니다. 이는 알코올 중독자에게 술을 계속 마시도록 방치하면서 술을 끊도록 하려는 것과 마찬가지로 어리석고 무모한 일입니다. 물어뜯으면 안 되는 물건이 있다면 반려견이 닿지 않는 안전한 장소에 보관하거나 장애물 등을 설치하여 접근을 막아야 합니다. 그런 상태에서 물어뜯지 않도록 교육해야 합니다.

물어뜯는 행동을 통제하고 고치는 데에만 신경을 곤두세울 것이 아니라 우선 내가 반려견에게 해줘야 하는 것이 무엇인지를 살펴봐야 합니다. 사람들은 보통 반려견이 집안 물건을 물어뜯으면 그것을 고치는 데에만 관심을 둡니다. 물어뜯는 행동을 하지 못하게 하고 통제하고 야단치는 것이 그에 대한 해법의 전부라고 생각합니다. 그러나 반려견의 물어뜯는 행동을 못하게 하는 데에만 집중해서는 그 행동을 고칠 수 없습니다. 우선 내가 반려견에게 해줘야 하는 것이 무엇인지를 곰곰이 살펴보고 그것을 해주는 것이 우선

되어야 합니다. 반려견이 개로서 당연히 누려야 할 것들을 먼저 해주어야 합니다. 주기적이고 규칙적으로 산책을 시켜주는 것은 그중 하나일 수 있을 것입니다.

집안 물건을 심하게 물어뜯는 행동을 하는 것은 반려견이 현재 무척 힘들다는 사실을 은연중에 표현하는 행동이라고 볼 수 있습니다. 반려견을 힘들게 하는 것이 무엇인지 생각해 보시기 바랍니다. 힘들게 하는 것이 분리불안증 때문일 수도 있습니다. 그것을 해결해주는 것이 보호자로서의 사람이 해야 할 역할입니다. 힘들어서 견딜 수 없어서 자신도 모르게 집안 물건을 물어뜯는 행동을 혼을 내서 고치려 하는 것은 힘든 반려견을 더 힘든 상황으로 몰아붙이는 것입니다. 이는 물어뜯는 행동을 멈추게 하기는커녕 그 행동을 더 악화시킬 수 있으며 반려견과의 관계는 단절되고 다른 여러 가지 부작용을 불러오게 됩니다.

아울러 자연스런 방법으로 반려견에게 물어뜯지 말라는 사실을 알려주고 이해시켜주면 됩니다. 먼저 반려견에게 내가 원하는 행동을 가르쳐줘야 합니다. 그런 연후에(또는 그것과 병행하여) 물어뜯는 행동이 내가 싫어하는 행동이라는 사실을 강제적이지 않는 방법으로 알려주면 됩니다. 반려견의 물어뜯는 행동을 목격했다면 가만히 반려견과 물어뜯는 물건 사이에 끼어들어 반려견 앞을 가로막아 보호자 스스로 물어뜯지 못하게 막는 장애물이 됩니다. 손으로 막을 수 있는 물건이라면 손바닥으로 막고 있어도 됩니다.

이때 반려견을 쳐다보거나 말을 해서는 안 되며 밀쳐서도 안 됩니다. 반려견이 포기하고 돌아서면 간식으로 보상합니다. "off" 또는 "leave it"이라는 신호(cue)를 가르쳐주는 것도 한 가지 방법입니다. 물어뜯는 행동을 할 때마다 반려견을 혼자 남겨두고 다른 공간으로 가버리기를 반복해도 물어뜯는 행동을 상당 부분 개선할 수 있습니다. "안 돼!" 하며 고함을 질러 멈추게 하거나 혼을 내서 고치려 해서는 안 됩니다. 페트병을 집어던지거나 스프레이를 뿌린다고 해결될 문제가 아닙니다.

집안 물건을 물어뜯는 행동과 관련하여 한 가지 더 눈여겨봐야 하는 점이 있습니다. 어떤 반려견은 다행히 집안 물건을 물어뜯지는 않지만 장난감 등을 모조리 산산조각 내버리고 개껌을 줘도 주는 것이 바쁠 정도로 하루가 멀다 하고 먹어치워 버리는 반려견들을 종종 보게 됩니다. 이처럼 장난감이나 개껌 등을 씹거나 물어뜯는 정도가 지나친 반려견이 있습니다. 혹시 당신의 반려견이 이런 행동을 한다면 반려견에게 더 많은 관심을 기울여야 할 때입니다. 일종의 경고신호라고 할 수 있으니까요. 만성적인 스트레스를 겪고 있을 가능성이크므로 스트레스를 줄이기 위해 노력해야 합니다.

물어뜯는 행동을 단순히 고쳐야 할 문제행동으로만 여기지 마시기 바랍니다. 정작 고쳐야 할 것은 반려견의 행동이 아닙니다. 힘들어하는 반려견의 마음을 살펴보는 것이 우선입니다. 반려견이 우리에게 보내는 고통스러운 하소연일 수 있기 때문입니다.

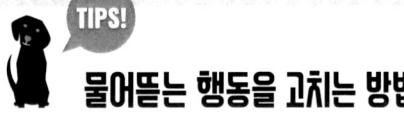

물어뜯는 행동을 고치는 방법

물어뜯는 행동을 고치는 방법에 관한 본문의 내용을 요약하면 다음과 같습니다.

1) 마음껏 물어뜯을 수 있도록 장난감 등을 마련해줘야 합니다.
2) 물어뜯으면 안 되는 물건은 안전한 장소에 보관하고 장애물을 설치하는 등 물어뜯지 않도록 '관리'하면서 물어뜯지 않도록 교육해야 합니다.
3) 반려견을 위해 내가 해줘야 할 것이 있는지 살펴보고 그것을 먼저 해야 합니다.
4) 반려견이 힘들어하는 것이 무엇인지 체크하여 그것을 해결해야 합니다. 많은 경우 물어뜯는 행동의 원인이 분리불안증 때문일 수 있으므로 분리불안증 여부를 체크해야 합니다.
5) 물어뜯으면 안 된다는 사실을 자연스레 이해시켜주고 알려주도록 합니다.
6) 물어뜯는 행동이 지나치게 심하다면 스트레스 등을 겪고 있는 것은 아닌지 반려견에게 더 많은 관심을 기울여야 합니다.

"off" 또는 "leave it"

"off" 또는 "leave it(이하 "off"라고 함)"을 가르치는 방법은 사람에 따라 조금씩 다를 수 있습니다. "off" 신호를 물어뜯거나 하면 안 되는 행동이나 어떤 대상에 가까이 접근하려는 행동을 방지하는 데 활용할 수 있습니다. 그러나 명심할 사실은 이런 테크닉만으로 물어뜯는 행동을 고치려 해서는 안 된다는 것입니다. 본문에서 설명한 다른 해법들을 함께 고려하지 않으면 안 됩니다.

1) 반려견이 보는 앞에서 간식을 바닥에 놓고 손이나 발로 가립니다.
2) 반려견이 입으로 밀치거나 발로 긁는 등 간식을 먹으려고 시도할 것입니다. 이때 말을 하거나 반려견을 밀치지도 말고 간식을 가린 채 가만히 있습니다.
3) 간식을 먹으려는 시도를 계속하다가 먹는 것이 불가능하다는 것을 알고 고개를 돌려 다른 곳으로 가는 순간 "off"라고 말하며 간식으로 보상합니다. 이때 바닥에 있는 간식이 아닌 다른 손에 들고 있던 간식으로 보상해야 합니다.
4) 1~3번의 과정을 반복합니다.
5) 다음에는 간식을 바닥에 놓고 가리지 않고 그냥 둔 채로 "off"라고 하고 기다립니다. "off"라는 말에 반려견이 간식을 먹으려 하지 않으면 다른 간식으로 보상합니다.
6) 5번에서 "off"란 말에도 간식을 먹으려 한다면 위 1~3번에서처럼 간식을 먹지 못하게 손이나 발로 가렸다가 포기하고 다른 곳으로 가려는 순간 보상하기를 반복한 이후에 재차 5번의 방법으로 시도해봅니다.
7) "off"라는 말에 바닥에 떨어진 간식을 먹지 않는 행동이 고정화되면 물건을 물어뜯는 행동 등에도 활용하면 됩니다.

산만하고 날뛰는
반려견 교육

당신의 반려견이 산만한가요?
그렇다면 지금까지 반려견과 함께한
당신의 행동이나 생활에 문제가 있었다고 봐야 합니다.

자신의 반려견이 심하게 흥분하고 날뛰고 산만하다며 괴로움을 호소하는 보호자분들이 많습니다. 실제로 애견 방문교육을 하면서 여러 가정을 다녀보면 이런 반려견들을 상당히 자주 만나게 됩니다. 어떤 분들은 자신이 키우는 견종에 원인이 있을 거라고 말합니다.

"푸들은 원래 산만하다던데, 그래서 그런 것 같아요."

"전에 키우던 시츄는 정말 차분했는데 지금 키우는 포메는 견종 자체가 시끄럽고 산만한 것 같아요"

또 다른 분들은 자신이 키우는 반려견이 유독 별난 성격을 가진 탓이라고 여기기도 합니다. 어떤 분들은 자신이 너무 반려견을 오냐오냐 예뻐만 해가면서 키웠기 때문이라고 말하기도 합니다. 그러나 견종이나 별난 성격이 반려견을 산만하게 하는 것은 아닙니다. 너무 예뻐한다고 산만하고 흥분 잘하는 반려견이 되지도 않습니다. 산만하고 흥분 잘하는 반려견은 타고나기보다 만들어진다고 보는 것이 옳습니다.

당신의 반려견이 산만한가요? 그렇다면 지금까지 반려견과 함께한 당신의 행동이나 생활에 문제가 있었다고 봐야 합니다. 산만한 반려견의 모습은 당신의 행동과 생활을 투영한 거울과 같습니다. 산만한 모습은 반려견이 힘들다는 표현이기도 합니다. 힘들다는 표현을 흥분하는 모습으로, 날뛰는 행동으로 산만함으로 표출하는 것입니다. 산만하고 날뛰는 행동은 당신의 행동이나 생활이 반려견을 힘들게 했기 때문입니다.

날뛰고 산만한 반려견을 차분하게 하기 위해 명령어를 가르치고 훈련[*]을 하면 괜찮아질까요? 훈련을 통하여 '통제'하고 '강제'하면 괜찮아질 거라고 믿는 분들이 상당히 많을 것으로 생각됩니다. 훈련을 통하여 통제하고 강제하면 당장은 고쳐진 듯 보일 수도 있습니다. 그러나 그건 고쳐지는 것이 아닙니다. 장기적으로 더 악화시키는 것과 다르지 않습니다. 부풀어 오르는 풍선을 위에서 억지로 누르고 있는 것과 마찬가지이기 때문입니다. 훈련만으로는 효과가 없는 이유는 또 있습니다. 개들은 훈련할 때에만 학습하는 것이

---

[*] 여기서 말하는 '훈련'이란 명령어를 가르치고 통제하는 것을 말합니다.

아니기 때문입니다. 개들은 시시각각 자신의 행동에 대한 결과에 따라, 주변의 반응에 따라 늘 학습합니다. 명령어를 가르치고 훈련하고 통제한다고 나아질 리 만무합니다.

어떤 훈련사는 반려견이 흥분하거나 산만한 행동을 하면 그때마다 하품을 하면 괜찮아질 것이라고 합니다. 네! 좋은 해법이기는 합니다. 개들의 카밍시그널(calming signal)을 활용하는 해법으로 그런 해법을 활용하는 것에 대해서는 저도 적극 찬성합니다. 그러나 그것만으로는 부족합니다. 충분하지 않습니다. 카밍시그널을 활용한 해법과 함께 더 적극적인 해법을 병행해야 합니다. 반려견이 힘들어하는 원인을 체크하여 그것을 없애주고 나아가 보호자로서 내가 해야 할 일이 있다면 주저하지 말고 실천해야 합니다. 반려견에게 원하는 행동이 있다면 먼저 가르쳐줘야 합니다.

산만하고 날뛰는 행동을 고치려면?

날뛰고 흥분하고 산만한 반려견을 차분하게 하려면 다음과 같은 사항에 주의해야 합니다.

1) 스트레스에 유의해야 합니다. 날뛰고 흥분하고 산만하다는 건 스트레스를 받고 있다는 증거입니다. 흥분하는 행동은 스트레스 상황과 같습니다. 스트레스 증세 중 하나로 하이퍼 액티브(hyper-active; 과잉행동)를 들기도 합니다. ADHD(Attention deficit and hyperactive disorder; 주의력 결핍 및 과잉행동 장애)라고도 합니다. 그러므로 평소 스트레스 예방과 해소를 위해 노력해야 합니다. 날뛰고 산만하다며 혼내고 강압적으로 통제하려는 시도는 스트레스를 더 증폭시킬 뿐입니다.

2) 날뛰거나 산만하고 여러 가지 문제를 일으킨다는 이유로 반려견을 울타리 등에 가둬두거나 줄에 묶어두는 보호자분들이 종종 있습니다. 묶거나 가둬두는 것은 매우 큰 스트레스를 유발하는 원인입니다. 짖는 개를 더 짖게 만들고 공격적인 개를 더 공격적이게 만듭니다. 갇혀 있거나 줄에 묶여 있다가 풀려나면 그동안의 스트레스 때문에 더 날뛰고 흥분하고 산만한 행동을 하게 될 가능성이 높습니다. 가둬두거나 묶어둘수록 더 산만해지니 또 다시 가두게 되는 악순환을 반복하게 될 뿐입니다. 차분한 반려견을 원한다면 오히려 가두거나 묶지 않고 해결책을 모색해야 합니다.

3) 분리불안증도 날뛰고 흥분하고 산만한 행동을 하게 되는 원인이 될 수 있습니다. 분리불안증은 만성적인 불안감과 스트레스를 유발하기 때문입니다. 실제로 분리불안증을 겪는 반려견들이 날뛰고 쉽게 흥분하고 산만한 사례가 많습니다. 그래서 분리불안증 교육을 통해 그 행동도 함께 줄어드는 경우를 자주 볼 수 있습니다.

4) 반려견의 행동이 날뛰고 쉽게 흥분하고 산만하다면 평소 반려견을 혼내고 강제하며 통제하려 한 것이 아닌지 돌이켜봐야 합니다. 혼내고 강제하며 통제하려는 행동은 스트레스를 유발하고, 반려견의 행동에 대한 '반응'이나 '보상'으로 작용할 수도 있어 그로 인해 더한 행동을 하도록 할 수 있습니다.

5) 반려견이 개로서의 기본적이고 본능적인 욕구를 충족하는 생활을 할 수 있도록 배려해줘야 합니다. 규칙적인 산책을 통해 에너지를 발산시켜주고 주변 탐색과 충분한 노즈워크를 할 수 있게 하며 실외에서 마음껏 배변할 기회를 주는 것은 개가 개로서의 정상적인 생활을 할 수 있도록 도와주는 보호자로서의 최소한의 배려이자 의무입니다.

6) 날뛰고 흥분하고 산만한 행동을 하고 있는 상황에서 이를 빨리 진정시키고 차분하게 하는 올바른 방법이 무엇인지를 알고 그에 따라 대처하는 것도 중요합니다. 그럴 때는 못 본 척 등을 돌리고 반려견이 진정될 때까지 가만히 있습니다. 이때 말을 하거나 반려견을 쳐다보거나 움직여서는 안 됩니다. 말없이 다른 공간으로 피해버리는 것도 방법입니다. 앞에서 말한 하품하기를 반복할 수도 있습니다.

7) 산만하거나 날뛰는 행동을 할 때 혼내거나 통제하려고 해서도, 관심이나 반응을 보여서도, 원하는 것을 해주어서도 안 됩니다. 대신에 평소 반려견이 날뛰지 않고 차분한 행동을 할 때 관심을 가져주고 보상하여 날뛰지 않고 차분한 행동을 강화시켜줘야 합니다.

'앉아'라고
하지 마세요

"앉아"라는 말이 반려견의 행동을 억지로
통제하거나 억압하는 것이 되어선 안 되겠습니다.

얼마 전 반려견 방문교육을 하던 중이었습니다. 옆에 계시던 반려견 보호자분의 친척 여자분이 느닷없이 고함쳤습니다.

"앉아!"

아주 강하고 짧으며 톤이 높은 목소리였습니다. 비유하자면 군대식 명령조의 목소리이기도 했고, 교실에서 아이가 일어서서 떠들고 장난칠 때 선생님이 야단치듯 "앉아!"라고 외치는 목소리와 흡사했습니다. 갑작스레 외치는 소리에 겉으로 드러내진 않았지만, 내심 저는 깜짝 놀랐습니다. 순간 이런 생각이 들었습니다.

"지금 '앉아!'라는 소리에 내 앞에 있는 이 녀석은 어떤 느낌이 들까? 듣기에 내가 거북한 느낌이 들고 놀라는 지경이라면, 이 녀석이 느끼는 감정은 내가 느끼는 감정보다 더 하지 않을까?"

그 여자분은 아무 생각 없이 장난삼아 한마디 한 말이겠지만, 반려견에게는 장난으로 들리지 않았을 가능성이 큽니다. 느닷없는 '앉아'라는 말이 그 반려견에게는 자신에 대한 야단이나 공격, 위협, 억압으로 느껴졌을 가능성도 있습니다. 아마도 그 여자분은 반려견 교육을 군대식의 일방적인 명령복종 관계로 생각하고 있었나 봅니다. 평소의 반려견 교육에 대한 막연한 선입견이 "앉아!"라는 날카로운 한마디로 표현된 것이라고 봐야겠지요.

그 여자분처럼 우리는 평소 '앉아'라는 말을 무의미하게 남발하거나 잘못 사용하고 있습니다. '앉아'라고 말하지 않아야 할 때를 정리해볼까요?

고함치듯 강한 어조의 '앉아'라는 말은 하지 않아야 합니다. 이런 어조의 '앉아'라는 말은 상대방 강아지에게 야단이나 공격, 위협, 억압으로 느껴질 가능성이 높습니다. 반려견의 마음을 다치게 하는 지름길입니다. 이런 일이 반복될수록 반려견에게 '앉아'라는 말은 기분 나쁜 말이 될 것이 분명합니다. 앉고 싶은 생각이 싹 가셔질지도 모르겠습니다. 순간적으로 경직되고 도망치고 싶은 생각이 들 수도 있겠습니다. '앉아'라고 말할 때는 부드러운 표정과 말투로 조용히 "앉아!"라고 하면 됩니다.

"앉아, 앉아, 앉아!⋯." 하며 점점 목소리를 높여가면서 '앉아'를 반복하는 행동도 좋지 않습니다. 이처럼 '앉아'를 반복하는 행동은 앉는 행동을 유도하기보다는, 오히려 앉지 않는 행동을 강화하거나 보상하는 것일 수도 있으니까요.

　줄에 매어져 있는 반려견에게 접근하거나 만지려 할 때 흥분해서 달려든다고 '앉아'라고 외치는 경우가 많습니다. 이는 흥분한 상태의 반려견을 억지로 억압하려는 행동과 다르지 않습니다. 흥분한 반려견을 억지로 억압한다고 흥분이 가라앉을 리 만무합니다. 이때 "앉아!"라고 외치면 외칠수록 반려견을 더 흥분시키는 행위가 될 수 있습니다. 흥분한 반려견의 행동에 대한 보상이 되어 점점 더 흥분을 잘하는 반려견이 되는 지름길이 됩니다. 여기서 만약 금방 앉지 않는다고 화가 나서 고함치고 혼내면 어떻게 될까요? 반갑다고 다가간 반려견이 느닷없이 야단을 맞게 되는 형국이 됩니다. 이처럼 사람의 무심하고도 사소한 행동 하나가 반려견에게는 혼란과 신뢰감 상실이라는 어마어마한 부작용을 가져올 수도 있는 겁니다. 외출했다가 돌아왔을 때 흥분하고 덤벼든다고 "앉아!" 하고 외치는 행동도 마찬가지 결과를 가져올 수 있습니다.

　손님이나 낯선 사람이 방문했을 때 짖거나 덤빈다고 '앉아'를 시키려는 분들이 상당히 많습니다. 강아지 훈련 책이나 인터넷에 그런 내용이 있는 것을 보고 따라하는 것이리라 생각됩니다. 흥분을 가라앉히고 손님에게 위협감을 주지 않기 위해서 하는 행동이긴 하겠지만, 의도하지 않은 결과를 가져오기 쉽습니다. 손님이 방문했을 때 억지로 앉아를 시키는 행동은 방문자에 대한 호기심과 냄새 등을 통해 확인하고픈 강아지의 욕구를 억지로 억압하고 접근을 차단하는 결과가 됩니다. 이에 대한 반작용으로 반려견은 차분해지기는커녕 더 흥분해서 날뛰고 도망 다니듯 짖게 될 가능성이 많습니다. 낯선 사람에 대한 접근이 차단된 까닭에 의심과 경계심이 풀리지 않아 더 오랫동안 경계하며 짖게 됩니다. '앉아'라는 말이 짖거나 덤비는 행위에 대한 긍정이나 보상이 되어 그런 행동이 날이 갈수록 심해질 수도 있습니다. 반려견이 받아들이기에 '앉아'라는 말이 야단이나 위협, 공격, 억압이라 여겨진다면, 낯선 사람의 방문은 반려견의 경계심과 불안감을 자극해 짖음과 공격적인 행동을 더 악화시킬 수도 있습니다.

사실 많은 사람들이 '앉아'라는 훈련을 필수적인 반려견 교육으로 알고 있지만, 반드시 그런 것은 아닙니다. '앉아'라는 훈련을 시키지 않는다고 해서 반려견을 기르는 데 지장이 있는 것도 아닙니다. 억지로 '앉아'라고 하지 마세요. '앉아'라고 하지 말아야 할 때 '앉아'라고 해서는 안 되겠지요.

'앉아'라는 행동을 억지로 시키고 '앉아'라고 고함치고 야단치듯 반복할 것이 아니라, 앉아야 할 상황이 있다면 스스로 앉을 수 있게 도와주고 알려주세요.

이때 '앉아'라는 말을 굳이 할 필요는 없습니다. '앉아'라는 말이 반려견의 행동을 억지로 통제하거나 억압하는 것이 되어선 안 되겠습니다.

좋은 산책이란?

천천히 걸으면 보이지 않던 것도 보이게 됩니다.
멈춰서면 느끼지 못한 것도 느끼게 됩니다.

좋은 산책이란 어떤 것일까요? 반려견과 함께 자주 산책을 하는 것도 쉽지 않은 일이지만, 올바르게 산책하는 것은 정말 어려운 것 같습니다. 다른 반려견 교육과 달리 단기간에 눈에 보이는 성과를 얻기가 무척이나 힘든 것이 반려견과의 산책입니다. 예나 지금이나 반려견과의 여유롭고 편안한 산책은 반려견 교육의 변함없는 화두(話頭)가 아닐 수 없습니다.

배변 교육이 아주 쉽게 되는 반려견이 있습니다. 이런 반려견들은 특별히 배변 장소를 가르친 것도 없는데, 어릴 때부터 알아서 척척 배변 패드나 화장실 등 원하는 배변 장소에 가서 배변을 잘 가리곤 합니다. 이런 반려견들이 주변에는 의외로 많습니다. 이런 반려견을 만난 것은 반려견을 기르는 보호자 입장에서는 큰 걱정

거리를 덜은 셈입니다. 한마디로 참으로 운이 좋으신 거라고 하는 게 적당할 것 같습니다.

반대로 배변 교육이 좀처럼 되지 않는 반려견들도 있습니다. 주변에서 전해 듣거나 인터넷 등에서 알게 된 갖가지 방법들을 이것저것 시도해보지만, 여간해선 나아지지 않는 반려견들이 실제로 있습니다. 물론 과정상 방법상의 잘못 때문에 원하는 장소에 배변토록 길들이지 못한 이유가 크긴 하지만, 다른 반려견에 비해 훨씬 많은 어려움을 겪게 되는 것은 분명합니다.

반려견과의 산책도 마찬가지입니다. 특별히 노력하지 않아도, 목줄을 심하게 당기지도 않고 사람 옆에서 차분히 산책하는 반려견들도 많습니다. 반면에 여유롭고 자연스런 산책이 정말 쉽지 않은 반려견도 분명히 있습니다. 이런 반려견들은 대체로 목줄을 매려고 준비만 해도 흥분 상태를 주체하지 못합니다.

헥헥 대고 이리 뛰고 저리 뛰어 다닙니다. 낑낑거리는 것은 예사이고 정신없이 짖어대기도 합니다. 반려견에 따라서는 목줄을 물어뜯거나 물어 당기기도 합니다. 어떤 반려견은 목줄을 채우지 못할 정도로 흥분하거나 목줄을 거부하기도 합니다. 이런 반려견들은 산책시키기가 여간 부담스럽고 어려운 일이 아닙니다. 사람의 정신을 쏙 빼놓으니까요.

목줄을 매기 전부터 이런 행동을 보이는 반려견들은 대체로 목줄을 매고 현관문을 나서는 순간부터 그야말로 전쟁입니다. 심한 반려견들은 현관문을 여는 순간부터 시끄럽게 짖어대기 시작합니다. 현관문을 열면 쏜살같이 뛰어나갑니다. 처음부터 짖지 않는 반려견이라 하더라도, 나가는 길에 다른 사람이라도 마주치는 날에는 동네가 떠나가라 짖어대는 경우가 많습니다. 산책이 아니라 전쟁입니다.

이런 일이 수차례 반복되면 주변에서 시끄럽다는 항의도 들어오고 갈수록 산책에 대한 부담감이 늘어나, 산책이 월례 행사나 연중행사처럼 쉽지 않은 일이 되기 십상입니다. 산책시키고 싶은 마음은 굴뚝같지만 여건이 따라주지 않고 감당할 수 없으니 포기하고 주로 집안에서만 지내게 됩니다. 이렇게 산책을 자주 나가지 못하니 이따금씩 큰 맘 먹고 나가는 산책은 날이 갈수록 더 힘들어집니다. 오랜만에 나가는 산책이라 강아지는 한층 더 흥분하고 짖어댈 것이기 때문입니다. 악순환에 빠져 상황은 점점 더 악화됩니다.

목줄을 매거나 현관문을 나서거나 다른 사람을 만나도 짖지 않는 반려견이라면 그나마 다행입니다. 그러나 현관문만 열면 쏜살같이 달려 나가는 반려견들과 산책하는 일도 쉬운 일이 아닙니다. 이런 반려견들은 천천히 여유롭게 걷는 법이 없습니다. 헥헥대며 정신없이 쏘다닙니다. 거의 뛰다시피 다닙니다. 목줄은 늘 팽팽히 당겨져 숨이 막혀 켁켁거리면서도, 목줄을 당기며 앞으로 뛰어나가려고 안간힘을 씁니다. 당연히 이런 반려견과의 산책이 즐거울 리 없겠죠? 사람들은 흔히들 사회성을 기르려면 꾸준히 산책해야 한다고 말합니다. 그런데 이런 반려견들은 매일 산책을 하는데도 좀처럼 달라지지 않습니다. 산책이 반복되고 시간이 지날수록 차분하고 안정된 산책을 할 수 있게 되어야 마땅한데, 나아지는 기미가 보이지 않습니다. 도대체 어떻게 해야 하고, 무엇이 문제인지 알 수가 없습니다….

이처럼 산책이 어려운 반려견들의 문제점은 무엇일까요? 그 이유는 무엇일까요? 유전적 영향으로 소심하고 스트레스를 잘 받는 기질 때문일 수 있습니다. 이런 반려견들은 사소한 변화와 자극에도 격렬한 반응과 심한 스트레스 반응을 보입니다. 배변 교육뿐 아니라 여유롭고 자연스런 산책 습관을 들이는 일도 쉽지 않습니다. 생후 약 16주까지의 중요한 사회화기에 충분하고 적절한 사회화 교육을 하지 못한 것도 원인일 수 있습니다. 너무 일찍 어미 개와 동배새끼들로부터 격리된 탓에 심리적 불안정을 겪게 되고, 비정상적 심리 상태를 갖게 되었을 수 있습니다. 사람의 잘못된 대처로 학습된 행동의 결과일 수도 있겠지요. 실제에 있어서는 위의 여러 가지 요인들이 복합적으로 작용하는 경우가 대부분일 것입니다.

제발 산책 문제를 서열 문제로 연관 짓지 말아주세요. 앞서 나간다고, 제멋대로 간다고, 영역 표시를 한다고 서열이 잘못된 것은 절대로 아니니까요. 체인 목줄로 채고 사람의 왼쪽에 로봇처럼 따라 움직이는 이른바 각측행진으로 해결하려는 구시대적이고 시대착오적인 '훈련 폭력', '훈련 학대'도 이제는 사라져야 합니다.

이런 증세를 고치려면 보호자의 꾸준하고 일관된 노력이 필수적입니다. 여기에 한 가지 해법을 제시한다면 '천천히' 산책하는 것입니다.

'천천히' 목줄에 익숙해지도록 교육하고, '천천히' 현관문을 나서고, '천천히' 산책하는 법을 가르쳐야 합니다.

바쁜 현대인들은 늘 시간에 쫓기며 바삐 움직입니다. 이로 인해 항상 긴장된 상태에서 생활하고 심한 스트레스를 받으며 쌓인 스트레스를 해소하지 못한 채 하루하루를 살아가고 있습니다. 이에 대한 반발과 대안으로 나타난 새로운 트렌드가 천천히 살기, 천천히 걷기, 천천히 생각하기, slow food, slow city 등입니다. 우리 사람들에게도 '천천히'란 힐링(healing)의 중요한 매개가 되는 것이지요.

반려견과의 산책을 사람들은 으레 반려견에게 목줄을 묶고 무작정 걸어 다니는 것이라고 생각합니다. 그렇게 하는 것이 사회화 훈련이라고도 믿고 있습니다. 오로지 '가는 것'에 초점을 맞춥니다. '빨리' '멀리' 가는 것이 중요하다고 생각합니다. 그러나 그렇게 해서는 차분하고 여유로운 산책을 영영 경험하지 못할 수 있습니다. '천천히' '조금씩' '멈춤'도 산책입니다. 오히려 당신의 리액티브(reactive)한 반려견에게는 이런 과정이 더 필요할지 모릅니다. 항상 그런 것은 아니지만, **반려견과의 산책의 질은 걷는 속도와 거리에 반비례**할 수도 있습니다!

여행지나 관광지에서 가장 많은 것을 느끼고 그곳에 대해 자세히 알려면 어떻게 해야 할까요? 자동차를 타고 빠르게 지나간다면 그곳을 제대로 알 수 없습니다. 급하게 뛰거나 걸어갈 때도 그 장소나 대상을 제대로 알 수 없습니다. 천천히 걸으면 보이지 않던 것도 보이게 됩니다. 멈춰서면 느끼지 못한 것도 느끼게 됩니다.

좋은 산책이란? 2

반려견도 즐거운 산책이 되도록 배려해야 합니다.
당신의 반려견이 산책을 통해 자신을 행복한
반려견으로 느낄 수 있게 해주세요.
반려견이 즐겁고 행복할 때 우리 사람들도 행복해할 수 있겠지요.

반려견에게 좋은 보호자가 되기란 정말 쉽지가 않습니다. 좋은 보호자가 되기 위한 가장 중요한 조건 중 하나는 꾸준하게 산책을 시켜주는 것입니다. 정서적으로든 신체적으로든 건강한 반려견으로 성장하고 생활하기 위해서는 꾸준한 산책이 필수적입니다. 그럼에도 많은 보호자분들은 이런 저런 핑계를 대며 반려견과의 산책을 소홀히 하는 경우가 많습니다. 겨울이면 춥다는 이유로, 비 오는 날이면 비가 온다는 이유로, 바쁘다는 핑계로, 피곤하다는 핑계로…. 추운 겨울철이 되면 다른 계절에 비해 더 산책을 게을리하기 쉽습니다. 날씨가 추워서 밖에 나가기가 꺼려지기도 하지만, 해가 짧아 이른 아침에는 컴컴하고, 초저녁만 되어도 사방이 어두워지기 때문입니다. 그래도 하루 종일 좁은 집안에 갇혀서 지내야 하는 반려견의 처지를 생각하면, 번거롭고 귀찮더라도 매일매일 산책을 시켜주는 것이 마땅합니다. 얼마 전 어떤 반려견 보호자분이 한 말이 생각납니다.

"강아지에게 하루는 사람으로 치면 며칠에 해당하는 것 아닌가요? 며칠 동안 집안에만 갇혀 있다고 생각해보세요. 얼마나 답답하고 힘들지. 그래서 저는 아무리 힘들어도 매일 산책을 시켜주려고 해요…."

형식이나 방법이 어찌되었건, 반려견을 집안에만 가둬두는 것보다는 매일 산책을 나가는 것이 좋겠지요. 이렇게 꾸준히 산책을 반복하다 보면, 산책 중 나타나는 자신의 반려견의 문제점도 하나 둘 보이게 되고, 보다 좋은 산책이란 어떤 것인지에 대해 자연스레 고민을 하게 됩니다. 산책의 질을 생각하게 되는 것이지요.

좋은 산책이란 어떤 것이어야 할까요?

좋은 산책을 얘기하려면 산책을 왜 하는지에 대한 근본적인 고민과 산책이 강아지에게 미치는 영향 내지 효과도 살펴봐야 합니다.

산책을 왜 해야 하는 걸까요? 산책은 반려견들에게 어떤 의미가 있을까요?

초등학교를 다닐 때 소풍은 제게 가장 기다려지는 행사 중 하나였습니다. 따분하고 반복되는 일상을 벗어난다는 사실만으로도 기분을 들뜨게 하지요. 소풍 가기 전날 밤에는 기대감에 잠을 쉬이 자지 못했던 기억도 납니다. 두세 살 정도 된 아이들을 보세요. 집에만 있으면 칭얼대고 짜증을 부립니다. 자꾸 밖에 나가자고 손을 잡아끌기도 합니다. 성화에 못 이겨 밖에 나가면 신이 난 강아지 마냥 즐겁게 고함지르고 뒹굴고 뛰어다닙니다. 이런 모습을 보는 엄마의 마음도 즐겁고 흐뭇합니다. 우리 반려견에게도 산책이란 정말 기다려지는 즐겁고 행복한 소풍 같은 시간, 아이와 엄마의 나들이 같은 시간이 아닐까요?

그렇다면 반려견과의 산책도 소풍이나 아이와 엄마의 나들이와 비슷해야 하지 않을까요? 아이가 즐겁고 행복한 나들이 말입니다. 그를 지켜보는 엄마도 더불어 행복해지겠지요. 행복한 나들이를 통해 아이는 엄마의 사랑을 느끼고 확인하게 됩니다. 소풍이나 나들이에서 돌아온 아이는 한편으론 피곤에 지쳐, 다른 한편으론 행복한 만족감에 젖어 조용하고도 깊은 잠 속으로 빠져들 것입니다.

여러 가지로 설명할 수 있을 테지만, 반려견과의 산책이란 사람과 반려견이 함께 나들이를 즐기고 가까운 곳으로 소풍 가는 것 같은 즐겁고 들뜬 느낌의 행복한 시간이라고 할 수 있습니다. **한마디로 산책이란 반려견에게 즐겁고 행복한 시간이어야 합니다. 반려견에게 즐겁고 행복한 산책이 될 때 그를 지켜보는 우리 사람들의 마음도 즐겁고 행복해집니다.** 아이의 행복한 모습을 지켜보며 함께 행복해 하는 엄마의 마음처럼 말입니다. 이처럼 **반려견에게 산책이 즐겁고 행복한 시간이 될 때, 반려견에게 미치는 산책의 긍정적인 영향 내지 효과도 극대화된다고 할 수 있을 것입니다.**

반대로 산책의 긍정적인 영향이나 효과를 최대한 활용하기 위해서는 반려견에게 산책이 즐겁고 행복한 시간이 되도록 하는 배려가 반드시 필요하다 하겠습니다.

반려견에게 즐겁고 행복한 산책이 되려면 어떻게 해야 할까요? 다른 사람이나 이웃에 피해를 주지 않는 범위 내에서 반려견에게 최대한의 자유를 부여하고, 반려견이 좋아하고 하고 싶어 하는 행동을 마음껏 하도록 배려해야 합니다. 당신의 반려견이 냄새를 맡고 이리저리 탐색하는 것을 가장 즐겨한다면, 그렇게 해주는 것이 좋습니다. 냄새를 맡느라고 한 시간이 넘도록 걸어 다닌 거리가 얼마 되지 않더라도, 전혀 이상해 하거나 재촉할 필요가 없습니다. 목줄을 억지로 잡아당기거나 잡아채지 마세요. 자꾸 가자고 하지 마세요. 그냥 기다려주세요. 보호자분들 중에는 아무거나 주워 먹는다거나 위생적이지 못하다는 이유로 냄새 맡는 행동을 일일이 간섭하고 제지하는 분들이 있습니다. 너무 걱정 않으셔도 됩니다. 그냥 기다려주는 것이 반려견을 위한 최고의 배려가 됩니다. 반려견이 풀밭 위를 뒹굴고 이리저리 뛰어다니기를 좋아한다면, 그런 행동을 하도록 기회를 주는 것이 좋습니다. 반려견이 여기저기 오줌을 싸고 똥을 싸는 행동을 반복하는 습성이 있다면, 마음껏 그렇게 하도록 배려하는 것이 좋습니다. 물론 배변 봉투는 필히 지참해야겠지요.

지금 당신의 반려견은 가장 개답게 행동하고 있습니다. 개가 개답게 행동할 수 있을 때 가장 행복하고 즐겁지 않을까요? 개로서의 본능적인 욕구가 충족되는 순간이라고도 할 수 있습니다. 이렇게 할 수 있을 때 당신의 반려견은 비로소 개로서의 존재 이유를 느끼게 될 것입니다. 쌓이고 쌓였던 스트레스를 날려버리고, 정서적, 신체적으로 건강한 강아지로 살아갈 수 있게 됩니다. 자신감과 자존감이 넘치는 반려견이 될 수 있습니다. 우리 사람도 자신이 하고 싶은 일을 하면서 사람답게 살 때 가장 행복한 삶이라고 할 수 있는 것과 다르지 않습니다.

반려견과의 산책이라고 하면 사람들은 보통 이렇게 생각하기 쉽습니다.

'앞으로 1시간 정도 여기서부터 여기까지 동네를 한 바퀴 돌아야지.'

이렇게 공원을 두세 바퀴 도는 것을 산책이라고 생각합니다. 물론 경우에 따라서는 그렇게 산책할 필요가 있긴 합니다. 그러나 무조건 멀리 다니고 빨리 걸어 다닌다고 반려견과 '산책했다'고 말하긴 어렵습니다. 그런 산책이 당신에게는 유익했을지 모르겠지만, 반려견에게는 즐겁지 못한 산책이 됐을 수도 있으니까요. 오히려 하고 싶은 것을 하지 못한 아쉬움만 가득한, 좌절감만 느낀 산책이었을 수도 있으니까요.

우리는 지금까지 사람 위주의 산책을 좋은 산책이라고 생각해왔습니다. 사람이 항상 반려견보다 앞서가야 하고, 반려견이 함부로 냄새를 맡거나 반복해서 똥오줌을 싸면 큰일이 나는 것처럼 말해왔습니다. 그래서 체인 목줄도 쓰고 "안 돼!"라며 잡아끌거나 잡아채기를 서슴지 않았습니다. 그러나 이런 산책이 반려견에게는 오히려 고통이었을 수 있습니다. 즐겁고 행복한 산책이 될 리 만무합니다. 소풍을 나가서, 엄마와 나들이를 나가서 마음껏 뛰어놀고 싶지만, 야단과 회초리가 무서워 눈치만 살피며 로봇처럼 꽁무니만 따라다니는 것과 다를 것 없기 때문입니다. 그런 산책은 사람 위주의 일방적인 산책이기 때문입니다.

이렇게 얘기하는 것에 대해 "그럼 반려견과 함께 공원을 몇 바퀴라도 돌고 싶은데, 그런 것은 영영 하지 못할 것 아니냐, 강아지가 냄새 맡고 영역 표시하는 것만 기다려야 하는 것 아니냐?"라고 불만을 터트리는 사람이 있을 수 있습니다. 걱정하지 마십시오. 반려견이 하고 싶어 하는 것들을 할 수 있게끔 충분히 배려해주거나 그런 산책을 매일매일 반복하다 보면, 어느 순간부터, 어느 날부터 당신이 원하는 산책을 할 수 있는 날이 올 테니까요.

반려견도 즐거운 산책이 되도록 배려해야 합니다. 당신의 반려견이 산책을 통해 자신을 행복한 반려견으로 느낄 수 있게 해주세요. 반려견이 즐겁고 행복할 때 우리 사람들도 행복해 할 수 있겠지요. **반려견이 즐겁고 행복한 산책, 그래서 사람도 행복할 수 있는 산책이 좋은 산책입니다.**

애견
방문교육 사례

아직도 얼마나 많은 세상의 반려견들이 사람들의 무지와 오해,
그로 인한 억압이나 폭력 아래서 힘든 나날을 보내다
고통스런 생을 마감하고 있는가를
상상하면 안타까운 마음이 앞섭니다….

어느 날 한 여자분으로부터 전화 상담을 받았습니다. 자신의 반려견이 공격성이 강하여 공격적으로 사람에게 으르렁거리며 덤비고 심지어 물기까지 해서 고민인데, 애견 방문교육을 하면 고쳐질 수 있을지 물어왔습니다. 몇 가지 상담 끝에 우선 1개월 과정의 애견 방문교육을 하기로 결정하고 예약을 받은 뒤, 약속한 날짜에 방문했습니다.

교육받기로 한 반려견은 생후 2년 정도 된 푸들 남자아이였습니다. 방문해서 처음 접해본 '콩이'는 보호자분의 설명과는 달리 매우 온순하고 사람을 좋아하는 착한 강아지로 보였습니다. 처음 현관문을 들어서자 경계심에 짖어대기는 했지만, 조심스럽고 위협적이

지 않게 대하자 금세 꼬리를 흔들며 몸을 비비기도 하고, 장난스런 몸짓으로 유화적인 제스처를 취해왔기 때문입니다.

그런데 이 온순하고 사랑스런 녀석이 사납다니? 저는 의아함을 가지고 보호자분께 콩이의 문제점을 자세히 들어보았습니다.

콩이의 상태는 이러했습니다. 평소에는 대체로 온순한 편이지만, 주로 밤에 콩이가 자고 있는 때에 방에서 나와 콩이 부근으로 접근하거나 다가가면, 으르렁거리거나 덤비며 짖고 심지어 물기까지 한다고 했습니다. 때로는 쳐다보기만 해도 으르렁대며 물듯이 짖어댄다는 것입니다.

이런 문제점 때문에 콩이는 보호자로부터 야단을 많이 맞았습니다. "안 돼!"라고 고함지르고 겁을 주었을 뿐 아니라, 체인 목줄을 채워 강제 훈련을 하기도 하고, 심지어 막대 등으로 때리기까지 했다고 합니다. 특히 '콩이'는 그 여자분의 남편으로부터 그때마다 심하게 혼이 났습니다.

콩이의 여자 보호자뿐 아니라 남편분의 반려견에 대한 생각은 서열이나 복종을 문제행동을 고치거나 예방하는 가장 중요한 수단이라고 믿는 것이었습니다. 콩이가 사람들에게 짖고 으르렁대며 덤비고 무는 것은 보호자에 대한 복종심이 부족해서이거나 자신의 서열이 위라고 오해하고 있기 때문이라고 믿고 있었습니다. 그래서 인터넷이나 애견 훈련 책에 나와 있는 것처럼 여러 가지 강제적인 방법들을 이것저것 따리해보기도 하고, 폭력적이고 강제적인 방법으로 콩이를 제압하려 애썼다고 합니다. 그런데 콩이의 문제 행동의 원인을 서열 잘못이나 복종심 없음으로 여기고 혼내고 강압적으로 제압하려 하면 할수록 콩이는 점점 더 사나워지는 듯하여, 더 늦어지면 안 될 것 같아 애견 방문교육을 신청하게 되었다는 것입니다.

콩이의 공격성은 많은 사람들이 오해하고 있는 것과는 달리, 서열 잘못이나 복종심이 없어서 그런 것이 절대로 아닙니다. 이에 우선 보호자분들께 콩이의 문제 행동의 원인이 서열 잘못이나 복종심 결여 때문이 아니라는 사실을 충분히 이해할 수 있게끔 자세히 설명해드렸습니다. 그리고 "안 돼!"라고 고함지르지 않고도, 혼내거나 고함 지르고 강제적인 방법을 전혀 사용하지 않고도 얼마든지 자연스레 콩이의 공격성을 고칠 수 있는 방법을 알려드리고 반복적인 교육을 실시했습니다.

콩이를 교육시킨 개략적인 방법은 반려견에게 사람에 대한 신뢰감을 회복시켜주고, 위협적이지 않게 대하고 접근하며, 공격적인 행동이 나타났을 때 공격성을 완화, 차단하고, 사람들이 자신에게 접근하는 행동이 혼나거나 나쁜 일이 생기는 것이 아니라는 것을 알려주는 것이었습니다.

여기서 '위협적이지 않게 접근하는 방법'을 소개하면 다음과 같습니다.

1) 눈을 똑바로 쳐다보며 접근하지 않는다. 얼굴이나 몸을 정면으로 향하지 않고 옆으로 약간 돌린 상태로 접근한다.
2) 일직선으로 반려견 가까이 다가가지 않는다. 반원을 그리듯이, 피하듯이 반려견 옆을 지나가거나 접근한다.
3) 급하게 접근하지 않는다. 반려견 주변에서는 천천히 접근하거나 움직인다. 뛰어서는 안 된다.
4) 말은 하지 않는 것이 좋다.
5) 반려견에게 접근하거나 지나칠 때 반려견이 긴장하는 기색을 보이거나 짖고 으르렁대면, 즉시 등을 돌린 상태에서 동작을 멈추고 진정될 때까지 기다렸다가, 진정되면 조용히 다시 움직인다.
6) 반려견에게 접근하거나 지나칠 때마다 미리 한두 개의 간식을 던져주면 매우 효과적이다.

이런 방법을 며칠간 반복한 결과 콩이의 공격성은 눈에 띄게 나아졌습니다.

콩이의 사례에서 알 수 있는 것은, 반려견의 공격성을 비롯한 문제 행동의 원인이 서열 잘못이나 복종심 없음이 아니라는 것입니다. 반려견의 공격성을 비롯한 여러 가지 문제 행동의 원인이 서열 문제나 복종심 부족 때문이 아님이 증명된 사례라고 할 수 있습니다. 더 늦기 전에 애견 방문교육을 신청한 보호자분의 신속한 결정으로 다행히 콩이는 이해할 수 없는 억압과 강제에서 벗어나, 보호자와 더불어 행복할 일상을 보낼 수 있게 되어, 저 개인적으로도 무척 기쁩니다.

 그러나 곰곰이 생각해보면, 아직도 얼마나 많은 세상의 반려견들이 사람들의 무지와 오해, 그로 인한 억압이나 폭력 아래서 힘든 나날을 보내다 고통스런 생을 마감하고 있는가를 상상하면 안타까운 마음이 앞섭니다….

복종,
서열정리 관련
댓글과 답변

서열은 필연적으로 존재하는 것이 아니라,
사람이 삐뚤어진 시선으로 편의적으로 만들어낸 개념에 불과합니다.

　수년 전부터 저는 제가 운영하는 블로그 포스팅을 통해 반려견을 교육하고 길들이며 함께 생활하는 데 있어 서열정리니 복종 훈련, 복종 관념 등의 개념이 불필요하고 잘못된 편견이며 미신이라는 것을 강조해오고 있습니다.
　이런 저의 의견에 동조하는 분들이 그래도 과거에 비해 많이 늘어난 편이지만, 아직도 반려견 교육 상담을 하거나 인터넷을 보다 보면, 온통 서열 훈련이니 복종 훈련이니 하는 내용들로 도배되어 있다시피 합니다. 뿐만 아니라 대부분의 애견 훈련소나 애견 훈련사들도 복종이니 서열이니 하는 불필요하고 잘못된 미신에 얽매여 있는 안타까운 현실을 접하게 됩니다.

훈련에 대해 잘 모르는 일반인이 그런 잘못된 편견에 사로잡혀 있는 것은 비전문가이고 아마추어이니 그러려니 하고 이해할 수 있다 치더라도, 소위 애견 훈련 전문가라는 애견 훈련소나 애견 훈련사가 그런 미신과 편견에 사로잡혀 있는 것은 문제가 아닐 수 없다고 생각합니다. 왜냐하면 전문가라는 사람의 잘못된 지식이나 판단은 그 파급력이 크기 때문입니다.

지금도 인터넷을 찾아보면 어떤 애견 방문훈련 업체로부터 애견 방문훈련을 받았는데, 복종시킨다며 배를 억지로 뒤집는 행동을 하고, 짖거나 무는 행동을 억제하고, 서열 훈련, 복종 훈련을 한다면서 체인 목줄을 세게 채며 훈련했다는 내용의 글들을 어렵지 않게 발견할 수 있습니다. 전문가라는 사람이 그런 식으로 훈련하고 그렇게 가르치니, 아무것도 모르는 반려견 보호자들은 그것이 최선의 방법이고 옳은 것인 줄 믿고 따라하는 악순환이 반복될 수밖에 없는 것입니다. 한마디로 전문가의 잘못은 혼자만 망하는 것이 아니라, 다른 죄 없는 수많은 반려견과 반려견의 보호자들까지 함께 망하게 하므로 그 해악과 부작용, 파급력이 엄청날 수밖에 없는 것입니다.

제가 서열이 잘못되고 불필요한 개념이라는 것을 강조하는 데 대하여, 이를 반박하고 공격하는 분들이 지금껏 상당히 많았습니다. 그중에서 서열 훈련과 복종 훈련이 불필요하다는 저의 글에 대해 매우 상세하고도 나름의 논리를 내세우며 반대 입장을 밝힌 분의 댓글과 그에 대한 저의 답글 내지 의견을 소개해 드리도록 하겠습니다. 아래 소개하는 댓글은 그분 혼자만의 생각이 아니라, 서열이라는 미신을 맹신하는 다른 많은 분들의 생각을 대변하는 것이라 여겨집니다. 따라서 우리나라에 만연되어 있는 서열, 복종이라는 개념이 불필요하고 잘못된 미신임을 깨달을 수 있는 계기가 되기를 바라는 마음에서 이 글을 소개합니다. (저의 의견 중에는 댓글에 일일이 반박하고 답변을 적는 것이 번거롭기도 하고 시간도 부족하여 그 당시에는 쓰지 않았으나, 이 글을 쓰면서 새로 많은 내용을 첨가했음을 밝혀둡니다.)

> **방문자** 2014/10/02 09:33 →답글 수정 삭제
> 서열이 불필요하다고 하셨는데, 그건 강아지를 사람과 같다고 잘못 생각하는 데서 비롯된 오류입니다. 서열은 사람이 아니라, 강아지를 위해서 필요한 겁니다.

저의 생각
> 서열이란 개념은 반려견을 위해서 필요한 것이 절대 아닙니다. 오히려 사람들이 일방적으로 반려견을 억압하고 강제하기 위한 가장 편하고 좋은 구실이 바로 서열이라는 개념입니다.

> **방문자** 2014/10/02 09:33 →답글 수정 삭제
> 개는 원래 늑대와 같은 습성을 가졌다는 건 아시죠? 늑대는 무리 생활을 하는 동물입니다. 개도 이런 습성을 가지고 있어서 자신 이외에 다른 존재를 만나면 본능적으로 서열을 정하려 합니다. 사람에게도 예외가 없어서 사람이 강아지를 상대로 자신이 리더임을 각인시켜주지 않으면, 강아지 스스로가 리더가 되려 합니다.

자연 상태의 늑대 무리를 관찰하면, 실제로는 엄격한 서열 관계가 존재하지 않습니다. 서열이 존재한다고 믿는 상태는 자연적인 상태가 아닌, 동물원의 사파리와 같은 비정상적인 상태에서 관찰한 내용을 일반화시킨 잘못이 있는 것이지요. 개가 스스로 리더가 되려고 한다는 생각은 착각이며, 개는 자신의 무리인 개와 사람을 구분하는 것이 보통입니다.

방문자 2014/10/02 09:33 →답글   수정 삭제

그렇게 되면 '사랑하는' 반려견을 목욕을 시켜줄 수도 안아줄 수도 없게 됩니다.

목욕을 거부하는 것은 자신의 서열이 사람보다 위라고 여기기 때문에 그런 것이 아니라, 목욕이라는 행위가 개들에게 익숙하지 않은 행위이고, 그 상황이 낯설고 익숙하지 않아서 불안하고 스트레스를 받은 까닭에 거부감을 드러내는 것입니다. 따라서 목욕에 대한 불안감이나 스트레스, 거부감을 없애주면 서열과 관계없이 목욕은 가능합니다.

방문자 2014/10/02 09:33 →답글   수정 삭제

서열이 필요한 이유는 또 있죠. 강아지는 사람과 달라서 나눔이라는 개념이 없습니다. 사람과 개가 동급이 돼서 사이좋게 먹을 걸 나누어 먹는다는 건 있을 수 없죠. 강아지에겐 오로지 자신보다 서열이 높은 존재와 낮은 존재만이 있을 뿐입니다. 모든 게 서열에 따라 결정되죠.

서열이라는 개념보다 '동료'와 '같은 무리'라는 개념이 더 강하다고 볼 수 있습니다. 신뢰감, 협동의식, 동료의식 등을 심어주면, 반려견과 반려견 사이, 반려견과 사람 사이 모두 서열이라는 개념 없이 얼마든지 서로 평화롭고 사이좋게 지낼 수 있습니다.

방문자 2014/10/02 09:33 → 답글

그러니 서열을 확실히 해두지 않으면 강아지가 사람의 음식까지 빼앗아 먹는 사태가 얼마든지 생길 수 있고, 그러다 보면 강아지가 먹어서는 안 되는 것까지 먹게 될 수 있습니다. 그런 일이 생기는 걸 방지하기 위해서라도 서열은 중요합니다. 님이야말로 강아지에 대해 제대로 알고 글을 쓰시죠.

음식을 빼앗아 먹는 것이 서열이 잘못되어서 그렇다고 생각하는 것도 착각입니다. 예를 들어, 식탁에서 가족들이 식사를 하고 있는데 반려견이 먹으려고 덤비는 것은 자기가 서열이 위라고 착각해서 그런 것이 아니고, 모든 것을 다른 무리 구성원과 '함께' 하려는 개들의 본능적인 습성에 의해 '함께' 먹으려는 행동에서 비롯된 것입니다. 평소 불쌍하다는 생각이나 장난으로 반려견이 가까이 오거나 쳐다보거나 식탁으로 덤벼들면, 음식물을 조금씩 주는 행동으로 그런 행동을 자신도 모르게 강화했기 때문일 가능성이 높습니다. 그런 행동을 고치려면 서열을 바로 잡고 복종시킬 필요가 있는 것이 아니라, 반려견에게 사람이 원하는 행동을 가르쳐주고 이해시켜주면 자연스레 해결되는 문제입니다. 그걸 가르쳐주거나 이해시켜주지 못한 사람이 스스로의 잘못을 탓할 일이지, 반려견을 탓하거나 서열, 복종 운운하는 것은 문제의 핵심을 잘못 이해하고 있는 태도입니다.

저자 2014/10/06 17:29 →답글

서열이라는 명목으로 반려견을 억압하는 건 억압당하는 반려견에게나 그를 억압하는 사람에게나 모두 불행한 일입니다. 서열이나 복종이라는 개념이 없어도 반려견들의 여러 가지 문제점을 해결할 수 있습니다. 그런 자연스럽고 긍정적인 방법을 모르는 사람들이 편협한 지식으로 서열 운운하면서 반려견을 억압하고 혼내고 강제하는 겁니다. 서열이라는 존재하지도 않는 잣대를 가지고 훈련을 시킨다며, 체인 목줄을 채고 벌을 주고 학대에 가까운 행동들을 일삼고 있습니다.
우리나라에는 현재 일본에서 번역된 서열 위주의 케케묵은 책들만 번역되어 있는 상태입니다.
후지이 사토시*가 쓴 책이 서열을 강조하는 대표적인 책들입니다. 그런 한두 권의 책을 보고 모두들 서열이니 복종이니 하고 있는 현실을 보니 답답한 마음이 듭니다. 좀 더 다양한 공부를 하시면 서열, 복종으로 반려견을 억압하지 않아도, 반려견과 충분히 교감하며 사람과 반려견이 더불어 살아갈 수 있는 길이 있다는 것을 알게 될 것입니다.

방문자 2014/10/02 09:33 →답글

서열을 분명히 한다고 해서 강아지를 억압한다고 단정하는 건 잘못된 생각입니다. 서열을 인정하는 것이야말로 강아지의 습성을 이해하고 맞춰주는 거죠. 억압하자는 게 아닙니다. 단지 사람이 먼저 식사를 한 후 강아지에게 먹이를 주는 것뿐이고, 강아지가 사람보다 먼저 걷지 않게 하는 게 억압입니까? 그렇다면 대한민국 사람들 중에 억압당하지 않는 사람이 몇 명이나 됩니까? 강아지의 문제점을 무조건 혼내고 강제해서 고치려 하는 것에 대해선 저도 반대입니다. 문제점이 있다면 당연히 그 원인을 찾아서 제거해주는 게 맞죠. 그렇지만 서열은 분명히 동물들 사이에서 존재하는 개념이고, 사람이 강아지와 함께 살기 위해서는 서열을 분명히 해둬야 합니다. 강아지에겐 그게 당연한 겁니다. 서열은 사람이 만든 게 아니라, 동물들에게 이미 존재하고 있는 거니까요.

---

* **후지이 사토시** : 일본인 애견 훈련사. 그가 쓴 책들이 현재 우리나라에 『우리 개 100배 똑똑하게 키우기』 『5분 안에 우리 개 똑똑하게 만들기』 『우리 개가 달라졌어요』 등으로 번역되어 있다.

서열, 복종이라는 개념을 인정하면 거의 필연적으로 반려견을 불필요하게 억압하고 강제하게 됩니다. 서열이라는 개념을 인정하면서 억압하고 강제하는 것이 아니라고 하는 것은, 스스로 나쁜 짓을 하면서도 이건 나쁜 짓이 아니라고 자기변명과 궤변을 늘어놓는 것과 다를 바 없습니다. 아울러 반려견의 모든 문제 행동의 원인을 서열 없음이나 복종심 없음 때문이라는 것으로 연결 짓게 되어, 필연적으로 반려견을 탓하거나 혼내는 행동으로 이어지게 되는 것입니다.

서열을 분명히 하면 문제 행동이 해결될 것처럼 오해하지만, 오히려 모든 문제 행동의 원인은 서열이 아닌 다른 이유 때문임을 모르고 하는 말입니다. 서열이라는 개념은 문제의 원인을 반려견에게만 돌리는 빌미가 되고, 문제 행동의 진짜 원인은 전혀 해결해주지 못한 채 억압하고 강제만 하는 결과를 가져와, 장차 더 큰 문제 행동을 가져오는 악순환을 반복하게 만듭니다.

개의 조상이라는 늑대들을 자연 상태에서 관찰하면, 실제에 있어서는 사람들이 오해하는 것처럼 서열 관계가 엄격하지 않습니다. 서열은 필연적으로 존재하는 것이 아니라, 사람이 삐뚤어진 시선으로 편의적으로 만들어낸 개념에 불과합니다.

저자 2014/10/08 17:29 →답글

서열이 필요한 것이 아니라, 부모의 입장에서 너그러이 이해하고 기다리며 필요한 것들을 자연스레 알려주는 자세가 중요합니다. 그리고 개가 밥을 먼저 먹는다고, 개가 앞서 나간다고, 개가 짖는다고, 개가 사람을 문다고, 개가 통제되지 않는다고 서열이 잘못돼서 그렇다는 생각은 그릇된 생각입니다. 앞서 나간다고, 밥을 먼저 먹는다고, 짖는다고, 문다고, 통제되지 않는다고 서열이 잘못되어서 그런 건 아닙니다.
서열을 주장하고 하지 않는 것은 그 사람의 선택 사항입니다. 그러나 서열이라는 구시대적인 개념을 사용하여 강아지를 불필요하게 억압하고 강제하지 않아도 충분히 모든 문제를 해결할 수 있고 아무런 문제없이 살아갈 수 있는데, 굳이 부작용이 큰 서열이란 개념에 매달릴 이유가 없는 겁니다. 서열이란 개념으로 반려견을 억압하고 강제하고 혼내는 훈련을 하는 것은 곰곰이 따져보면 반려견에게 죄를 짓는 행위입니다.
서열 운운하며 반려견을 불필요하게 억압하고 강제하는 것은 과거의 노예제도에 비유할 수 있습니다. 그 당시에는 그것이 죄악인 줄도 모르고 당연시했겠지만, 지금에 와서는 상상도 하기 힘든 죄악이라는 것을 모르는 사람은 없을 것입니다. 서열 운운하며 반려견을 강제하고 학대하는 행위는 반려견을 한낱 짐승으로 대하거나 노예처럼 여기는 것과 다르지 않습니다.
다른 좋은 방법을 놔두고 왜 굳이 나쁜 방법을 선택하려 할까요? 그건 다른 좋은 방법들을 제대로 모르기 때문입니다. 그래서 더 많은 공부를 해야 하는 겁니다. 특히 애견 훈련소를 운영하는 사람이나 애견 훈련사는 꾸준히 많은 공부를 해야 합니다.

　　서열정리, 복종 훈련 없이도 얼마든지 반려견을 교육할 수 있고 원하는 행동을 길들이며 말 잘 듣는 착한 반려견으로 키울 수 있습니다. 오히려 서열, 복종이라는 미신에서 벗어날 때, 그때야 비로소 진정한 반려견 교육이 시작된다고 볼 수 있습니다.

강아지 훈련,
시키지 않아도
됩니다

반려견이 행복한 강아지 훈련,
그래서 사람도 더불어 행복해지는 강아지 훈련을 하시기 바랍니다.
그런 강아지 교육이라면 마음껏 하십시오.

얼마 전 어떤 성당 입구 마당에서 기르는 풍산견을 교육시켜 달라는 의뢰를 받아 방문교육을 진행한 적이 있었습니다. 그 풍산견은 생후 약 7개월 정도 되었는데, 성당 입구 마당에서 줄을 매서 기르고 있었습니다. 풍산견을 관리하는 성당 측 관리인의 말에 의하면, 사람이 자신에게 접근하면 그 사람에게 뛰어오르고 옷이나 가방을 물고 늘어져 사람들이 겁을 먹게 하거나, 옷 혹은 가방 등을 훼손시키는 경우가 종종 있다고 했습니다. 그래서 성당 측에서 원하는 교육 내용은, 이런 행동이 반복되면 사람들에게 위협적인 느낌을 줄 수 있고, 나중에는 사람을 물거나 공격적인 성격으로 변할 수도 있을 것 같아 염려되므로, 이런 행동을 하지 않도록 교육시켜

달라는 것이었습니다.

이런 경우 그 풍산견은 어떤 교육을 우선적으로 해야 할까요?

훈련을 논하기 이전에 먼저 기르는 환경부터 바꿔야 합니다. 사람과 떨어져 사람들의 왕래가 잦은 장소에 혼자 줄에 묶여 생활하는 것은 개들에게 엄청난 스트레스와 불안감, 좌절감을 안겨주기 때문입니다. 이렇게 기르면 당장은 문제가 없어 보일지 모릅니다. 그러나 그런 환경에서 스트레스와 불안감, 좌절감에 지속적으로 노출되면, 개들은 점차 여러 가지 이상 행동을 보이게 될 가능성이 높아지고 공격적인 성향을 띠게 됩니다. 장차 풍산견의 공격성이나 이상 행동을 예방하려면, 이런 점부터 고려해야 합니다. 보호자분들은 저의 이런 의견은 한 귀로 듣고 흘려버리는 듯했습니다.

두 번째로 중요한 것은, 풍산견의 행동을 탓하고 고치려 하기 전에 사람들의 접근 방법상의 주의점이었습니다. 사람들이 위협적으로 접근하면 당연히 개들은 긴장하거나 경계하고, 스트레스와 불안감에 흥분하는 모습을 보이거나 공격적인 행동을 할 가능성이 높아집니다. 그러니 풍산견이 차분하고 공격적인 행동을 하지 않도록 하려면, 무엇보다 먼저 위협적이거나 공격적인 느낌을 주면서 접근해서는 안 됩니다. 바꾸어 말하면, 그 풍산견이 사람들에게 덤벼들고 위협적인 행동을 하는 것은 접근하는 상대방, 즉 접근하는 사람들이 먼저 위협적이고 공격적인 모습으로 접근했기 때문이라고 할 수 있습니다.

처음 방문해서 보호자분들께 이런 주의점을 알려주고, 그에 따른 교육을 하는 데 집중했습니다. 그런데 안타깝게도 그분들은 그런 사실을 제대로 이해하지 못했습니다. 정말 중요한 점을 알려주고 그런 점에 중점을 두고 교육을 진행했는데도 그분들의 성에 차지 않았나 봅니다. 제가 하는 방식의 교육은 강아지 훈련이 아니라고 생각했나 봅니다.

그분들이 생각하는 강아지 훈련은 이른바 '복종 훈련'이었습니다. 목줄을 잡아채고 강제적으로 어떤 행동을 하지 못하게 하고 '통제'하는 것을 강아지 훈련이라고 생각하고 있었습니다. 강아지 훈련에 대한 잘못된 편견과 선입견 때문에 안타깝게도 정작 필요한 교육은 할 수 없었습니다. 강아지 훈련은 그렇게 중단되었습니다. 애석하게도 그 풍산견의 장래는 암울해 보였습니다. 그분들의 생각이나 교육 방식이 바뀌지 않는 한 그 풍산견은 날이 갈수록 공격적인 모습을 보일 가능성이 큽니다.

강아지 훈련, 시키지 않아도 됩니다. 원하는 강아지 훈련이 위 사례의 풍산견 보호자분들이 생각하는 그런 것이라면, 시키지 않아도 됩니다.

다른 사례를 소개하겠습니다.

생후 6개월가량 된 리트리버를 기르는 여자분이었습니다. 그 리트리버는 사람이 앉아서 식사를 하거나 식탁 위에 음식이 있으면 자주 식탁에 기어오르거나 앞발을 딛고 올라선다고 합니다. 그 보호자분이 어떻게 하는지 지켜보았습니다. 리트리버가 식탁 위로 앞발을 딛고 올라섰습니다. 그 순간 그 여자분의 목소리가 달라졌습니다. 남자 같은 굵고 낮은 톤의 목소리로 "앉아!"라고 엄하고도 단호하게 외쳤습니다. 그렇게 "앉아!"라고 수차례 외치자, 리트리버가 식탁 앞에 얌전히 앉았습니다. 그러자 그 여자분이 "옳지." 하며 간식을 주었습니다. 그런데 그로부터 채 1분도 지나기 전에 그 리트리버는 조금 전과 마찬가지로 다시 식탁 위로 앞발을 올렸고, 그 여자분은 다시 남자 같은 목소리로 "앉아!"를 외치고, 앉으면 간식을 주었습니다. 이 리트리버 보호자분처럼 하면 식탁 위에 올라서거나 식탁 위로 덤비는 행동을 고칠 수 있을까요? 이렇게 해서는 고칠 수 없습니다.

리트리버는 식탁 위로 올라서고, 보호자분은 "앉아!"라고 고함치고, 리트리버는 또 식탁 위로 올라서고, 그 보호자분은 또 "앉아!"라고 고함치고… 이런 과정이 계속해서 반복될 따름입니다.

무엇이 문제일까요?

그 여자분은 "앉아!"라는 말을 '통제'와 '야단'의 수단으로 사용하고 있었습니다. 이렇게 "앉아!"라는 말을 반복적으로 사용하게 되면, 리트리버에게 '앉아'란 부정적 의미로 인식되게 됩니다. 기분 좋게 자발적으로 앉는 것과는 거리가 멀어지게 됩니다. 역설적이게도 리트리버에게는 식탁에 뛰어오르는 행동이 '앉아'라는 말과 앉은 이후의 보상과 연관되어, 식탁에 뛰어오르는 행동을 더 적극적으로 하게 될 가능성이 있습니다. 그리고 "앉아!"라고 고함을 치고 혼을 낼수록 앉고 싶은 마음이 줄어들고, "앉아!"라고 외치는 그 여자분과의 신뢰 관계 내지 유대 관계는 점차적으로 금이 가게 될 것입니다.

그 여자분은 강아지 훈련을 통제하고 야단치면 되는 것으로 편견과 선입견을 가지고 있었다고 볼 수 있습니다. 그 여자분은 그렇게 자신이 싫어하거나 하면 안 된다고 생각하는 행동을 못 하게 하는 것, 즉 통제와 야단을 강아지 훈련으로 생각하고 있던 거였습니다. 그 리트리버가 식탁에 올라서는 것을 하지 않게 하려면, 리트리버에게 사람이 원하는 것을 알려주고 이해시켜주는 것이 우선인데, 그 여자분은 식탁 위에 올라서는 행동을 못하게 하고 야단치는 데만 신경을 쓰고 있었습니다. 그런 식의 강아지 훈련이라면 하지 않아도 됩니다. 여러 가지 부정적인 역효과만 가져오고 악순환이 반복될 것이기 때문입니다.

강아지 훈련을 복종 훈련이라고 생각한다면, 하지 않아도 됩니다. 강아지 훈련을 '앉아', '엎드려', '기다려' 등 단순히 명령어 몇 가지 가르치는 것으로 생각한다면, 하지 않아도 됩니다. 정작 필요한 훈련이 아닌 형식적인 강아지 훈련은 하지 않아도 됩니다. 강아지 훈련을 서열정리나 복종심 형성을 위해 필요한 과정이라고 생각한다면, 하지 않아도 됩니다. 강아지 훈련을 목줄로 통제하고 벌을 주는 것으로 생각한다면, 하지 않아도 됩니다. 강아지 훈련을 사람들의 시각으로 볼 때 좋지 못한 행동이나 문제 행동을 '하지 못하게 하는 것'으로 생각한다면, 하지 않아도 됩니다. 강아지 훈련을 이른바 문제 행동을 '교정'하는 것으로 생각한다면, 하지 않아도 됩니다.

 반려견과 당신이 교감하는 강아지 훈련, 반려견과 당신의 관계를 훼손하지 않는 강아지 훈련, 반려견에게 성급하게 강제, 강요하거나 혼내지 않는 강아지 훈련, 반려견에게 우리가 원하는 것을 알려주는 강아지 훈련, 반려견에게 우리가 원하는 것을 이해시켜주는 강아지 훈련, 반려견이 우리가 원하는 것을 이해할 때까지 기다려주는 강아지 훈련, 반려견이 행복한 강아지 훈련, 그래서 사람도 더불어 행복해지는 강아지 훈련을 하시기 바랍니다. 그런 강아지 교육이라면 마음껏 하십시오.

"앉아."가 필요 없는 이유

반려견과 생활하는 데 굳이 "앉아."를 훈련시킬 필요가 없습니다. "앉아."를 가르쳐서 통제하려 하지 마세요. "앉아."를 가르치지 않아도 "앉아."를 가르친 것보다 더 자연스럽고 차분하게 행동하도록 할 수 있으니까요.

사람들은 보통 "앉아."를 명령해서 반려견의 행동을 통제하려 합니다. "앉아."라고 명령해서 밥 주고, "앉아."라고 명령해서 간식 주고, "앉아."라고 명령해서 산책줄을 묶기도 합니다. 그러나 이렇게 "앉아."라는 명령어로 반려견의 행동을 통제하려는 시도가 반려견을 더 흥분시킵니다.

이제부터는 이렇게 하세요. 반려견이 앉기를 바라는 상황이라면 앉으라는 말을 하지 않고 스스로 앉기를 가만히 기다립니다. 스스로 앉으면 간식으로 보상합니다. 예컨대 간식을 줄 때 차분히 앉아서 기다리기를 원한다면 간식을 들고 반려견이 앉을 때까지 말없이 기다립니다. 반려견이 흥분을 가라앉히고 스스로 앉으면 들고 있던 간식을 주는 겁니다. 이렇게 몇 번만 하면 다음부턴 금방 스스로 앉게 됩니다. 이렇게 하면 "앉아."라는 명령어 없이 "앉아."를 가르칠 수 있습니다.

과잉보호가 문제의 원인일까?
그녀의 꼬리를 믿지 마세요
먹는 걸로 쩨쩨하게?

장막을 걷어라

같이 자면 안 되나요?

자율 급식 하고 계시나요?

반려견을 하나 더 입양할 계획이라면?

개에게도 사유재산이 있다?

개는 충성스런 동물이 아니다

알파 롤(alpha roll), 절대로 따라하면 안 되는 이유

칭찬 바로 알기

칭찬 바로 알기 2

터그 오브 워(tug of war) 게임의 진실

익숙함과 익숙지 않음의 차이

흥분 상황을 주목하라

03

오해와 진실

과잉보호가
문제의
원인일까?

과잉보호를 핑계로 반려견을 억압하거나
학대하는 행동을 정당화하는
핑계거리로 삼아서는 안 되겠습니다.

최근에 유기견보호소에 맡겨진 유기견을 새로 입양하여 반려견 배변교육을 의뢰한 보호자분이 계십니다. 그분은 이미 두 마리의 유기견을 기르고 계셨지만 자신이 후원을 하고 있던 유기견보호소에서 시력을 거의 상실하다시피 한 요크셔테리어를 발견하고 너무도 불쌍하게 여겨져 자신이 돌봐야겠다는 책임감에 그 요크셔테리어를 새로이 입양했다고 합니다. 새로 입양한 그 요크셔테리어는 시력이 약해진 탓인지, 떠돌이 생활을 오래한 탓인지, 전 보호자에게서 배변문제 때문에 야단을 많이 맞은 탓인지 배변을 전혀 가리지 못해 반려견 방문교육을 의뢰한 케이스였습니다.

그런데 그분이 기존에 기르고 있던 두 마리 반려견이 예사롭지

않았습니다. 두 녀석 모두 상당한 나이가 있음에도 낯선 사람인 제가 벨을 누르고 방문을 해도 전혀 짖지를 않았습니다. 그렇다고 부산스럽게 날뛰거나 흥분하지도 않았습니다. 물론 사납게 굴거나 지나친 경계심을 보이지도 않았습니다. 다른 가정에서 흔히 보아오던 반려견들의 행동과는 달라보였습니다. 보호자분께 물어보았습니다. 반려견들이 생긴 것과는 다르게 상당히 온순하고 차분한데 그럴만한 특별한 이유라도 있는지 말입니다.

"그러지 않아도 사람들이 우리 강아지들 보면 그렇게 많이 물어요. 어떻게 하면 그렇게 강아지들이 순하고 착한지. 그러면 듬뿍 사랑해주면 된다고 얘기해주지요."

알고 보니 그분은 반려견들에게 매일 산책시켜주는 번거로움을 마다하지 않았습니다. 반려견들이 싫어하는 것을 강요하지도 않고, 혼내거나 겁주고 때리는 일도 하지 않았습니다. 사랑하는 방법을 제대로 알고 실천하고 계신 분이었습니다.

위의 사례자분은 반려견을 잘 키우려면 사랑을 듬뿍 주면 된다고 했지만, 많은 사람들의 생각은 그렇지 않은 것이 현실입니다. 너무 예뻐해줘서 문제가 생긴다고 생각합니다. 너무 예뻐해줘서 사람을 문다고 생각합니다. 너무 예뻐해줘서 버릇없이 굴고 통제되지 않는다고 생각합니다. 과잉보호가 반려견의 문제 행동의 원인이 되는 것처럼 말하곤 합니다. 인터넷을 검색하던 중 유명한 애견 훈련사가 썼다는 글을 보니, 과잉보호가 반려견 문제 행동의 원인이 되므로 과잉보호를 해서는 안 된다는 내용이 있었습니다. 과잉보호가 강아지 분리불안증의 원인이 되고, 과잉보호 때문에 반려견이 자신의 심기를 건드리면 여지없이 사람을 물기도 하므로, 자기만의 공간을 만들어줘야 하고 안아주지도 말고 반려견과 침대에서 같이 자면 안 된다는 요지의 글이었습니다.

과연 사람들의 생각처럼 과잉보호가 반려견 문제 행동의 원인이 되는 것일까요?

자신의 반려견을 너무 예뻐만 해서 여러 가지 문제 행동을 보인다는 반려견들을 접해보고 반려견 보호자분들과 구체적으로 상담을 해보면, 반려견을 예뻐만 해준 것이나 과잉보호가 문제의 직접적인 원인이 아님을 알 수 있었습니다. 문제의 원인은 정작 과잉보호가 아닌 다른 곳에 있었습니다. 그럼에도 불구하고 대부분의 사람들이 문제의 원인을 과잉보호라고 생각하는 이유는 무엇 때문일까요? 문제의 핵심을 오해하고 있기 때문입니다.

반려견은 가능한 매일 산책을 시켜줘야 합니다. 반려견을 사랑하고 보호하는 사람으로서의 당연한 의무라고 할 수 있습니다. 그런데 일주일에 고작 한두 번 정도 산책을 시켜주는 가정이 많습니다. 귀찮고 피곤하다는 핑계로, 바쁘다는 핑계로 집안에만 가둬두고 장난감마냥 예뻐해주기만 하는 것이 보통입니다. 산책을 자주 하지 못한 경우 반려견은 사회성 부족 현상을 보이고, 여러 가지 스트레스성 문제 행동을 보이곤 합니다. 이런 상황에서 반려견이 문제 행동을 보이면 사람들은 이렇게 생각합니다. 내가 너무 예뻐만 해줬더니 버릇이 없어졌다고. 그러나 진짜 이유는 너무 예뻐해줬다거나 과잉보호 그 자체가 문제가 아니고, 규칙적으로 산책을 시켜주지 못한 탓에 생겨난 문제라고 봐야 옳습니다.

반려견을 물리적으로 혼내면 안 됩니다. 그것은 공격성을 불러오고 사람에 대한 신뢰감을 잃게 하는 등 여러 가지 부작용을 필연적으로 수반하게 됩니다. 사람들은 반려견이 자기 뜻대로 하지 않거나 원하지 않는 행동을 하면, 고함지르고 겁을 주고 위협합니다. 갖가지 강제를 가합니다. 어느 날부터 반려견이 물기 시작합니다. 자신이 평소에 너무 예뻐만 해줘서 그렇다고 생각합니다. 평소 고함지르고 겁주고 위협하고 갖가지 강제를 가한 행동은 까맣게 잊어버리고, 절대 때리지도 않았고 혼내지 않았다고 생각합니다. 절대로 때리지 않았다고 부정합니다. 오히려 더 단호하고 분명하게 혼내지 못해서 그럴 것이라 생각합니다. 그렇게 하지 못한 탓에 버릇이 없어졌다고 말합니다. 서열 탓을 하고 복종심 탓을 합니다.

그러나 반려견이 공격성을 보이는 이유는 너무 예뻐만 해준 탓도, 과잉보호한 탓도 아닙니다. 평소 반려견에게 고함지르고 겁을 주고 위협하면서, 자신의 이런 공격적인 행동을 통해 반려견에게도 공격적인 행동을 의도치 않게 가르친 때문이었습니다. 사람에 대한 신뢰감을 잃게 만들었기 때문입니다. 반려견이 싫어하거나 힘들어하고 무서워하는 행동을 알아차리지 못하거나 무시하고 억지로 강요했기 때문입니다. 사람들은 보통 반려견을 예뻐해준 모습만 떠올리고, 강제를 가한 모습은 쉬이 잊어버리거나 인정하려 하지 않는 경향이 있습니다.

이렇듯 문제의 핵심이나 원인은 과잉보호 때문이 아닙니다. 사실 우리는 그렇게 착각하기 쉽습니다. 그러나 실체를 정확히 봐야 합니다. 과잉보호라는 말로 책임을 회피하거나 전가하지 마시기 바랍니다. 우리 사람들이 과잉보호가 원인이라고 생각하는 문제들을 따져보면, 실은 과잉보호가 문제의 원인인 경우는 어디에도 없습니다. 반려견이 문제 행동을 하는 것은 과잉보호의 탓 아니라, 적절하지 못한 대응과 사람이 원하는 행동을 반려견에게 제대로 알려주지 못했기 때문입니다.

반려견이 무는 것은 과잉보호 탓이 아니라, 물리적으로 혼을 내고 위협하며 반려견의 입장이나 감정을 무시하고 억지로 강요했기 때문입니다. 반려견이 여러 가지 이상 행동을 보이는 것은 과잉보호를 했기 때문이 아니라, 개가 개로서 누려야 할 본능적이고 정상적인 생활을 할 수 있도록 배려하고 애쓰지 않았기 때문입니다. 예를 들어, 자주 산책을 시켜주지 않아 생긴 이상 행동이나 증세를 과잉보호로 인한 문제인 것처럼 문제의 본말을 호도해서는 안 되겠습니다.

과잉보호로 인한 부작용의 사례로 사람들이 가장 흔히 드는 문제가 분리불안증과 공격적인 행동입니다. 그러나 과잉보호와 분리불안증은 별개의 문제입니다. 과잉보호 때문에 분리불안증이 생기는 것이 아니라, 개들의 타고난 본능과 혼자 있는 법을 제대로 알려주지 않은 탓이라고 봐야 합니다. 개들은 원래 무리 생활을 하는 동물입니다. 함께 행동하고 함께 식사하고 함께 잠을 자는 등, 모든 것을 함께 하고 싶어 하고 함께 할 때 편안함을 느끼고, 그렇게 하지 못하게 될 때, 심한 좌절감과 스트레스를 느끼는 동물입니다. 그러니 반려견이 같은 무리인 사람을 따라다니고 함께 있으려는 행동은 지극히 본능적이고 당연한 행동입니다. 과잉보호의 결과가 아닙니다. 분리불안증이 생긴 것은 이런 본능적인 습성을 이해하지 못하고, 사전에 미리 혼자 있는 법을 알려주지 않았기 때문입니다.

한편, 느닷없이 공격적인 행동을 보이는 것도 과잉보호의 부작용이 아닙니다. 평소 반려견을 대하는 데 있어 고함치거나 위협적으로 대하여 신뢰감을 잃게 하고, 반려견이 싫어하거나 힘들어하고 무서워하는 행동을 알아차리지 못하거나 무시하고 억지로 강요했기 때문입니다.

사람들의 경우를 생각해보시기 바랍니다. 자녀를 과잉보호하는 가정의 아이들이 문제가 되기보다는, 결손가정이나 폭력적인 부모 밑에서 자란 아이들이 폭력적이고 공격적인 행동을 하는 등 심각한 문제아가 되는 경우가 일반적입니다. 과잉보호가 반려견의 문제 행동의 원인인 것처럼 여기는 태도는 문제의 본질을 제대로 이해하지 못하고 다른 문제와 혼동한 까닭입니다.

　물론 반려견이 귀엽고 사랑스럽다는 이유로 무절제하고 좋지 못한 행동을 그대로 방치하거나 조장해선 안 되겠지요. 그러나 문제의 직접적인 원인과는 거리가 먼 과잉보호를 핑계로 반려견을 억압하거나 학대하는 행동을 정당화하는 핑계거리로 삼아서는 안 됩니다. 과잉보호라는 말이 자신의 잘못이나 무지를 덮고 강제 훈련을 정당화하는 핑계거리가 되어선 곤란합니다. 과잉보호의 부작용을 과대포장해서, 무조건 예뻐해주지 말고 함께 잠을 자면 안 된다는 논리는 반려견과의 교감을 훼손하고 반려견과 함께하는 기쁨을 반감시키는 궤변이며, 빈대 잡으려고 초가삼간을 다 태우는 어리석은 행동과 다를 바 없습니다. **과잉보호를 걱정할 것이 아니라, 편향된 애정을 경계하고 반려견을 바르게 사랑하는 방법을 아는 것이 필요하지 않을까요?** 오히려 개가 개로서 누려야 할 본능적이고 정상적인 생활을 할 수 있도록 과잉보호(?)해보세요.

그녀의 꼬리를
믿지 마세요

우리 반려견들도 여러 가지 감정을 동시에 가질 수 있습니다.
반가운 감정과 두려운 감정을 함께 가질 수 있습니다.
꼬리를 흔들면서도 상대방을 향해 짖거나 물 수도 있는 겁니다.
우리 사람들이 그러하듯 반려견들에게도 감정이란
수시로, 순간적으로 바뀔 수 있는 것입니다.
반려견들도 '애증(愛憎)이 교차'할 수 있습니다.

반려견 교육 상담을 하다 보면 꼬리에 관한 질문을 자주 받습니다. 기르는 반려견이 꼬리를 흔들면서도 사납게 짖거나, 꼬리를 흔들면서 물기도 한다는 내용입니다. 어떻게 꼬리를 흔들면서 사납게 짖기도 하고 물기도 하는지 이해할 수 없다는 내용입니다. 이는 꼬리 흔들기가 단순히 기쁨, 반가움의 표현이라고 획일적이고 단순하게 이해하고 있기 때문이라고 생각됩니다.

꼬리는 여러 가지 기능을 담당합니다. 운동과 움직임에 따른 몸의 균형을 잡아주는 역할을 하기도 하지만, 보다 중요한 기능은 개의 감정 상태를 표현하는 것입니다. 개는 꼬리를 통해 여러 가지 감정과 심리 상태를 표현하고 상대에게 이를 전달하기도 합니다. 커뮤니케이션의 수단으로서의 기능이 가장 중요하다고 볼 수 있습니다. 개의 심리 상태를 가장 민감하게 표현하는 신체 부위이자 외형상 개를 개답게 하는 것이 바로 꼬리라고 할 수 있겠지요. 우리 사람들은 개가 꼬리를 흔드는 모습만 봐도 흐뭇해하고 사랑스러운 감정을 갖게 됩니다.

꼬리를 통해 개의 의도와 심리 상태를 파악하려는 시도와 연구는 많습니다. 대표적인 사람이 스탠리 코렌(Stanley Coren)입니다. 그의 저서 *How To Speak Dog*에서 그는 꼬리의 위치, 형태, 움직임이라는 세 가지 요소에 따라 개의 심리 상태, 사회적 순위, 의사를 파악할 수 있으며, 꼬리를 통한 의사 파악에는 항상 이 세 가지 요소를 조합해야 한다고 주장합니다. 이런 입장에서 그는 여러 가지 세부적인 분류를 하고 있습니다.

스탠리 코렌의 연구에서처럼, 꼬리를 통한 개의 심리 상태나 의사를 파악하려는 입장을 통째로 부정할 수는 없습니다. 크게 본다면 이런 분석이 잘못된 것은 아니니까요. 꼬리를 다리 사이로 감추거나 내리는 행동은 공포심의 표현인 반면, 꼬리를 높이 쳐든 행동은 자신감의 표현일 수 있습니다. 꼬리를 크게 흔드는 행동에는 대체로 공격적이거나 위협적인 의도가 없고, 꼬리와 더불어 엉덩이까지 흔들릴 정도로 크게 흔드는 행동은 집을 비웠다가 돌아왔을 때처럼 반가움과 기쁨을 주체하지 못할 때 표현하는 모습입니다.

그러나 **꼬리를 통해 개의 심리 상태나 의사를 마치 현미경 들여다 보듯 세세하고도 완벽하게 파악할 수 있다고 생각하는 것은 잘못되고도 위험한 발상일 수 있습니다.** 꼬리의 움직임이나 형태 등은 각각의 개나 견종이나 상황 또는 보는 시각에 따라 다양하게 해석될 수 있습니다. 너무 세세하게 분류하고 정형화하다 보면, 경직되고 고정적인 관념으로 형성되어 융통성 없는 해석이 되기 쉽고, 자칫 엉뚱한 해석이나 잘못된 분석을 할 가능성이 높아집니다.

사람들이 흔히 하는 실수 중 하나는 꼬리를 흔드는 강아지를 무조건 환영, 기쁨, 반가움의 표현이라고 단정 짓고 함부로 만지거나 접근하다가, 물리거나 물릴 뻔한 일을 당하는 일이라고 할 수 있습니다. 거리에서 만난 낯선 반려견에게 접근할 때 꼬리를 흔든다고 무턱대고 접근하거나 만지는 행동은 위험한 행동일 수 있습니다. 장난감을 물고 있거나 먹이를 먹고 있는 반려견에게 접근할 때에도, 꼬리를 흔드는 모습만 보고 괜찮겠지 하는 생각으로 함부로 만지는 행동도 조심해야 하는 행동 중 하나입니다.

꼬리는 커뮤니케이션을 위한 중요한 수단입니다. 개가 상대를 향해 꼬리를 흔드는 것은 꼬리를 통해 자신의 심리 상태, 의사를 전달하려는 보디랭귀지입니다. 꼬리를 흔드는 행동은 카밍 시그널(calming signal)*의 일종이기도 합니다. 상대를 진정시키고 공격

---

* **카밍 시그널(calming signal)** : 노르웨이의 애견 훈련사 투리드 루가스(Turid Rugaas)가 처음으로 주장. 개들의 보디랭귀지의 일종으로, 무리 상호 간의 충동을 방지하고자 하는 몸짓언어라고 할 수 있다.

성을 차단하거나 완화(calm down)하려는 의사표현일 수 있습니다. 어떤 반려견이 혼자 집에 있을 때 집안 물건을 물어뜯는 이상 행동을 보이는 습성이 있어, 보호자가 외출 후 귀가해서 수차례 화를 내며 야단 친 적이 있다면 어떻게 될까요? 반려견의 보호자가 외출했다가 돌아오면 반려견은 자세를 낮추고 오줌을 지리기도 하면서, 필사적으로 꼬리를 흔들며 반길 가능성이 높습니다. 왜 그럴까요?

이때 꼬리를 흔드는 것이 단순히 반갑다는 기쁨의 표현에 그치는 것일까요? 아닙니다. 이때 꼬리를 흔드는 것은 사람의 화난 행동을 완화시키려는 몸짓입니다. 보통 사람들은 이런 모습을 보고 반려견이 집안을 어질러놓고, 스스로 잘못했다는 것을 알고 그렇게 행동하는 것이라고 오해합니다. 하지만 사람의 화난 모습을 누그러뜨리려는 카밍 시그널의 일종입니다.

이처럼 꼬리는 항상 행복감이나 기쁨을 표현하는 것은 아니라는 점을 주의해야 합니다. 꼬리의 움직임을 해석하고자 할 때는 항상 전체적인 맥락에서 파악해야 합니다. 꼬리의 움직임만 볼 것이 아니라, 몸 전체의 움직임을 함께 봐야 합니다. 다른 신체 부위의 움직임이나 모양, 전체적인 자세도 동시에 고려해서 해석해야 합니다.

이유는 간단합니다. 우리는 신이 아닙니다. 개의 마음을 속속들이 알 수는 없습니다. 반려견의 행동이나 몸짓을 모두 이해할 수는 없습니다. 우리 사람들은 반려견들의 감정을 모두 이해할 수 있으리라 착각합니다. 반려견들의 감정을 너무 단순하게 이해하려고 하는 경향도 있습니다. '애증(愛憎)이 교차한다'는 말이 있습니다. 한 가지 감정이 아닌 복잡한 감정을 표현한 말입니다. 낯선 사람을 대할 때 가까이 다가가고픈 마음이 있는 반면, 경계하고 의심하는 마음도 한편에는 있는 것과 마찬가지입니다. 우리 반려견들도 여러 가지 감정을 동시에 가질 수 있습니다. 반가운 감정과 두려운 감정을 함께 가질 수 있습니다. 꼬리를 흔들면서도, 상대방을 향해 짖거나 물 수도 있는 겁니다. 우리 사람들이 그러하듯, 반려견들에게도 감정이란 수시로, 순간적으로 바뀔 수 있는 것입니다. 반려견들도 '애증(愛憎)이 교차'할 수 있습니다.

이 글의 주제와 어울리는 말들을 생각해봤습니다(여자분들이 보면 혹 기분 나쁘실지 모르지만, 악의적으로 하는 말이 아니니 이해하시기 바랍니다).

"여자의 눈물은 악어의 눈물"
"여자의 눈물을 믿지 마세요."
"사랑은 움직이는 거야."

먹는 걸로
쩨쩨하게?

사람이 밥을 먹는 동안 왜 반려견은 오랫동안 꼼짝하지 못하고
따로 떨어져 벌을 받듯 가만히 있어야 하나요?

사람이 음식을 먹을 때 덤벼들거나 짖어대는 문제로 어찌해야 할지 고민하는 분들이 많습니다.

"우리 강아지는 우리 식구가 밥을 먹을 때 마구 짖고 식탁으로 덤벼드는데 어떻게 해야 할까요? 혼내야 하는 거죠?"

"어릴 때 몇 번 식사 중에 하도 애처롭게 쳐다보기에 불쌍해서 조금씩 주곤 했었는데, 그래서 그런 건지 요즘 밥을 먹을 때 자기도 달라고 무지하게 짖어요. 이거 고치려면 앞으론 식사 중에 사람 먹는 거 일체 주면 안 되는 거죠?"

위 두 경우 모두 옳지 못한 해법입니다. 짖거나 덤벼든다고 "안 돼!"라고 고함을 치거나 혼내선 안 됩니다. 식사 중에는 일체 주지 않는 것을 원칙으로 삼을 수도 있겠지만, 더 자연스럽고 좋은 방법

은 식사 중 사람이 먹는 음식을 조건적이긴 하지만 조금씩 줘도 상관없다는 점입니다. 건강상의 문제를 감안한다면 너무 많은 양을 주는 것은 곤란하겠지만 말입니다.

개들은 원래 자신이 속한 무리 구성원들과 함께 잠을 자고, 함께 사냥하고, 함께 놀이를 즐기고, 함께 먹이를 먹고 싶어 하는 사회적인 동물입니다. 이렇게 모든 행동을 '함께'함으로써 소속감과 심리적 안정감을 느끼게 됩니다. 이런 행동을 하지 못하거나 제한이 가해지면 좌절감과 심리적 불안감, 스트레스를 느끼게 되고, 이런 상태가 지속될 때 비정상적인 이상 행동을 보이기도 합니다. 그러니 **사람이 밥을 먹을 때 자기도 달라고 짖어대거나 덤벼드는 것은 반려견의 입장에서 보면 지극히 당연한 행동입니다. 나쁜 버릇이나 문제 행동이 아닙니다.**

사람들은 보통 '안 돼'나 '저리 가'라고 고함치거나 막대 등으로 겁을 주고 위협적인 동작을 취하여 식탁에서 멀리 쫓아내려 애를 씁니다. 못하게 하고 통제하는 것이 최선의 방법이라고 오해를 합니다. 물론 이렇게 강제를 가하면 겁을 먹고 더 이상 짖지 않거나 덤벼들지 않는 반려견이 있을 수 있습니다. 반려견과의 신뢰감에는 금이 가겠지만 말입니다. 그러나 어떤 반려견에게 효과가 있다고 그 방법이 항상 옳다고 여기거나 다른 반려견 모두에게 일반화하여 적용하는 것은 위험한 발상입니다. 이런 행동은 반려견에게 공격성을 가르치는 일이 될 수도 있으므로, 가능한 한 하지 않는 것이 좋습니다. '안 돼'라거나 '저리 가'라고 고함을 치거나 위협적인 동작을 취하는 것은 이유가 어찌되었건 간에, 반려견의 입장에서 보면 자신에 대한 위협적인 동작으로 인식될 수 있을 테니까요. 반려견에 따라서는 그에 대한 반작용으로 공격성을 보이며 덤벼들 수도 있고, 무리로부터 제외된 소외감과 좌절감, 스트레스 때문에 엉뚱한 가구를 물어뜯거나 발을 깨물기도 하고 더 심하게 짖어댈 수도 있습니다.

밥을 먹을 때 반려견을 아예 울타리나 다른 방에 격리시켜두는 방법을 사용하는 사람들도 있습니다. 한쪽에 줄을 묶어두는 경우도 있습니다. 이런 방법들은 반려견에게 소외감과 좌절감을 심화시킬 따름입니다. 다른 곳에 격리되면 더 심하게 짖을 수도 있을 겁니다. 반려견을 자기 집이나 방석에 보내 식사하는 내내 "기다려" 하며 꼼짝하지 못하게 하는 것도 마찬가지 이유로 반려견을 매우 힘들게 하는 좋지 못한 방법입니다. 사람이 밥을 먹는 동안 왜 반려견은 오랫동안 꼼짝하지 못하고 따로 떨어져 벌을 받듯 가만히 있어야 하나요?

사람이 밥을 먹을 때 사람이 먹는 음식을 나눠주면 짖거나 덤벼드는 버릇이 생길 수 있고, 계속해서 애원하듯 요구하는 버릇이 들 수 있으므로, 어릴 때부터 사람 먹는 음식은 일체 주지 않는 것이 가장 확실한 해법이라고 주장하는 분들이 많습니다. 물론 이런 원칙을 정해 어릴 적부터 사람이 음식을 먹을 때 일체 주지 않을 수도 있습니다. 하지만 이 방법은 반려견으로 하여금 심리적 소외감과 좌절감, 스트레스를 가져올 수 있으므로 최선의 방법이라고는 할 수 없습니다. '함께' 한다는 소속감을 훼손하지 않으면서도 덤비거나 짖지 않게 하려면, 사람이 음식을 먹을 때 반려견에게도 약간의 음식을 나눠주는 것이 오히려 가장 자연스러운 해법이 될 수 있습니다. 이때 사람이 먹는 음식을 주는 것이 싫거나 주기를 원치 않는다면, 반려견용 간식을 따로 준비해서 주셔도 됩니다. 이런 구별조차도 싫다면 우리 사람이 먹는 음식을 조금씩 나눠주셔도 좋습니다.

이렇게 하면 더 심하게 짖고 계속해서 덤벼들지 않을까 걱정되시나요? 걱정하지 않으셔도 됩니다. 우리가 원하는 것을 반려견에게 자연스레 알려주면 됩니다. 우리가 원하는 것을 알려주고 이해시켜주기만 하면, 반려견들은 기꺼이 우리가 원하는 행동을 합니다. '안 돼!', '저리 가!'라는 공격적인 말과 행동은 하지 않는 것이 좋습니다.

사람이 밥을 먹을 때 짖거나 덤비는 행동을 나쁜 버릇이나 문제 행동으로 바라보지 마세요. 함께하고픈 반려견의 당연한 행동이니까요. 반려견과 '함께' 한다는 느낌을 훼손하지 않는 것이 좋겠지요. 짖지 못하게 하고 덤벼들지 못하게 혼내고…. 못하게 하고 통제하는 것이 우선이라고 생각하지 마세요. 우리는 다만 자연스런 방법으로 우리가 원하는 것을 반려견에게 알려주기만 하면 됩

니다.

먹는 걸로 차별하면 가장 쉽게 기분을 상하게 됩니다. 먹는 걸로 쩨쩨하게 굴지 맙시다.

식사 때 덤벼들지 않도록 하려면?

간식을 준비하여 식탁에 앉습니다. 빈 식탁에서 연습할 수도 있고 간단한 음식을 한두 가지만 올려놓고 연습할 수도 있습니다. 식탁에 앉은 상태에서 반려견이 잠깐이라도 덤비거나 짖지 않는다면 준비한 간식으로 보상합니다. 이때 반려견이 스스로 앉을 때를 기다렸다가 앉으면 간식으로 보상하면 더 좋습니다. 여기서 주의할 점은 "앉아.", "기다려.", "안 돼." 등 명령하지 말고 말없이 가만히 기다려야 한다는 것입니다. 반려견이 짖거나 덤비지 않는 동안에는 조금씩 자주 간식으로 보상합니다. 욕심을 내서 초기부터 너무 오랫동안 간식을 주지 않고 기다리게 하면 덤비거나 짖을 수 있으므로 덤비거나 짖기 전에 자주 간식으로 보상하는 것이 좋습니다. 반복을 통해 덤비거나 짖지 않는다면 점차 간헐적으로 보상합니다.

만약 예전처럼 반려견이 달려들거나 짖는다면 간식을 중단하고 덤비거나 짖지 않고 차분해질 때까지 고개를 돌린 채 가만히 있거나 식탁에 있는 음식을 들고 다른 곳으로 치워버린 후 반려견의 행동이 잦아질 때까지 기다립니다. 덤벼들어 음식을 먹으려 하는 등 급한 때에는 손이나 팔, 몸을 사용하여 말없이 막기만 합니다. 그러나 절대로 밀쳐서는 안 됩니다. 덤비거나 짖는다고 고함을 지르거나 "앉아.", "안 돼.", "기다려." 등의 명령을 해서도 안 됩니다. 당연히 식탁 위에 있는 음식을 빼앗겨서도 안 됩니다. 반려견이 차분해지면 다시 처음처럼 식탁 위에 앉아 위의 과정을 반복합니다.

이런 과정을 조금만 연습하면 식사할 때 짖거나 덤비지 않고 차분히 기다릴 수 있게 됩니다. 여러분도 이런 방법으로 해보세요. 놀랍게도 아주 짧은 시간 동안의 연습만으로도 반려견들은 이런 과정을 이해하고 예의 있는 밥상예절을 익히게 됩니다.

장막을 걷어라

혹시 당신의 반려견이 현관 앞에
쳐둔 울타리 앞에서 심하게 짖거나
공격적인 모습을 보이진 않나요?
그렇다면 지금부터 장막을 걷으세요.

딩동~! 벨이 울립니다. 네 살짜리 수컷 말티즈 '만두'가 시끄럽게 짖어댑니다. "누구세요?"라는 보호자의 말이 들립니다. 만두가 현관문 입구에서 이빨을 드러내며, 당장이라도 방문자를 물어뜯을 듯 위협하며 짖어댑니다. 현관문 입구에는 울타리가 쳐져 있어 만두가 현관문까지 직접 나오진 못합니다. 그렇지만 울타리 안쪽에서 방문자를 보고 사납게 짖어대니, 방문자는 겁이 나서 신발을 벗고 쉽사리 거실로 들어서지 못합니다. 그동안 만두는 쉬지 않고 짖습니다. 방문자의 움직임을 보고 더욱 흥분하여 울타리를 밀치기도 하고 울타리에 올라타면서 짖어대다가, 아뿔싸! 울타리가 넘어져버립니다. 흥분한 만두가 순간적으로 방문자에게 쏜살같이 달려와 방문자의 다리를 깨뭅니다.

어딘가 많이 보는 모습 아닌가요? 낯선 사람이 올 때 시끄럽게 짖고 사납게 덤벼든다는 반려견을 고쳐달라는 반려견 방문교육 의뢰를 받아 가정을 방문하면 흔히 접하는 모습입니다.

위의 장면에서 **짖는 반려견을 더 심하게 짖게 하고 공격성을 불러일으키는 것이 있습니다. 반려견의 행동을 제한하고 접근을 차단하기 위해 사용하는 '울타리'가 바로 그것입니다.**

반려견이 방문자에게 갑자기 달려드는 행위를 차단하고, 현관문이 열렸을 때 바깥으로 뛰쳐나가는 것을 막기 위해, 또는 현관에 벗어놓은 신발 등을 물어뜯는 것을 방지하려는 의도로 울타리나 강아지 게이트(pet gate)를 현관 입구에 설치하여 사용하는 경우가 많습니다. 반려견에 따라서는 적절히 사용한다면 유용한 도구가 될 수도 있지만, 낯선 방문자에게 많이 짖거나 공격성을 보이는 반려견에게는 오히려 역효과를 가져와, 더 심하게 짖거나 공격성을 심화시킬 수 있어 주의를 필요로 합니다.

그 이유는 barrier frustration(restraint frustration)* 때문입니다. 반려견의 행동을 제한하는 펜스나 울타리 등이 공격성을 유발하거나 강화하는 원인이 될 수 있다는 것입니다. 개들을 그냥 풀어두면 언제 그랬냐는 듯 괜찮은데, 펜스를 쳐서 상호 간의 접근을 차단하거

---

* **barrier frustration** : restraint frustration이라고도 한다. 장벽이나 장애물로 인하여 행동이 제한되어 겪게되는 좌절감, 스트레스를 이르는 말

나 제한하면 서로 심하게 짖고 공격적인 행동을 보이는 경우가 많은 것은 바로 이런 이유 때문입니다. 목줄을 풀어두면 괜찮은데, 목줄을 묶은 상태로 산책을 하면 사람이나 다른 반려견들에게 심하게 짖는 반려견도 이런 경우에 해당합니다. barrier frustration에 의한 과도한 짖음과 공격성 강화 사례는 이외에도 많습니다.

반려견을 줄에 묶어두었을 때, 방문자가 방문하면 매우 심하게 짖거나 공격적인 모습을 보이는 경우도 여기에 해당합니다. 특히 마당에 오랫동안 묶어두거나 마당에 혼자 풀어둔 경우, 낯선 사람이 방문하거나 대문 옆을 지나가면 매우 강한 짖음과 공격성을 보이는 일이 흔합니다. 이런 반려견에게 함부로 접근한다든가 묶어놓은 줄이 끊어지거나 대문이 열린다든가 하면, 매우 위험한 상황에 처할 수 있습니다. 이렇게 마당에서 장기간 풀어두거나 묶어둔 반려견은 보호자를 무는 일도 흔합니다. 흔히들 진도견을 마당에 묶어두거나 혼자 풀어두고 기르는 일이 많습니다. 기르던 진도견이 가족이나 낯선 사람을 무는 일이 자주 생기는 것은 이런 이유 때문입니다.

얼마 전 낯선 사람이 방문하면 심하게 짖고 사납게 덤벼들어 물기도 한다는 닥스훈트 보호자의 의뢰를 받아 반려견 방문교육을 한 적이 있습니다. 그 반려견은 출입문이 보이는 거실 한쪽에 울타리가 쳐진 채 갇혀서 지내고 있었습니다. 처음 그곳을 방문하자 심하게 짖고, 매우 심각한 공격 성향을 보였습니다. 그에 대한 해법으로 우선 울타리에 가두지 않고 자유롭게 풀어두면서 생활할 것을 주문하고, 그에 필요한 교육을 진행했습니다. 날이 갈수록 녀석의 불필요한 짖음도 줄어들고 공격적인 모습도 약화되는 것을 확인할 수 있었습니다. 이처럼 거실 한쪽에 울타리를 쳐서 가둬두는 것도 마찬가지 이유로 더 심하게 짖게 하거나 공격성을 유발하는 원인이 됩니다.

반려견이 짖거나 덤빈다고 낯선 사람이 방문하면 무턱대고 안거나 붙잡는 행동을 하는 사람들도 많습니다. 안거나 붙잡는 행동은 짖거나 공격적인 행동에 대한 보상이 될 수 있습니다. 강아지를 더 흥분하게 하고 barrier frustration에 의해 더 심한 짖음과 공격성을 일으킬 수 있으므로, 마찬가지로 주의해야 합니다. 이때 안거나 붙잡으려다 반려견에게 물리는 보호자분들도 많습니다.

반려견의 행동을 제한하거나 묶거나 가두는 것은 개로 하여금 좌절감을 가져오고 스트레스를 유발하여, 그로 인한 짖음 행위를 더 악화시키고 공격성을 강화할 수 있습니다. 그런 상태에서 반려견을 장기간 방치하는 것은 강박행동장애(canine obsessive compulsive disorders)*를 유발할 수도 있습니다. 반려견이 짖거나 덤벼든다고 무턱대고 울타리를 치거나 줄에 묶거나 가두지 마세요. 풀어둔 상태에서 필요한 교육시키는 것이 보다 효과적이고 빠

---

* **강박행동장애(canine obsessive compulsive disorders)** : 꼬리 물기, 특정 신체 부위 핥기 등 특정 행동을 반복적으로 하는 비정상적인 이상 행동. 스트레스가 주된 원인인 경우가 많다.

른 해법이 됩니다.

　혹시 당신의 반려견이 현관 앞에 쳐둔 울타리 앞에서 심하게 짖거나 공격적인 모습을 보이진 않나요? 그렇다면 지금부터 장막을 걷으세요.

같이 자면
안 되나요?

반려견과 사람이 '함께' 잠을 자는 것,
오히려 그것이 개를 개답게 기르는 길입니다.

반려견을 기르는 기쁨 중 상당히 중요한 부분을 차지하는 것이 반려견과 함께 잠을 자는 것이라는 생각이 듭니다. 서로의 체온과 숨소리를 느끼며 반려견과 **함께 잠자리에 들고 함께 일어나는 과정에서 '함께한다'는, '한 가족'이라는 동료의식을 느낄 수 있을 테니까요.** 서로간의 심리적 위안과 안정감을 얻을 수 있습니다. **반려견과 잠자리를 같이함으로써 보다 깊이 있는 교감을 나눌 수 있게 됩니다.** 반려견과 함께 잠을 잘 때 얻을 수 있는 긍정적인 효과 중 무엇보다 중요한 점은 반려견의 스트레스를 예방하고, 혹시 모를 불안감을 줄여주며, 심리적 안정감을 느끼게 할 수 있다는 점입니다. 반려견 교육 상담을 하거나 가정을 방문해서 상담을 하다 보면 반려견의 잠자리와 관련한 질문을 많이 받게 됩니다.

"같이 자면 안 되나요?"

"같이 자면 버릇이 나빠진다고 하던데, 정말 그런가요?"

"같이 자면 서열이 나빠지는 거 아닌가요?"

"같이 자면 분리불안증이 생기지 않을까요?"

"같이 자면 분리불안증이 더 심해지지 않을까요?"

모두 아닙니다. 걱정할 필요가 전혀 없습니다. 여건이 허락되는 한 반려견과 함께 같은 공간에서 잠을 자는 것이 좋습니다. 개들은 원래 함께 모여서 생활하고 함께 사냥하며 함께 잠을 자고 함께 먹이를 먹는 무리 생활을 하는 동물입니다. 무리와 함께하지 못하고 무리로부터 혼자 떨어지면, 오히려 불안감을 느끼고 극심한 심리적 스트레스를 느끼는 동물입니다. 그러니 건강하고 자신감 있는 반려견으로 생활하기를 원한다면, 반려견과 잠자리를 같이해야 합니다.

애견 훈련사나 애견 훈련소 중에는 반려견과 같이 자면 안 된다고 주장하는 이들이 있습니다. 주로 그 이유로 서열이 나빠질 수 있다는 점을 듭니다. 반려견을 기르는 데 서열은 애초에 불필요한 개념입니다. 같이 잔다고 서열이 나빠지지도 않습니다.

상당수의 보호자분들이 반려견을 따로 재우기 위해서 불필요한 훈련을 하려는 경우도 많습니다. 침대에 올라오지 못하게 하는 훈련을 하고 싶다고 하거나 방에 들어오지 못하게 훈련하고 싶다고 합니다. 침대에 올려달라고 짖거나 방에 들여보내 달라고 짖는 반려견을 짖지 않게 훈련해 달라는 주문도 많습니다. 모두 불필요한 훈련일 수 있습니다. 그냥 함께 데리고 주무시면 될 테니까요.

짖는 문제 때문에 고민하다가 교육을 의뢰하는 분들이 많습니다. 방문해서 상담을 하고 어떻게 생활하는지 살펴보면, 문제의 원인이 잠자리에 있는 경우가 많습니다. 바깥에서 기르는 반려견이 심하게 짖는다면, 집안으로 들여서 생활하게 하면 됩니다. 현관 입구나 거실에 혼자 자는 반려견이 심하게 짖는다면, 우선은 방으로 들여보내 함께 잠을 자도록 하는 것이 좋습니다. 그런 다음 필요한 교육을 시켜주면 됩니다. 반려견을 바깥에 혼자 두거나 거실에 혼자 두면 심리적 불안감이나 스트레스, 좌절감 때문에 불필요하게 짖거나 사소한 소리에도 예민하게 반응할 가능성이 높기 때문입니다. 이런 반려견은 사람 가까이에 두기만 해도 심리적 안정감을 찾아 불필요한 짖음을 일정 부분 줄일 수 있습니다.

반려견과 함께 자고 싶지만 분리불안증이 심해지거나 장차 분리불안증이 생기지 않을까 걱정되어 함께 재우지 않는다는 분들이 있습니다. 많은 애견 훈련사나 애견 훈련소에서도 분리불안증이 있는 반려견들을 고치기 위한 해법으로 따로 재울 것을 권하는 일이 흔합니다. 그러나 이것 또한 잘못된 기우(杞憂)에 불과합니다. 같이 자는 것과 분리불안증은 직접적인 연관성이 없습니다. 오히려 같이 자는 것이 심리적 안정감을 주어 분리불안증 해소에 도움이 된다고도 볼 수 있습니다. 분리불안증을 고치거나 예방하려고 따로 재울 필요는 없습니다. 억지로 따로 재울 것이 아니라, 분리불안증 교육을 따로 해주면 해결됩니다. 장차 분리불안증이 생길까봐 걱정된다면, 예방교육을 해주면 됩니다. 무턱대고 따로 재워서 좌절감과 불안감, 스트레스를 유발할 필요가 전혀 없는 거지요.

무리 생활을 하는 습성이 있는 반려견들에게는 무리 구성원들과 함께 있고 싶어 하고 같은 곳에서 함께 잠자고 싶어 하는 '본능'이 있습니다. 반려견의 입장에서 보면 일종의 당연한 '권리'라고 할 수도 있겠지요. 차분하고 느긋한 반려견으로 키우고 싶다면, 반드시 반려견과 같은 공간에서 주무세요. 그로 인해 다른 문제가 걱정된다면, 필요한 다른 교육을 시켜주면 됩니다.

사람들은 흔히 '개는 개답게 길러야 한다'는 말을 자주 합니다. 그래서 개는 사람과 구별될 필요가 있고, 잠도 따로 자는 것이 옳다고 말합니다. 이는 반려견들의 본능적 측면을 고려할 때 잘못된 생각입니다. 실제에 있어서는 반려견과 사람이 '함께' 잠을 자는 것, 오히려 그것이 개를 개답게 기르는 길입니다.

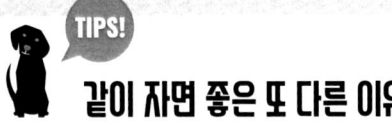

같이 자면 좋은 또 다른 이유

반려견과 같은 공간에서 잠을 자면 불안감과 스트레스를 줄여주고 심리적 안정감을 얻을 수 있다는 장점 외에 좋은 이유는 더 있습니다.

1) 같은 공간에서 서로의 체온을 느끼기도 하면서 잠을 자면 서로에 대해 더 잘 알게 됩니다. 같은 공간에서 생활하고 잠을 자면 반려견의 성향은 물론 신체적·정신적 상태와 변화까지 쉽게 포착할 수 있습니다. 이는 이상행동이나 문제행동이 생기는 것을 예방하는 데에도 도움이 됩니다.
2) 마당에서 따로 재우거나 거실에서 따로 재운다면 서로에 대한 친밀감이 같은 공간에서 자는 것보다 떨어질 수밖에 없을 것입니다. '눈에서 멀어지면 마음도 멀어진다.'는 말은 이 경우에도 통하는 말입니다. 같은 공간에서 잠을 자면 같은 무리, 가족이라는 연대감이 깊어지고 신뢰관계도 더 돈독해집니다.

자율 급식
하고 계시나요?

우리는 반려견의 행동을 관찰할 때
항상 여러 가지 가능성 있는 요소나 원인을
종합적으로 고려하고 접근하는 태도를 길러야 합니다.

우리 사람들에게 있어 먹는 즐거움은 상당히 중요한 부분을 차지합니다. 예로부터 먹는 즐거움과 관련한 속담이나 한자성어도 많습니다.

식도락(食道樂), 금강산도 식후경(食後景), 함포고복(含哺鼓腹)….

우리 아들 녀석은 수능 준비를 하는 수험생입니다. 수능 시험이 가까워질수록 체중이 늘어가는 것이 걱정스러울 정도입니다. 평소에도 맛있는 음식에 대한 집착이 강한 편이긴 했지만, 수능 시험에 대한 부담감과 스트레스를 먹는 것으로 해소하는 듯해서 보기에 애처롭기까지 합니다. 연구에 의하면, 사람들이 스트레스를 받으면 호르몬의 작용에 의해서 자연스레 과자, 초콜릿, 빵, 아이스

크림 등 단맛이 나는 음식을 많이 찾게 된다고 합니다. 저도 예외는 아닙니다. 좋지 않은 일이 있거나 너무 피곤하거나 일이 뜻대로 되지 않아 스트레스를 많이 받은 날에는 과자나 빵 등 단맛이 나는 군것질거리나 맛있는 음식을 찾는 일이 흔하답니다. 제가 좀처럼 끊지 못하는 습관 중 하나랍니다. 이처럼 음식은 스트레스와 매우 밀접한 관련이 있습니다. 음식이 스트레스 해소를 위한 매우 효과적이고도 강력한 수단이 되기도 합니다만, 한편으론 심한 스트레스 상태 하에서는 식욕을 잃어버리기도 합니다.

우리 사람들에게 먹는 즐거움이 상당히 중요하고 스트레스와 음식이 매우 밀접한 상관관계를 가지듯, 반려견들에게도 음식은 빼놓을 수 없는 요소입니다. 우리 사람보다 더 직접적이고도 예민한 연관성을 가진다고 보는 것이 옳습니다. 개들에게 먹이는 생존에 직결된 문제이고, 맛있는 먹이에 대한 즐거움과 열망은 그들의 삶에서 가장 중요한 부분을 차지한다고 해도 과언이 아닐 테니까요.

먹이는 반려견의 스트레스와 불안감을 줄이고 해소시켜주는 역할을 합니다. 제가 반려견 교육을 의뢰받아 가정을 방문해서 처음으로 낯선 반려견들을 접해보면, 흥미로운 사실을 느낄 수 있습니다. 낯선 냄새를 가진 사람이 방문했다는 사실에 반가워하기도 하고 호기심 어린 행동을 보이기도 하지만, 약간의 불안감을 떨쳐버릴 수 없나봅니다. 방문해서 얼마 지나지 않아 용변을 보는 일을 자주 보게 됩니다. 어떤 반려견은 평소 잘 먹지 않던 자신의 먹이를 열심히 먹기도 합니다. 이런 행동은 일종의 불안감과 스트레스의 표현이라고 볼 수 있습니다. 용변을 보거나 평소 먹지 않던 먹이를 먹는 행동을 통해 불안감이나 스트레스를 해소하려는 본능적이고도 자연스런 행동이라고 봅니다.

얼마 전 어떤 동물관련 TV 프로그램에 이와 비슷한 행동을 하는 반려견을 소개하는 것을 본 적이 있습니다. 그 반려견은 평소에는 사료를 줘도 먹지 않다가, 다른 강아지나 고양이가 나오는 장면의 TV 방송이 나오면 TV 앞으로 쏜살같이 달려가서 짖거나 낑낑대다가, 평소에는 먹지 않던 사료를 한 그릇 다 먹어치우는 모습을 흥미 거리로 방영하는 내용이었습니다. 그 방송에서는 그런 행동을 무료한 일상에서의 새로운 자극제에 반응하는 것으로 해석했지만, 제가 보기에는 낯선 개나 고양이에 대한 일종의 스트레스를 평소 잘 먹지 않던 사료를 먹는 행위로 해소하려는 행동으로 여겨졌습니다.

한편, 반려견의 불안감이나 스트레스와 먹이와의 연관성은 다른 형태로 나타나기도 합니다. 극심한 불안 상태나 스트레스 상태 하에서는 아무리 맛있는 먹이를 주어도 먹지 못하는 모습을 보이기도 합니다. 먹이와 불안감, 스트레스와의 관계를 정리하면 다음과 같습니다.

먹이는 불안감이나 스트레스를 완화하거나 해소하는 효과가 있습니다. 불안해하거나 스트레스를 받는 상황에서 먹이를 먹으면,

불안감이나 스트레스 완화에 긍정적인 효과를 줍니다. 반면에, 반려견이 극심한 불안감을 느끼거나 스트레스를 받으면 먹이를 먹지 못하거나 거부하게 됩니다. 어떤 상황에서 먹이를 먹지 않는다면, 그 반려견은 현재 심각한 불안증세나 스트레스를 느끼고 있다고 볼 수 있으며, 반대로 어떤 상황에서 먹이를 먹고 있다는 것은 상대적으로 스트레스를 느끼는 강도가 심각하지 않다는 반증이라고 할 수 있습니다.

위와 같은 먹이와 불안감, 스트레스와의 상관관계를 생각할 때, 반려견에게 자율 급식할 것을 권장합니다. 지금까지 장황하게 이야기한 이유도 반려견의 자율 급식의 좋은 점을 밝히고 이를 권장하기 위해서입니다. 당신은 지금 반려견에게 자율 급식을 하고 있나요?

사람에 따라서는 자율 급식의 단점을 지적하며 제한 급식을 할 것을 주장하기도 하지만, 자율 급식은 단점보다는 장점이 여러 모로 더 많습니다. 자율 급식을 하게 되면 우선 편리하다는 장점을 들 수 있습니다.

사람들은 자율 급식의 장점이나 필요성을 '편리함'에 두는 경우가 대부분입니다. 시간에 맞춰 먹이를 주어야 한다는 불편함이 줄어들고, 오랜 시간 반려견을 집에 혼자 두고 외출해야 할 때도 부담 없이 외출할 수 있다는 점을 자율 급식의 가장 큰 이점으로 듭니다. 이처럼 사람들은 자율 급식의 장점이나 필요성을 단순히 편리함에 두는 경우가 대부분이지만, 자세히 살펴보면 다른 심리적 긍정 효과가 더 크다는 사실을 알게 됩니다.

자율 급식을 하게 되면 불안감 해소와 스트레스 완화라는 먹이의 긍정적인 효과를 십분 활용할 수 있습니다. 예를 들면, 자율 급식은 강아지의 분리불안증을 완화하는 데도 일정 부분 효과가 있습니다. 보호자가 없어도 정해진 장소에 먹이가 항상 있다고 느낀다면 보호자에 대한 집착이나 의존적 경향이 덜할 수 있고, 혼자 있는 불안감과 스트레스는 먹이를 먹는 과정에서 조금씩 완화되거나 해소될 수 있습니다.

얼마 전 반려견 교육을 의뢰한 어떤 보호자분은 교육을 의뢰하기 직전 현재의 집으로 이사를 왔다고 합니다. 바뀐 환경에 의한 불안감에 따른 과도한 짖음을 방지하고 분리불안증을 줄여주고자 평소보다 맛있는 간식을 더 많이 주었다고 합니다. 일정 부분 공감이 가는 얘기라고 생각합니다.

이와 관련된 사례가 있습니다. 분리불안증을 겪고 있는 8개월가량 된 리트리버를 교육한 적이 있습니다. 녀석은 보호자와 함께 원룸에서 단둘이 생활하고 있었는데, 보호자가 회사에 출근하여 집에 혼자 남게 되면 똥오줌을 아무 곳에나 쌀 뿐만 아니라, 집안 물건까지 뒤져놓거나 물어뜯었습니다. 또 보호자가 집안에 같이 있을 때에도 리트리버를 거실에 두고 보호자가 잠깐이라도 방안으로 들어가 방문을 닫으면, 짧은 순간이지만 여지없이 오줌을 지려놓곤 했습니다.

　보호자와 상담하고 녀석을 관찰한 결과, 당시 리트리버는 하루에 두 번씩 제한 급식을 하고 있었는데, 녀석은 먹이에 대한 집착이 매우 강한 편이었습니다. 저는 이런 점에 착안하고 자율 급식으로 전환할 것을 요청했습니다. 물론 분리불안증을 해소하는 교육 프로그램도 병행했습니다. 그로부터 1주일 뒤 리트리버의 분리불안증과 그에 따른 배변 문제가 눈에 띄게 좋아졌습니다. 자율 급식이 분리불안증 완화에 긍정적으로 작용한 실증적 사례라고 볼 수 있습니다. 리트리버의 사례에서 볼 수 있듯이, 먹이에 대한 집착이나 욕구가 강한 반려견일수록 자율 급식으로 인한 긍정적 효과가 보다 확연하다고 볼 수 있습니다.

　자율 급식의 효과는 그 외에도 여러 가지로 설명할 수 있습니다. 매슬로우의 욕구 5단계 이론(Maslow's hierarchy of needs theory)*을 통해 자율 급식의 장점을 설명할 수도 있습니다. 매슬로우의 이론을 인용하면, 반려견들도 초보적인 '생리적 욕구'와 '안전의 욕구'가 충족되면, 보다 고차원적인 '애정과 공감의 욕구', '존경과 자신감의 욕구'를 추구하는 성숙한 반려견이 되는 단계로의 발전이 가능하지 않을까, 라고 추론해볼 수 있습니다. 즉 먹이라는 1차적인 '생리적 욕구'가 충족되면, 반려견의 자존감도 높아지고 보호자와

---

* **매슬로우의 욕구 5단계 이론(Maslow's hierarchy of needs theory)** : 인간의 욕구는 다섯 가지 계층으로 이루어지며, 하위 욕구로부터 상위 욕구로 전개된다고 주장한다. 1단계 생리적 욕구, 2단계 안전 욕구, 3단계 소속 애정 욕구, 4단계 존경 욕구, 5단계 자아실현 욕구

의 보다 깊이 있는 애정과 공감, 또는 교감을 나누는 데 간접적으로 플러스 요인으로 작용하게 될 것입니다.

자율 급식은 먹이로 인한 공격성을 줄이거나 예방할 수 있습니다. 반려견에 따라서는 먹이 주변에 다른 사람이나 반려견이 접근하면 예민하게 반응하고 공격적으로 행동하는 경우가 있습니다. 이런 반려견에게 자율 급식을 하면, 먹이가 일정한 장소에 항상 존재하고 원하는 양만큼 먹을 수 있다는 느긋함과 여유로움이 형성될 수 있습니다. 당연한 결과로 먹이에 대한 집착이나 소유욕, 먹이를 빼앗기지 않을까 하는 경계심 또는 방어 심리, 불안 심리가 줄어들어, 먹이로 인한 공격적인 성향을 누그러뜨리거나 예방하는 데 도움이 됩니다.

반려견 보호자분들 중에는 정해진 시간에 먹이를 주는 과정에서 반려견이 짖거나 흥분하며 덤벼들어서 고민이라며, 해결책을 알려 달라는 분들이 많습니다. 자율 급식을 하게 되면 그런 고민을 할 필요조차 없게 됩니다. 자율 급식은 정해진 시간에 정해진 양을 주는 제한 급식에 따른 불필요한 흥분이나 짖음을 방지할 수 있고, 이를 통제하려는 과정에서 강제를 가하거나 혼내는 일도 애초에 생기지 않게 됩니다. 당연한 결과로 그에 따른 부작용도 근원적으로 차단되는 이점이 있습니다.

자율 급식을 하게 되면 먹이에 대한 집착이나 불안감이 줄어들어 사료 등 먹이를 씹지도 않고 급하게 먹는 행위를 고치는 데도 일정 부분 도움이 됩니다. 실제로 자율 급식을 한 이후부터 예전에는 사료를 씹지도 않고 삼키던 반려견이 사료를 씹어서 천천히 먹게 되는 사례를 확인할 수 있었습니다.

지금까지 자율 급식의 이점을 중심으로 살펴보았습니다. 어떤가요? 생각보다 자율 급식이 미치는 긍정적인 효과가 상당히 많다는 점에 놀라실 수도 있을 겁니다. 이런 많은 긍정적인 효과가 자율 급식 하나로 자신이 키우는 반려견에게 하나도 빠짐없이 명확하게 모두 나타난다면, 다르게 표현하면, 자율 급식을 하면 이런 여러 가지 긍정적인 효과를 모두 얻을 수 있다면, 얼마나 좋겠습니까? 그러나 현실은 그렇지 않을 겁니다. 각각의 반려견에 따라 반응의 정도와 강도는 다를 수밖에 없습니다.

자율 급식 이외에도 반려견의 행동에 영향을 끼치는 요소는 너무도 많습니다. 예를 들어, 자율 급식을 한다고 그것만으로 반려견이 온순해진다고 보장할 수는 없다는 것입니다. 반려견의 행동에 영향을 미치는 요소는 그 외에도 많을 것이기 때문입니다. 그러기에 우리는 반려견의 행동을 관찰할 때 항상 여러 가지 가능성 있는 요소나 원인을 종합적으로 고려하고 접근하는 태도를 길러야 합니다. 자율 급식의 장점을 너무 과대평가하거나 맹신하는 태도도 경계해야 합니다.

자율 급식의 방법

일부러 시키지 않아도 자율 급식이 저절로 되는 반려견이 있기도 합니다. 보통은 생후 1년 6개월 정도 지나면 몸집이 다 성장하여 예전처럼 사료를 많이 먹지 않아 자연스레 자율 급식이 가능한 경우도 많습니다. 문제는 그렇지 않은 반려견입니다.

자율 급식은 반려견이 밥그릇에 담아준 사료를 한꺼번에 다 먹지 않고 남기게 되면 성공입니다. 다 먹지 않고 남기기 시작하면 밥그릇이 비지 않도록 계속 채워주기만 하면 됩니다. 성격이 급한 사람들은 한꺼번에 다 먹지 못할 만큼의 사료를 줘서 다 먹지 못하고 질리도록 함으로써 자율 급식을 시도하기도 하는데, 무리 없이 자연스럽게 자율 급식을 습관들이는 방법은 다음과 같습니다.

1) 한꺼번에 다 먹지 않고 남길 때까지 사료를 주는 횟수를 늘리고 매일 주는 사료 급여량을 조금씩 늘려갑니다.
2) 좀 더 빨리 자율 급식을 하려면 맛있는 간식을 하루에 수차례 조금씩 주면 됩니다. 자율 급식에 성공하면 간식을 줄이면 됩니다.

반려견을 하나
더 입양할
계획이라면?

반려견을 여러 마리 키움으로써
얻을 수 있는 긍정적인 효과도 크긴 하지만,
그에 따른 부작용도 만만치 않으므로 신중을 기할 필요가 있습니다.

혹시 지금 반려견을 한 마리 키우고 있는 중인데, 아무도 없는 집을 혼자 지켜야 하는 반려견의 모습이 안쓰럽고 외로워 보여서 한 마리 더 입양하려는 생각을 가지고 있지 않나요? 지금 기르고 있는 반려견이 분리불안증이 심해서 다른 강아지 한 마리를 더 키우면 분리불안증이 나아지지 않을까 하는 마음에, 추가로 한 마리 더 입양하려는 계획을 갖고 있진 않나요?

그렇다면 신중하게 결정할 필요가 있습니다. 지금부터 제 얘기를 잘 들어보세요.

물론 반려견을 추가로 입양하면 그에 따른 장점이 없는 것은 아닙니다. 보호자인 사람이 아무리 반려견을 위해 신경 쓰고 애쓴다

해도, 종(種)이 다른 개에게 사람이 대신할 수 없는 부분이 없을 수 없습니다. 같은 종인 개들끼리 통하는 동료의식이나 동질감, 교감 등을 사람이 완전히 메울 수는 없을 테니까요. 여러 마리의 반려견을 기르면 사람이 대신할 수 없는 이런 공백을 메워줄 수 있습니다. 반려견에 따라서는 다른 반려견을 한 마리 더 키우는 것만으로도 분리불안증이 해결되기도 합니다. 다른 반려견과의 사회성 강화에 일정 부분 도움이 될 수도 있습니다. 기존 반려견과 새로 입양하는 반려견이 사이가 좋다면, 상호 간의 놀이나 장난을 통해 커다란 운동 효과를 기대할 수 있습니다. 반려견들끼리의 격렬한 놀이나 몸싸움 등에 의한 운동 효과는 한두 시간의 산책보다 몇 배나 많은 운동 효과를 주기 때문이지요. 이를 통해 반려견들은 쌓인 스트레스를 해소하고, 심리적 안정감을 갖는 데 큰 도움을 얻을 수 있습니다.

최근에 반려견 훈련을 의뢰한 한 가정을 방문했습니다. 6살가량 된 소형견을 예전부터 기르던 가정이었는데, 얼마 전 3개월 정도 된 골든리트리버를 추가로 새로 입양한 경우였지요. 무엇보다 시급한 것이 리트리버가 너무 짖어 반려견 방문교육을 요청한 사례였습니다.

방문해서 상황을 살펴보니 참으로 난감했습니다. 리트리버를 집 안에 풀어둘 수 없어 좁은 울타리에 가둬두고 키우는 상황이었습니다. 울타리 안에는 배변판과 물과 먹이그릇까지 놓여 있어, 남은 여유 공간이라야 겨우 리트리버가 누울 공간밖에 없었습니다. 리트리버는 좁은 공간 안에서 용변도 그곳에서 해결해야 했고, 밖으로 나오지 못해 거의 하루 종일 좁은 울타리 안에서 갇혀 지내야 했습니다. 리트리버는 그로 인한 스트레스와 무리로부터의 단절과 격리에 따른 좌절감, 적절히 발산되지 못한 에너지 등으로 습관적이고도 심한 짖음 행위를 보였습니다. 다르게 표현하면 리트리버는 현 상황의 고통스러움을, 자신의 힘든 상태를 짖음으로 호소하고 있었던 것입니다.

가장 자연스럽고도 좋은 해법은 리트리버를 가두지 않고 집안에 자유롭게 풀어두거나 좀 더 많은 공간을 주는 것이었습니다.

그런데 불행히도 그럴 수 있는 상황이 아니었습니다. 기존에 기르던 6살 된 소형견이 리트리버가 가까이 오기만 하면 짖고 으르렁거려서, 리트리버를 풀어주면 두 녀석이 함께 짖어 도저히 풀어줄 수 없는 상황이었던 거지요. 기존에 기르던 반려견의 성향을 고려하지 않고 기분에 따라 무계획하게 추가로 반려견을 입양한 결과였습니다.

이런 사례는 다른 가정에서도 자주 볼 수 있는 모습입니다. 무계획한 추가 입양은 문제를 아주 어렵게 만들 수 있습니다. 위에서 살펴본 대로 반려견을 여러 마리 키움으로써 얻을 수 있는 긍정적인 효과도 크긴 하지만, 그에 따른 부작용도 만만치 않으므로 신중을 기할 필요가 있습니다. 만약 당신이 반려견을 추가로 입양할 계획이라면, 다음 사항을 고려하시기 바랍니다.

1) 무엇보다 먼저 위 사례와 같은 일이 벌어지지 않도록 해야 합니다. 기존에 기르던 반려견의 성향을 파악하여 다른 반려견을 싫어하거나 다른 반려견과 잘 어울리지 못하는 성격이 아닌지 체크해봐야 합니다. **만약 이미 기르는 반려견이 다른 반려견을 싫어하거나 다른 반려견에 대해 공격적인 성향을 보인다면, 추가 입양은 보류하는 것이 좋습니다.** 이럴 경우 기존 반려견은 물론이고 새로 입양하는 반려견 양자 모두 심한 스트레스를 겪을 가능성이 높습니다.

기존 반려견은 새로 입양된 반려견이 보이거나 가까이 오는 것이 스트레스로 작용하여 가까이 오지 못하게 짖거나 으르렁대고, 새로입양한 반려견도 기존 반려견이 으르렁대며 공격적인 표현을 하고 접근하지 못하게 하니, 스트레스와 좌절감에 또한 공격적인 행동을 일삼거나 그로 인한 스트레스성 행동을 표출할 가능성이 높습니다. 새로 입양한 반려견은 기존 강아지에게 가까이 다가가고 싶어도 가지 못하는 좌절감과 스트레스로 과격한 행동을 일삼고 차분하지 못한 모습을 보일 확률이 높아집니다.

만약 새로 입양하는 반려견이 생후 2, 3개월의 어린 강아지라면, 어린 강아지의 사회성 형성에 좋지 않은 영향을 미칠 것은 불 보듯 뻔한 일이 될 것입니다. 그럼에도 불구하고 추가 입양코자 한다면, 기존 반려견에게 필요한 사회화 훈련을 충분히 시킨 이후에 입양하거나 다른 반려견과 잘 어울릴 수 있도록 도와주는 반려견 교육을 병행해야 합니다.

2) 기존 반려견과 새로 입양하는 반려견 사이의 나이 차이도 고려하는 것이 좋습니다. 보통 나이 든 반려견들은 많이 움직이는 것을 싫어하는 경우가 많습니다. 반면 어린 강아지들은 잠시도 가만있지 못하고 장난을 치고 부산스레 움직입니다. 이럴 경우 조용히 혼자 있고 싶어 하는 나이 든 반려견은 부산스런 어린 강아지 때문에 스트레스를 받아하거나 그로 인한 공격성을 드러내는 경우가 많습니다.

3) 두 반려견의 크기 차이도 고려해야 합니다. 크기가 너무 차이 난다면 다른 반려견에게 위협감을 줄 가능성이 있고, 상대적으로 작은 반려견은 서로 장난하는 과정에서도 쉬이 다칠 수 있습니다.

4) 성격적인 조화 문제도 체크해봐야 합니다. 이미 기르는 반려견이 차분한 성격의 반려견이라면, 새로 입양하는 반려견도 차분한 성격의 반려견이 좋을 것입니다. 이를 확인하기 위하여 사정이 허락된다면, 새로 입양하려는 반려견과 기존에 기르던 반려견이 만났을 때 어떤 반응을 보이는지 확인한 후, 새로 입양할지 여부를 최종 결정하는 것이 실수와 부작용을 최소화하

는 방법입니다.

5) 이미 기르고 있는 반려견에게 짖음이나 분리불안 등의 문제 행동이 있다면, 그에 필요한 반려견 교육을 통해 문제 행동을 고친 다음 새 반려견을 입양하는 것이 현명합니다. 그렇지 않고 예컨대 기존 반려견이 짖음이 심한 상태인데 무턱대고 새로운 반려견을 입양할 경우, 두 마리가 함께 짖게 돼 상황을 더 악화시킬 가능성이 있기 때문입니다.

6) 여러 마리의 반려견을 제대로 기르고 관리할 수 있을지 현실적인 여건을 감안해야 합니다. 한 마리의 반려견을 기르는 것보다 숫자가 늘어날수록 문제도 늘어나고 해야 할 일들도 늘어나기 마련입니다. 예를 들어, 한 마리의 반려견을 산책시키기는 쉬워도 여러 마리의 반려견을 한꺼번에 산책시키기는 쉽지 않습니다. 여러 마리를 키울 예정이라면, 이런 현실적인 관리 가능성도 함께 고려해서 추가입양 여부를 결정해야 합니다.

개에게도
사유재산이 있다?

친척집이나 지인의 집을 방문할 때 보통 우리는 어떻게 하나요?
자그마한 선물이라도 손에 들고 방문하지 않나요?

반려견들에게도 저마다 자신이 좋아하는 장소나 물건, 사람, 먹이 등이 있습니다. 사람들은 이런 개들의 기호와 선호 등을 인정하려 하지 않거나 무시하려는 경향이 많지만, 정도의 차이가 있을 뿐 우리 사람들이 느끼는 감정과 별반 다르지 않습니다.

어떤 개들은 특정한 장소에 있기를 무척 좋아하기도 합니다. 그것이 푹신한 쿠션이나 소파가 될 수도 있고, 좋아하는 누나와 함께 자는 침대 위일 수도 있고, 식탁 아래 구석진 자리일 수도 있습니다. 여러 가지의 장난감 중에서 특별히 좋아하는 장난감이 있기도 합니다. 가족 중에서도 좋아하는 사람이 있는가 하면, 좋아하지 않는 사람도 분명히 있습니다. 여러 가지 간식 중에서 어떤 특정한 맛있는 간식을 주면 눈빛과 표정이 달라집니다.

생각해보면, 개들의 삶에서 가장 큰 목적과 기쁨, 행복은 (기본적이고 필수적인 몇 가지 본능이 충족되는 삶이어야 하는 동시에) 바로 자신이 선호하는 물건이나 음식, 안락한 잠자리, 함께 생활하는 동료들, 함께 생활하는 사람들의 관심과 그들과의 교감, 게임, 놀이 등을 되도록 많이 얻는 데 있다고 볼 수 있습니다. 이런 것들이 개들에게는 중요한 사유재산(?)이 될 수 있겠지요.

자신에게 중요한 소유물 내지 사유재산을 빼앗기지 않고 지키려 하는 것은 당연한 이치 아닐까요? 그중에서도 특히 먹이는 자신의 생존과 직결된 문제이기 때문에 매우 예민하지 않을 수 없습니다.

개들의 세계에서 입에 물고 있는 먹이를 빼앗는 일은 있을 수 없는 행동입니다. 언제 다시 사냥감을 얻을 수 있을지 모르는 불확실한 상황에서 먹이를 빼앗긴다는 것은 생존을 보장받을 수 없음을 의미합니다. 그러기에 먹이를 먹는 동안에도 항상 경계하고, 빼앗으려는 시도가 있으면 목숨 건 충돌로 이어지게 됩니다. 이런 이유로 무리 구성원들 간에 원만한 사회관계를 유지하고 충돌로 인한 상호 간의 부상과 피해 방지와 무리의 결속력 약화를 예방하기 위해서 필요한 것이 바로 몸짓언어의 능숙한 활용과 예리한 관찰력입니다. 카밍 시그널도 무리 구성원들 간의 충돌을 피하고자 하는 이런 필요와 본능에서 비롯된 몸짓언어인 거지요.

먹이를 빼앗기는 일은 자신의 생존과 직결된 문제이고, 상호 간의 불필요한 충동을 피하기 위해 **개들의 세계에서 불문율(不文律)**

처럼 지켜지는 원칙이 바로 상대방이 물고 있는 먹이나 물건은 빼앗지 않는다는 것입니다. 그래서 개들에게서 먹이를 빼앗는다는 건 있을 수 없는 일이요 예의(?)에 크게 어긋나는 일입니다. 상호 신뢰에 바탕을 둔 같은 무리 구성원들 간에는 힘센 개라 하더라도 다른 개가 먹고 있는 먹이를 함부로 빼앗지 않는 모습을 확인할 수 있습니다. 자그마한 개가 먹이를 먹고 있을 때도 큰 개라 하더라도 함부로 빼앗으러 하지 않습니다.

그런데 이런 예의에 어긋나는 있을 수 없는 일을 우리 사람들은 서슴지 않고 당연하다는 듯 행합니다. 자신이 잘못하고 있는지조차 모르고, 오히려 뻔뻔하고 당연하다는 듯 하고 있으니 더 큰 문제입니다. **먹고 있는 반려견의 먹이를 빼앗거나 물고 있는 물건을 빼앗는 행동은 스트레스를 유발하고, 사람에 대한 신뢰감을 무너뜨리며, 개들의 생존 본능과 소유욕, 방어 본능을 자극해 공격성을 유발하는 지름길이 됩니다.** 반려견 교육을 위해 상담을 하거나 애견 방문교육을 진행하다 보면, 평소 온순하지만 유독 먹이를 빼앗거나 장난감 등을 빼앗을 때 공격성을 보이는 반려견들이 있는데, 바로 이런 이유 때문입니다.

여기서 많은 사람들이 저지르는 또 다른 잘못은 이런 문제를 서열 문제로 인식하는 태도입니다. 내가 사람이고 강아지보다 서열이 높으니까, 먹이를 주거나 빼앗는 일을 마음대로 할 수 있고 해도 된다는 논리입니다. 이런 생각을 가진 사람들은 반려견이 먹고

있는 와중에 느닷없이 먹이를 빼앗거나 장난삼아 빼앗으며 재미있어 하기도 합니다. 저항 없이 가만히 빼앗겨주면 '그렇지! 녀석이 내가 대장이란 걸 인정하는 모양이군!' 하며 흐뭇해 하겠지요. 반대로 으르렁대거나 물면 몹시 괘씸해 하면서, '이 녀석이 날 우습게 아는구나! 혼 좀 나봐야겠어.' 하며 죄 없는 반려견을 때리거나 위협적인 행동을 반복하곤 합니다. '적반하장(賊反荷杖)'이란 이런 경우를 두고 하는 말이어야 합니다. 먹이를 먹고 있는 반려견에게 무례하게 빼앗아 자극한 것은 애초에 자신인데도, 서열 없음이란 명목으로 반려견을 혼내고 반려견에게 잘못을 돌리니까요. 한심한 것은 애견 훈련 전문가라는 애견 훈련사들 중에도 이런 행동을 반려견 보호자들에게 하라고 권장하기까지 한다는 것입니다. 먹이를 주었다가 강제로 빼앗는 행동을 하여 서열을 인식시킨다고 합니다. 그런 과정을 통해 반려견이 보호자에게 복종하고 있는지를 테스트할 수 있다는 괴상한 논리를 주장하기도 합니다.

예전에 물거나 으르렁대는 공격성 때문에 애견 방문교육을 한 푸들 강아지가 생각납니다. 그 녀석은 이상하게도 맛있는 간식을 받아먹으면서도 이빨을 드러내고 으르렁거렸습니다. 보통 이런 경우의 반려견은 드뭅니다. 공격적인 반려견들도 간식을 줄 때만큼은 이빨을 드러내며 으르렁대지 않으니까요.

저는 이런 행동이 처음에는 의아했지만, 이내 그 이유를 알 수 있었습니다. 푸들 보호자분이 평소 먹이를 주면서도 쉬이 주지 않고,

주었다가 다시 억지로 빼앗는 행동을 반복했다고 합니다. 빼앗으려는 반복된 행동에 푸들이 으르렁대니, 보호자분은 화가 나서 고함치고 때리기까지 했다는 것입니다. 왜 그런 행동을 했느냐고 물으니, 가까운 애견 유치원에 그 푸들을 수개월간 맡겨 훈련시키기도 했는데, 그곳 애견 훈련사 분께서 그렇게 해야 서열 인식이 된다고 그런 행동을 반복하라고 하더라는 거였습니다. 그 푸들은 이유 모를 보호자의 반복되는 횡포에 얼마나 큰 마음의 상처를 입고 스트레스를 받았을까요? 그 푸들의 공격성은 그렇게 생겨난 것이었습니다.

얼마 전에도 보호자를 무는 등 공격성이 심하다는 반려견의 보호자로부터 교육을 의뢰받아 1개월 과정으로 애견 방문교육을 진행한 사례가 있었습니다. 그 녀석 또한 푸들이었는데, 평소엔 비교적 온순하지만, 장난감이나 바닥에 떨어진 물건 등을 빼앗으려 하면 사납게 공격하여 가족들이 여러 차례 물렸다고 합니다. 그 푸들의 보호자분은 반려견이 장난감을 물었을 때는 무서워서 도저히 가까이 가지도 못하겠다며 두려움을 호소했습니다. 그러면서 제게 행여나 물릴까봐 염려스러우니 두터운 장갑이라도 끼고 훈련을 진행하는 것이 어떠냐는 말까지 했습니다.

처음 방문해서 문제의 그 푸들을 보니, 그 녀석 또한 가족들과의 마찰과 오해로 심한 스트레스를 겪고 있는 표정이 역력했습니다. 심한 스트레스를 겪고 있는 강아지들은 대체로 표정부터가 어둡고 침울합니다. 평소 가족들이 반려견을 대하는 태도부터 문제였습니다. 반려견이 말썽을 일으키거나 말을 듣지 않으면 고함을 지르고 강압적으로 대하는 모습을 볼 수 있었습니다. 장난감이나 바닥에 떨어진 물건을 물면 고함을 지르며 달려가 억지로 빼앗기를 반복했다고 합니다. 그러기를 여러 차례 반복하자, 어느 날부터 으르렁대고 물려고 했다는 것입니다. 이런 모습에 화가 난 가족들은 폭력적으로 때리기까지 했습니다. 혼내면 혼낼수록 푸들의 공격성은 덜해지기는커녕 날이 갈수록 더 심해졌다고 합니다.

그 푸들은 그 외에 몇 가지 다른 경우에도 공격성을 보였습니다. 침대나 소파 위에 반려견이 있을 때 비키라고 밀치면, 마찬가지로 심한 공격성을 드러내며 순간적으로 돌변하여 물어버린다는 거였습니다. 또 거실 한쪽에 놓인 자신의 쿠션에 푸들이 쉬고 있을 때, 접근해서 말을 걸거나 만지려 할 때도 으르렁대거나 물려고 한다고 했습니다.

푸들이 이런 공격성을 보이게 된 것은 반려견을 독립된 개체로 인정하지 않고, 반려견이 좋아하거나 소유하는 장소나 물건을 무턱대고 빼앗은 때문이었습니다. 반려견의 입장에서 보면 자신의 소유물 또는 사유재산을 멋대로 강탈하려고 하니, 당연히 으르렁대고 방어할 수밖에 없었을 것입니다. 침대나 소파 위에서 쉬고 있을 때 함부로 밀치면 공격성을 보이는 것도, 반려견의 입장에서 보면 물건을 빼앗으려는 것과 마찬가지로, 자신의 자리를 느닷없이 빼앗으려는 행위로 여겨져 공격성을 보인다는 점에서 같은 맥락의 공격성이라고 봐야 합니다. 만약 여러분이 침대나 소파에서 편안히 쉬고 있을 때 누군가 다가와서 저리 비키라며 억지로 밀어내면 기분이 어떨까요?

이 푸들에게는 가족들이 합심하여 신뢰감을 주는 노력이 필요합니다. 평소 반려견을 대하거나 접할 때 시선 하나 몸짓 하나에도 주의하여, 위협적이거나 신뢰감을 해치는 행동을 해서는 안 됩니다. 고함치거나 강압적으로 대해서는 절대로 안 됩니다. 그 외에도 반려견이 겪고 있을 스트레스 요소를 파악하여 그 원인을 제거해 주는 꾸준한 노력이 필요합니다. 이와 병행하여 직접적인 행동 수정 프로그램을 꾸준히 실천해야 합니다. 교육이 진행될수록 그 푸들의 표정은 차츰 밝아지고, 장난감이나 물건을 물었을 때의 스트레스와 경계심리가 차츰 누그러져갔습니다.

혹시 당신은 반려견이 바닥에 떨어진 먹어선 안 되는 물건을 입 안에 넣었을 때, 급히 쫓아가 "안 돼!" 하고 고함지르며 억지로 입을 벌리고 빼앗지 않나요? 반려견이 먹이를 먹고 있을 때, 위협적으로 다가가거나 당연하다는 듯이 먹이를 빼앗지는 않나요? 반려견이 자신의 집에서 쉬고 있는데, 정면으로 다가가 급작스레 만지지는 않나요? 반려견이 소파나 침대 위에 쉬고 있을 때, 비키라며 억지로 밀쳐버리진 않나요?

반려견이 자신이 좋아하는 가족의 품에 안겨 있을 때, 빠른 걸음으로 정면으로 다가가거나 만지려 들지 않았나요? 이 모두가 반려견의 시각에서 보면 위협적인 행동이고, 자신의 소유물에 대한 강탈이며, 무례한 행동이 아닐 수 없습니다. 공격성을 유발하는 지름길이 됩니다.

반려견들에게도 예의(?)를 지켜주세요. 이런 문제를 예방하고 해결하는 가장 중요한 해법은 신뢰감을 주는 것입니다. 신뢰감을 주려면 어떻게 해야 할까요? 우선 빼앗지 않는다는 생각을 갖도록 해주는 것이 중요합니다. 친척집이나 지인의 집을 방문할 때 보통 우리는 어떻게 하나요? 자그마한 선물이라도 손에 들고 방문하지 않나요?

부작용 없이 빼앗는(?) 방법

반려견이 먹으면 위험하거나 물어뜯으면 안 되는 물건을 입에 물었을 때 어떻게 대처하는 것이 좋을까요? 큰일이라도 난 듯이 고함을 치며 쫓아가거나 혼을 내며 억지로 입을 벌려서 빼앗는 행동은 매우 위험합니다. 방법은 '물물교환'을 하는 것입니다. 입에 물고 있는 것보다 반려견이 더 좋아하는 것과 교환하면 됩니다. 반려견이 물면 안 되는 뭔가를 입에 물었다면 반려견이 아주 좋아하는 간식을 들고 별일 아니라는 듯 차분히 반려견에게로 다가가 간식을 코앞에 내밀거나 앞에 던져줍니다. 반려견이 간식을 먹기 위해 입에 문 것을 놓으면 간식을 하나 더 주면서 조용히 치우면 됩니다.

그러면 이렇게 얘기하는 분들이 있습니다. "그렇게 하면 집안 물건을 물면 간식을 준다고 생각해서 점점 더 나빠지지 않을까요?" 미리부터 그런 걱정까지 하기 전에 물면 안 되는 물건들은 다음부터 '관리'를 잘하면 되는 겁니다. 반려견이 닿지 않는 곳에 치워두거나 울타리 등으로 장애물을 설치하면 됩니다. 장난감 등을 충분히 비치하여 (물어뜯으면 안 되는 집안 물건이 아닌) 반려견이 물어뜯어도 되는 장난감 등을 마음껏 물어뜯을 수 있는 환경을 만들어주고, 평소 장난감 등을 물거나 가지고 놀면 관심을 가져주고 함께 놀아줌으로써 해도 되는 행동을 보상하고 강화시켜줄 필요가 있습니다. 그 외에 시간을 내어 좀 더 자주 산책을 시켜주는 등 에너지를 건전하게 발산시켜주고 반려견의 관심을 다른 곳으로 돌려주는 노력을 하면 됩니다.

개는
충성스런
동물이 아니다

개가 사람에게 충성스럽길 바란다면.
사람도 개에게 충실하게 대해야 할 것입니다.
거기서부터 올바른 반려견 교육이 시작됩니다.
거기서부터 진정한 신뢰 관계와 반려 관계가 형성됩니다.

어릴 때부터 책이나 교과서 등을 보면, 개는 사람에 대해 매우 충성스런 동물로 언급되던 사실이 생각납니다. 사람을 구한 개에 관한 이야기는 누구나 한 번쯤은 들어보셨을 겁니다. 우리나라의 경우 전북 임실군의 '오수의 개'에 관한 이야기는 너무나도 유명하죠. 사람을 구한 개에 관한 이야기는 오랜 옛 이야기에서만 전해져 내려오는 것이 아니라, 오래지 않은 과거에도, 그리고 현재에도 세계 곳곳에서 다양한 형태와 사례로 뉴스거리가 되어 사람들에게 놀라움과 감동을 전해주고 있습니다.

저의 경우 가장 기억에 남는 것은 영어 문법책에서 배운 구절입니다.

"개는 충성스런 동물이다(Dogs are faithful animal)."

이 구절은 영어 문법책을 비롯하여 교과서 등 워낙 여러 곳에서 언급되어 사람들 뇌리에 깊이 새겨져 있습니다. 개는 충성스런 동물이다? 과연 이 말은 사실일까요? 제 생각은 그럴 수도 있고 그렇지 않을 수도 있다는 것입니다. 좀 더 구체적으로 얘기하면, 그렇지 않다는 쪽에 더 무게를 두는 것이 옳다고 생각합니다. 개가 충성스런 동물이라고 생각하는 이유는 아마 다음과 같은 생각 때문일 것으로 여겨집니다.

개가 다른 동물에 비해 사람을 더 따르고 변함없이 반겨주고, 사람들의 잣대와 사회적 인식과는 상관없이, 잘난 사람이든 못난 사람이든 보호자를 차별 없고 한결같이 따르기 때문에 이런 인식이 생겨난 것 같습니다. 무리 생활을 하는 개들의 사회적인 습성도 이런 인식을 강화시킨 요인이 되었다고 봅니다. 개가 우리 인간과 함께 생활하게 되면서, 우리 사람들을 자신의 무리 구성원으로 여기고 강한 유대관계를 맺으며 살아가는 본능적인 습성에서 충성스럽다는 관념이 깊이 자리 잡았을 것으로 생각됩니다. 이런 특성은 다른 대표적인 애완동물의 하나인 고양이와 비교하면 더 두드러져 보입니다. 이처럼 개의 사람에 대한 충실성은 상대적인 특성일 따름이지, 개만의 고유한 특성은 아니라고 할 수 있습니다.

그러나 **개는 충성스런 동물이라는 뿌리 깊은 편견과 선입견이**

개와 사람 사이의 올바른 유대 관계와 신뢰 관계를 형성하는 데 오히려 방해물이 되고 있다고 생각합니다. 이런 선입견 때문에 서열 훈련이니 복종 훈련이니 하는 잘못된 강아지 훈련 방식이 당연시되고, 반려견을 혼내고 강제하는 폭력적이고 학대적인 행동이 근절되지 않는 것이 아닐까요?

'충성스러워야 할' 반려견이 말을 듣지 않으니, 사람들은 쉽게 화를 내게 됩니다. '충성스러워야 할' 반려견이 사람을 무니, 화를 내고 폭력적인 행동을 하게 됩니다. 개는 사람에게 '충성스러워야 하니', 개와 사람 사이의 관계는 엄격한 상하 관계와 일방적인 명령 복종 관계에서 벗어날 수 없게 됩니다. 모든 문제 행동이나 잘못은 충성스럽지 못한 개의 탓으로 돌아갑니다. 이른바 서열 훈련이나 복종 훈련이라는 옳지 못한 강아지 훈련 방식을 가장 필수적이고도 중요한 반려견 교육으로 오인하게 됩니다.

올바른 반려견 교육을 행하고 개와 사람 사이의 건강한 유대 관계와 신뢰 관계를 형성하기 위해서, 개는 사람에게 늘 충성스러워야 한다는 선입견부터 바꿔야 한다고 봅니다. **반려견 교육은 일방적인 명령 복종 관계나 서열 관계가 아닌, 상호 존중과 이해, 신뢰를 바탕으로 하는 '상호 작용'이어야 합니다.** 쉽게 말해 '기브 앤 테이크(give and take)'가 되어야 합니다. 내가 반려견에게 신뢰감을 주면, 반려견도 그에 응하여 나에게 진정한 신뢰감을 보이게 됩니다. 침착하고 온순한 반려견을 원한다면, 우리 사람들도 반려견을 대할

때 차분하게 행동해야 하고, 위협적이거나 공격적인 행동을 조심해야 합니다. 반려견을 혼내거나 때리거나 고함지르는 등, 공격적이고 위협적인 행동은 필연적으로 공격적인 '반응'을 불러와, 이른바 문제견을 만들고 공격적이고 사나운 반려견이 되게 합니다.

'개는 충성스런 동물이다'라는 미신에서 벗어나시기 바랍니다. 개가 사람에게 충성스럽길 바란다면, 사람도 개에게 충실하게 대해야 할 것입니다. 거기서부터 올바른 반려견 교육이 시작됩니다. 거기서부터 진정한 신뢰 관계와 반려 관계가 형성됩니다.

알파 롤(alpha roll),
절대로 따라하면 안 되는 이유

개가 배를 뒤집는 행동은
'스스로' 할 때만 그 의미가 있는 것입니다.

여러분은 반려견이 다른 개나 사람들이 접근하거나 만지려 할 때, 배를 뒤집고 드러눕는 행동에 대해 어떻게 해석하시나요? 배를 뒤집는 행동을 '복종'이나 '항복'이라고 생각하셨습니까? 반려견이 여러분 앞에서 배를 뒤집는 행동을 보고 '이 녀석이 나한테 복종, 항복한다는 뜻이구나.'라며 흐뭇해하거나 우쭐한 기분이 드셨습니까? 이렇게 여기셨다면, 여러분은 반려견을 잘못 기르고 계시다고 볼 수 있습니다. 반려견과 교감하고 함께하는 삶이 아니라, 반려견 위에 군림하고 지배하려 했으니까요.

인터넷을 검색해보거나 애견 훈련 관련 책을 찾아보면, 정말 너무나도 쉽게 자주 만나게 되는 말이 복종 훈련이니 서열 정리가 필요하다느니 하는 말입니다. 많은 사람들이 반려견의 배를 억지로 뒤집어 일어나지 못하게 힘으로 제압시키는 행동을 복종 훈련이라고 하더군요. 다른 한편으로는 각측행진, '앉아', '엎드려', '기다려' 등 기초적인 신호(cue)들을 가르치는 일련의 과정을 복종 훈련이라고 하기도 할 겁니다. 어느 경우이든 복종 훈련이란 불필요한 억압과 강제의 다른 표현에 불과합니다. 서열 정리가 필요하다는 등의 말도 마찬가지라고 할 수 있습니다. 없어져야 할 훈련이자, 없어져야 할 용어입니다.

반려견 교육에 문외한인 일반인이 그런 내용들을 따라하는 것은 자세한 내막을 알지 못해 그럴 것이라고 이해한다 치더라도, 애견 훈련 전문가라는 애견 훈련소나 애견 훈련사가 그런 행동을 조장하고 부추기는 행동은 한심하다 못해 말문이 막힐 따름입니다. 어떤 애견 훈련사는 가정을 방문하여 애견 방문교육을 진행하면서, 복종 훈련을 시켜야 문제 행동을 고칠 수 있다면서 매일 반려견의 배를 억지로 뒤집어 일어나지 못하게 힘으로 제압하는 행동을 수차례 반복하라고 한다고 합니다.

그뿐이 아닙니다. 또 다른 전문가 집단이라는 동물병원 등에서도 반려견 보호자들에게 이런 행동을 가르쳐주는 곳이 부지기수입니다. 손쉽게 접할 수 있는 인터넷에서 주위들은 얘기를 반려견 보호자들에게 그대로 전하는 탓입니다. 혀를 찰 노릇입니다.

서점에 가서 애견 훈련 관련 책을 찾아봐도 비슷한 내용이 많습니다. 그중 대표적인 것이 일본인 애견 훈련사 후지이 사토시라는 분이 쓴 책에서 볼 수 있는 홀드 스틸(hold still)과 머즐 컨트롤(muzzle control)이라는 것입니다. 이것 또한 억지로 배를 뒤집어 일어나지 못하게 누르는 행동을 조금 변형해서 별도의 이름을 붙인 것에 불과합니다.

도대체 이런 행동은 어디서 유래한 것일까요? 이런 행동들은 모두 '알파 롤(Alpha roll) 이론'에서 유래된 것입니다. 알파 롤이란 늑대 무리나 개들의 무리에서 대장 늑대 또는 대장 개라고 할 수 있는 알파 늑대나 알파 개가 다른 약한 상대를 강제적으로 제압하거나 공격할 때 하는 행동에 붙여진 이름인데요. 우리 사람도 이들 알파 늑대나 알파 개처럼 반려견을 눕혀서 배를 드러내게 하고 힘으로 제압하면, 사람이 대장이라는 사실을 인식시킬 수 있으리라는 가정(假定)에서 주장되어온 이론입니다. 어떤 애견 훈련사는 여기서 더 나아가, 반려견이 문제 행동을 보이면 힘으로 눕혀서 제압하고, 손바닥을 펴서 순간적으로 공격하듯이 반려견의 목을 치거나 누르는 동작을 하는 경우도 있는데, 어느 경우든 끔찍한 결과를 초래하는 최악의 훈련 방법입니다('훈련 방법'이라는 말을 쓰는 것조차 거부감이 듭니다). **알파 롤 이론은 무리 생활을 하는 동물들 중에서 사회성이 떨어지고 공격적인 행동을 일삼는 비정상적인 늑대나 개들의 모습을 관찰하여 일반화한 이론이어서, 그 출발부터가 잘못된 이론입니다. 절대 그대로 따라하면 안 되는 이론입니다. 모순과 갈등을 조장하는 나쁜(?) 이론입니다.**

사람들의 일반적인 생각과 달리 **개가 다른 개나 사람이 다가올 때 스스로 배를 뒤집는 행동은 반드시 '복종'이나 '항복'을 의미하는 것이 아닙니다.** 오히려 '제발 그냥 가 주세요.', '공격하지 마세요.', '나는 당신하고 싸울 생각이 없어요.', '당신을 공격할 의사가 없어요.'라는 의미가 강합니다.

실제로 다른 개가 다가올 때 어떤 개가 스스로 배를 뒤집는 행동을 한다면, 다가오던 개는 어떤 행동을 하게 될까요? 배를 뒤집은 개에게로 다가가 냄새만 잠깐 맡다가 그냥 다른 곳으로 가버리거나 떨어져서, 누워 있던 개가 다시 일어나 스스로 다가오기를 기다립니다. 이것이 배를 뒤집는 행동의 의미입니다. 이처럼 배를 뒤집는 행동은 보디랭귀지의 일종인 의사소통 방식의 하나이며, 상대방의 공격성을 차단하거나 완화하여 충돌을 방지하고자 하는 카밍 시그널 중 하나이기도 합니다.

그런데 '배를 뒤집는 행동'의 의사소통 방식에서 반드시 알아야 할 숨은 원칙이 있습니다. 이 무언(無言)의 규칙을 따르지 않으면 무리 구성원 간에 갈등이 생기고, 상호 간에 충돌이 발생하게 됩니다.

첫째, 배를 뒤집는 행동이 자발적일 때 그 의미가 있다는 점입니다.

억지로 배를 뒤집는 행동은 상대방 반려견에게 매우 위협적인 느낌과 스트레스를 유발합니다. 강제로 배 뒤집힘을 당한 반려견은 상대방의 강제적인 행동에 매우 위협을 느끼게 되고, 예민한 반려견이라면 생명의 위협마저도 느끼게 될 가능성이 높습니다. 매우 강한 위협을 느낀 반려견은 필사적으로 그 상황을 벗어나려 애쓰게 되고, 그런 과정에서 심각한 충돌과 공격성이 표출되기 쉽습니다.

둘째, 배를 뒤집으면 원래 상대방은 공격적인 행동을 멈추고 그냥 내버려두거나 가주는 것이 일종의 규칙이자 예의라고 할 수 있습니다. 그런데 사람들이 하는 알파 롤은 어떻습니까? 배를 뒤집고 계속 누르고 움직이지 못하게 힘으로 제압합니다. 개들이 생각하는 규칙에는 배를 뒤집는 즉시 상대방은 공격적인 모습을 멈추는 것이 당연한 수순인데, 우리 사람들은 개가 배를 뒤집고 있어도 멈추지 않고 그냥 계속 누르며 공격적인 행동을 계속하려 합니다. 이것은 어떤 개가 배를 뒤집고 있는데도, 다른 개가 계속해서 배를 뒤집은 개를 공격하는 모습과 다르지 않습니다. 상대방이 배를 뒤집어 공격 의사가 없음을 표시했는데도, 공격적인 행동을 계속하는 것은 극히 비정상적이고 공격적인 개의 모습입니다. 강제로 배를 뒤집힌 개는 어떤 느낌이 들까요? 궁지에 몰린 쥐처럼 행동하는 것은 당연하지 않을까요? 공격적인 반응은 당연해집니다. 충돌은 불가피해집니다.

이와 관련하여 사람들이 저지르기 쉬운 잘못된 행동이 있습니다. 개가 어떤 문제를 일으켰다는 이유로 반려견을 야단치기 위해 다가가거나 불러서 왔을 때, 반려견이 이런 분위기를 파악하고 스스로 먼저 배를 뒤집는 행동을 하거나, 또는 야단을 치는 도중에 반려견이 스스로 배를 뒤집는 행동을 하는데도 계속 야단을 치는 행위입니다. 이런 때는 아무리 화가 나도 야단을 계속해서는 안 된다는 점입니다(이 말을 야단을 쳐도 된다는 의미로 해석하진 마시기 바랍니다. 야단치지 않고 벌을 주지 않고도 얼마든지 반려견을 교육할 수 있고, 그렇게 기르시는 것이 마땅합니다. 그럼에도 지금 야단에 대해 얘기하는 것은 최악의 상황을 설명하기 위해서 예를 든 것뿐입니다. 오해 없으시길…).

왜냐하면 배를 뒤집은 개의 입장에서 보면, 배를 뒤집으면 더 이상 공격하지 않고 그냥 내버려두는 것이 당연히 예상된 수순이었기 때문입니다. 배를 뒤집어 공격하지 말라는 의사표현을 했음에도 공격을 멈추지 않는 것은 막다른 궁지로 몰아붙이는 것과 같습니다. 공격하지 말아달라는 의사표현을 무시당한 반려견은 그런 의사표현이 효과가 없다고 느끼고, 더 이상 그런 표현을 하지 않을 수 있으며, 더는 물러날 길이 없다고 판단하여 다음부턴 방어적인 공격성을 드러낼 가능성이 높아집니다.

개가 배를 뒤집는 행동은 '스스로' 할 때만 그 의미가 있는 것입니다. 강제로 배를 뒤집고 일어나지 못하게 힘으로 누르는 알파 롤 이론은 절대로 따라 해서는 안 되는 엉터리 주장입니다. 갈등을 조장하고 공격성을 부르는 행동입니다. 신뢰감을 무너뜨리는 행동입니다. 극심한 스트레스를 유발하는 행동입니다.

혹시 당신의 반려견이 안으려고만 해도 물려고 하지 않나요? 손만 대려고 해도 물려고 하지 않나요? 알파 롤을 따라 해서 그럴 수도 있다는 점을 기억하시기 바랍니다.

칭찬 바로 알기

반려견들에게 칭찬과 동일한 효과를 발휘함에도
우리 사람들이 그것이 칭찬과 다르지
않다는 점을 느끼지 못하는 것이
바로 '관심'과 '반응'입니다.
우리는 의도하지 않았음에도 자신도 모르게
반려견의 어떤 행동을 강화하는 경우가 많은데,
바로 이런 이유 때문입니다.

반려견 교육의 원리를 한마디로 간단히 표현하자면 아주 단순합니다. 바로 '칭찬'과 '벌'을 적절히 활용하는 것이 그것입니다. (여기서 말하는 '벌'은 강제적인 벌을 의미하는 것이 아닙니다. 오해하지 마세요.) 이런 단순한 원리는 사실 사람에 대한 교육 원리와 크게 다르지 않답니다. 사람을 포함하여 모든 살아 있는 동물은 자신에게 좋은 결과가 생기고 이익이 되는 행동을 반복해서 하려 하는 경향이 있습니다. 반대로 자신에게 이익이 되지 않는 결과가 발생하는 행동이나 일은 하지 않으려는 경향이 있습니다. 이런 대전제를 마음속에 깊이 새기고 아이들의 교육이나 반려견 교육에 활용한다면, 공부 잘하는 성공적인 아이로, 말 잘 듣는 똑똑한 반려견으로 성장시킬 수 있을 겁니다.

사실 저는 예전에는 반려견 교육의 원리와 아이들의 교육 원리는 다를 것이라 생각했었습니다. 그러나 그건 무지(無知)한 생각이었습니다. 사람이나 반려견이나 말을 할 수 있고 없고의 차이가 있을 뿐, 근본적으로는 다르지 않은 존재임을 날이 갈수록 깨달을 수 있었습니다. 사람이든 반려견이든 지능상의 정도의 차이가 있을 뿐, 학습의 원리는 다르지 않다는 것을 공부를 해갈수록 느낄 수 있었습니다.

반려견 교육의 원리를 심도 있게 공부하다 보면, 어렵지 않게 아이들의 교육도 어떠해야 하는가에 대한 원리나 올바른 방향을 설정할 수 있게 된다고 봅니다. 여기서 가장 중요한 것이 긍정 교육의 원리입니다. 강제 없는 긍정 교육의 원리는 반려견 교육에서뿐 아니라 아이들의 교육에도 똑같이 적용할 수 있는 매우 효과적이고 중요한 교육 원리임을 요즘 들어 새삼 느끼고 있답니다.

아이들이나 반려견들에게 야단치고 혼내서 교육하려 하지 마세요. 야단치고 혼내는 강제적인 교육법은 심각한 부작용을 불러오고 비정상적이고 공격적인 성향을 가져오게 됩니다.

이와 관련하여 반려견 교육의 원리와 관련한 칭찬에 대한 사람들의 오해를 한 가지 알려드리도록 하겠습니다.

반려견 교육을 하는 데 있어 칭찬하는 방법에는 어떤 것이 있을까요?

　그중 첫 번째가 반려견이 좋아하는 맛있는 간식을 주는 것입니다. 간식은 가장 효과적이면서도 사람들이 가장 많이 활용하는 칭찬 방법 중 하나입니다. 내가 원하는 행동을 할 때마다 그 순간을 놓치지 않고 간식을 주면서 칭찬하면, 반려견은 그 행동을 자꾸 반복하게 됩니다. 이를 통해 내가 원하는 행동을 하게끔 유도하고 길들일 수 있습니다.

　예를 들어, 아무것도 모르는 반려견은 천방지축으로 날뛰고 장난치고, 보호자의 손발을 깨물고 옷이나 양말을 물어뜯습니다. 이런 반려견에게 '앉아' 동작을 가르치고, 차분하게 앉아 있으면 맛있는 간식을 주고 칭찬하기를 반복합니다. 그러면 반려견은 지금까지와는 완전히 다른 반려견으로 변하기 시작합니다. 지금까지 천방지축으로 날뛰던 것과는 달리, 차분하게 앉아 기다리는 동작을 자주자주 반복하게 됩니다. 그때 우리 사람들은 차분하게 앉는 동작을 간식을 주면서 강화시켜주면 되는 겁니다. 그러면 반려견은 '아하! 얌전히 앉으면 맛난 간식을 얻어먹을 수 있구나!'라고 생각하여 그 행동을 더 자주 더 열심히 반복하게 됩니다. 이렇게 우리가 원하는 차분하고 얌전한 반려견이 되어가는 것입니다.

　칭찬의 방법은 그 이외에도 많습니다.

　'옳지', '잘하네', '아이고 착해라' 등 특정한 말로써 원하는 행동을 북돋아주는 방법, 부드럽게 쓰다듬어주는 방법, 기분 좋은 표정을 지으며 칭찬의 말을 하거나 쓰다듬어주는 방법, 좋아하는 장난감을 던져주는 방법, 좋아하는 장난감을 주면서 같이 놀아주는 방법, 반려견이 좋아하는 놀이를 같이 해주는 방법, 반려견이 착한 행동을 하면 뒤뜰에서 마음껏 뛰어놀게 하는 방법, 좋아하는 산책을 마음껏 시켜주는 방법 등…. 이런 방법들 모두가 칭찬의 방법이 된다는 사실은 대부분의 사람들이 어렴풋이나마 짐작하거나 실제로 실천하고 있는 방법일 것입니다.

그런데 여기서 한 가지 중요한 사실이 있습니다. 거의 모든 사람들이 간과하고 있는 중요한 사실이 있답니다. 정말 중요한 것인데도 거의 느끼지 못하고 있는 것이랍니다. 반려견들에게 칭찬과 동일한 효과를 발휘함에도 우리 사람들이 그것이 칭찬과 다르지 않다는 점을 느끼지 못하는 것이 바로 '관심'과 '반응'입니다. 우리는 의도하지 않았음에도 자신도 모르게 반려견의 어떤 행동을 강화하는 경우가 많은데, 바로 이런 이유 때문입니다. 반려견들에게 '관심'과 '반응'은 매우 중요한 칭찬의 수단이 됩니다.

한 가지 예를 들어보겠습니다.

반려견이 짖습니다. 우리 사람들은 반려견이 짖으면 반려견을 쳐다보며 눈을 맞추게 됩니다. 아니면 "왜 그래?"라고 하거나 "쉿!" "조용! 짖지 마!"라는 제지의 말을 하는 것이 보통입니다. 이때 반려견을 쳐다보며 눈을 맞추는 행동이나 "왜 그래?" "쉿!" "조용! 짖지 마!"라고 하는 말들이나 행동은 모두 반려견의 짖는 행위에 대한 '반응'이나 '관심'이 됩니다. 반려견의 입장에서는 칭찬을 받은 것과 다름없이 여겨지게 됩니다. 이런 상황이 수차례만 반복되어도 그 반려견은 잘 짖는 반려견이 될 수 있습니다. 반려견의 짖은 행동에 결과적으로 칭찬한 것이나 마찬가지이기 때문입니다. 이런 원리는 비단 짖는 경우에만 적용되는 것이 아니라, 반려견의 교육과 생활, 행동 전반에 똑같이 적용되는 것임을 항상 잊지 말아야 합니다.

내가 원하지 않는 행동에 '관심'을 보이거나 '반응'을 보이는 것은 금물입니다. 그것은 원하지 않는 행동을 칭찬해주는 것이나 다를 바 없기 때문입니다. 반대로 내가 원하는 행동에 대해서는 관심과 반응을 아끼지 말아야 합니다. 관심과 반응에 더하여 위에서 말한 여러 가지 칭찬법을 병행하고 맛난 간식을 준다면, 얼마든지 내가 원하는 행동을 하게끔 유도하고 길들일 수 있게 됩니다.

칭찬 바로 알기 2

칭찬을 칭찬답게 하는 것. 반려견을 감동하게 하는 것이고,
반려견의 맘속으로 다가가는 열쇠이며,
반려견에게 우리가 원하는 것을 알려주는 최선의 방법입니다.
사랑에도 기술이 필요하듯, 칭찬에도 방법이 필요합니다.

반려견을 교육하는 데 칭찬이 중요하다는 사실을 모르는 사람은 아무도 없을 겁니다. 그런데 어떻게 하는 것이 바른 칭찬인지 궁금해 하는 사람들도 많습니다. 내가 하고 있는 칭찬 방법이 바른 방법인지, 더 효과적인 칭찬법은 없는 것인지 많이들 궁금해 하곤 합니다. 자신이 현재 하고 있는 칭찬 방식이 잘못된 것임에도 그것이 옳은 것인 양 믿고 반복하거나, 그런 사실조차 모르고 잘못된 방식으로 칭찬을 행하는 사람들도 무척 많은 것이 현실입니다.

반려견의 배변 교육을 하면서 칭찬하는 모습을 예로 들어 보겠습니다. 반려견이 정해진 화장실 장소에서 용변을 보면 즉시 그 자리에서 칭찬을 해줘야 합니다. 사람들이 칭찬하는 모습은 대체로 이렇습니다.

"아이고 착해라! 아이고 착해! 잘했어! 잘했어! 옳지!"

하면서 고함을 지르며 반려견에게로 쏜살같이 달려갑니다. 덥석 머리와 얼굴을 쓰다듬거나 감싸 쥐고 이리저리 흔들어대기도 합니다. 그리고 안아주기도 하고 얼굴을 갖다 대고 뽀뽀 세례를 퍼붓기도 합니다. 이 순간 반려견의 모습을 유심히 관찰하면 칭찬받는 반려견의 모습이나 몸짓이 아닌 경우가 많습니다.

눈을 휘둥그레 뜨고 몸을 움츠리며 귀는 뒤쪽으로 젖혀져, 순간 긴장하고 당황한 모습을 엿볼 수 있습니다. 정해진 장소에 용변을 봐서 칭찬받아야 할 반려견에게 오히려 놀라고 긴장하게 해서는 칭찬받는 느낌을 줄 수 없습니다. 경우에 따라서는 야단맞거나 공격당한다고 느낄 수 있습니다. 칭찬하려는 사람의 의도와 달리 반려견에게는 오히려 벌이나 야단으로 오인할 가능성이 있는 거지요. 이런 상황이 수차례 반복되면 반려견은 정해진 화장실 장소가 아닌 다른 곳에서 배변하거나 사람이 보지 않는 곳에 숨어서 배변할 위험성이 생깁니다.

개들은 상대방의 동작이나 몸짓에 매우 예민하고 민감하게 반응합니다. 말보다 우선하여 상대방의 행동이나 몸짓을 통해 상대방의 의도를 파악하게 됩니다. 그러기에 **칭찬을 잘못하면 받아들이는 반려견에게는 오히려 벌이나 야단으로 받아들여질 수 있으므로 주의해야 합니다.** 칭찬이라고 생각하는 동작 중 반려견들이 오해할 수 있는 행동에는 어떤 것이 있을까요?

갑자기 덥석 안는 행동, 갑작스럽게 다가가 머리를 마구 쓰다듬는 행동, 급하게 반려견에게로 달려가거나 다가가는 행동, 큰 소리를 지르는 행동, 기타 과격한 몸짓과 행동으로 하는 칭찬은 조심해야 합니다. 이런 동작들은 받아들이는 반려견 입장에서는 칭찬으로 여겨지지 않을 수 있습니다.

반려견을 긴장하게 하고 위협적인 느낌을 줄 수 있는 칭찬은 자제해야 합니다. 반려견의 시각에서, 반려견의 입장에서 칭찬이라고 받아들여질 수 있도록 칭찬해주는 것이 바람직하겠지요. 반려견이 우리가 원하는 행동을 한 순간 좋아하는 간식을 조용히 내밀어주세요. 아니면 순간 바닥에 뿌려주셔도 됩니다. 이때 부산스럽게 말은 하지 않아도 좋습니다. 칭찬하기 위해 다가갈 때도 자세를 낮추고, 조용하고 천천히 다가가는 것이 좋습니다. 그리곤 좋아하는 간식을 내밀어주면 됩니다. 간식을 줄 때에도 많은 양을 한 번에 주고 그치기보다는, 작은 양을 여러 번에 걸쳐 연속으로 주는 것이 칭찬의 효과를 더 크게 느끼게 하는 데 도움이 됩니다.

이른바 '잭팟(jackpot)'을 터뜨려주는 것이지요.

교육의 초기나 중요한 교육의 순간, 또 고비에서의 잭팟은 반려견에게 감동을 주고, 그 행동을 더 계속하고 싶게 하는 효과가 있습니다. 어떤 간식을 쓰는가도 칭찬의 효과를 달라지게 할 수 있습니다. 반복적이고 평범한 동작을 가르칠 때는 평범한 간식을 써도 됩니다. 그러나 어려운 교육을 하거나 칭찬의 효과를 극대화하기 위해서는 간식의 종류를 달리할 필요도 있습니다. 평소에 먹어보지 못한 아주 좋아하는 간식을 사용하는 것이지요.

　칭찬을 칭찬답게 하는 것, 그것은 반려견을 감동하게 하는 것이고, 반려견의 마음속으로 다가가는 열쇠이고, 반려견에게 우리가 원하는 것을 알려주는 최선의 방법입니다. 사랑에도 기술이 필요하듯, 칭찬에도 방법이 필요합니다.

터그 오브 워
(tug of war)
게임의 진실

반려견이 사나워지거나 사람에 대해 공격적인 행동을 보이는 것은 놀이를 잘못해서 그런 것이 아님을 아시기 바랍니다.

터그 오브 워(tug of war) 게임을 아시나요? 반려견이 물고 있는 장난감을 뺏으려는 시늉으로 잡아당기고, 반려견은 빼앗기지 않으려고 으르렁대며 물고 흔드는 놀이의 일종을 터그 오브 워 게임이라고 합니다. 우리말로 바꾼다면 '물고 흔들기 게임'이라고 할 수 있겠네요.

터그 오브 워 게임은 반려견과 함께 실내에서도 쉽게 즐길 수 있는 몇 안 되는 아주 유용한 놀이의 하나입니다. 터그 오브 워 게임을 통해 반려견과의 협력 관계와 유대 관계를 강화시킬 수 있고, 심심한 반려견에게 적당한 자극을 줄 수 있으며, 반려견의 스트레스를 해소하고 운동 효과도 기대할 수 있습니다. 터그 오브 워 게임을 던지면 물고 가져오는 놀이(fetch game)와 함께 하면 더욱 재미를 더할 수 있고, 반려견에 대한 운동 효과도 한층 더 높일 수 있습니다.

터그 오브 워 게임은 반려견과 함께 즐길 수 있는 몇 안 되는 유용한 게임이지만, 이에 대한 오해도 많은 것 같습니다. 그래서 터그 오브 워 게임에 대한 사람들의 오해와 유용한 활용법을 간단히 말씀드리도록 하겠습니다.

터그 오브 워 게임을 하는 동안 반려견이 으르렁대면 안 되는 것 아닌가? 반려견의 성격이 나빠지거나 사나워지는 건 아닐까? 등등 걱정하거나 고민하시는 분들이 많을 것으로 생각합니다. 그러나 걱정 않으셔도 됩니다. 반려견도 그건 어디까지나 사람과 함께 하는 놀이나 게임으로 인식합니다. **적당한 완급 조절을 해준다면, 아무런 문제가 없습니다. '적당한 완급 조절'이란 반려견이 너무 흥분하지 않는 선에서 물고 흔들던 장난감을 놓아주는 것입니다. 다시 말하면, 반려견에게 빼앗겨주는 겁니다.** 그러면 대개의 경우 반려견들이 다시 보호자 가까이로 물고 와서 터그 오브 워 게임을 다시 할 것을 원하는 제스처를 취하게 되니까요. 반려견이 물고 흔들며 으르렁댄다고 공격성으로 발전하진 않으니, 걱정 않으셔도 됩니다. 그와 마찬가지로 반려견이 혼자서 장난감을 가지고 놀 때 으르렁대며 장난감을 심하게 물고 흔든다고 공격적인 반려견이 되지 않을까 걱정하지 않아도 됩니다.

애견 훈련 책이나 인터넷에 나도는 정보들을 보면, 반려견과의

놀이도 서열 관계와 관련된 것으로 오해하여 잘못된 정보를 전하는 일이 많습니다. 그들의 주장은 대체로 이러합니다.

"강아지들은 놀이를 통해 서로간의 서열 관계를 정하곤 한다. 그러므로 놀이를 함에 있어서는 엄격한 규칙과 주의사항이 필요하다. 강아지를 으르렁거리게 하거나 지나치게 흥분시켜서는 안 된다. 특히 터그 오브 워 게임을 할 때는 강아지에게 장난감을 빼앗겨서는 안 되고, 맨 마지막에는 반드시 사람이 장난감을 빼앗은 상태에서 게임을 끝내야 하며, 이를 통해 사람이 강아지보다 서열이 위인 사실을 알려줘야 한다…."

그러나 이런 주장은 사람들의 오해를 불러오는 잘못된 정보입니다. 제가 수차례 얘기했듯이, '서열'이란 개념 자체가 불필요하고 잘못된 개념입니다. 반려견도 그건 어디까지나 사람과 함께하는 놀이나 게임으로만 인식하므로, 적당한 완급 조절만 해준다면 아무런 문제가 없습니다. 그러니 터그 오브 워 게임 중에 반려견이 으르렁댄다고 게임을 중단할 필요가 없으며, 게임이 끝날 때 장난감을 억지로 사람이 빼앗아서 사람이 이기는 게임을 만들 필요가 없다는 것입니다. 사람이 반려견에게 장난감을 빼앗기지 않고 빼앗으려고만 하는 까닭에 수차례 놀이를 반복하다 보면, 반려견은 장난감을 빼앗긴다는 생각에 장난감을 물고 사람에게서 도망가버리거나 물고 가져오지 않는 경우가 많습니다. 다만 게임을 하는 도중 반려견이 사람의 손을 무는 등 공격성을 보인다면, 그 즉시 게임을 중단하시면 됩니다. 당연히 그때 야단을 쳐서는 안 됩니다.

반려견이 사나워지거나 사람에 대해 공격적인 행동을 보이는 것은 놀이를 잘못해서 그런 것이 아님을 아시기 바랍니다. 반려견이 사람에게 으르렁대거나 공격성을 보이는 것은 평소 반려견을 대하는 방식이나 태도에 문제가 있기 때문입니다. 무리하게 반려견을 억압하고 서열 운운하면서, 무작정 복종시키려 하거나 혼내고 강압적으로 대하기 때문입니다. 강아지의 문제 행동을 놀이와 연관시키려는 편견에서 벗어나시기 바랍니다.

이제부터 터그 오브 워 게임에 대한 오해를 버리고 맘 편히 반려견과 놀아주세요.

익숙함과
익숙지
않음의 차이

평소에는 자주 화를 내기도 하고 싫은 내색을 쉽게 표현하는 사람도
다른 사람의 집을 방문하거나 낯선 사람이 주변에 있는 상황에서는
평소와는 다르게 매우 격식을
차리고 점잖게 행동하는 경우가 대부분입니다.

여러 반려견 보호자분들과 반려견 교육 상담을 하다 보면, 정말 자주 듣게 되는 말이 있습니다. 바로 복종, 서열이라는 말인데요. 이것과 관련하여 사람들이 자주 궁금해 하고 오해하기 쉬운 부분이 있습니다. 반려견 보호자분들은 자신의 반려견과 관련하여 자주 이런 말을 합니다.

"우리 강아지는 나를 만만히 생각하는 것 같아요."
"우리 강아지는 나를 우습게 생각하는 것 같아요."
"우리 강아지는 자기가 나보다 서열이 위라고 생각하는 것 같아요."

그렇게 생각하는 이유를 물어보면, 보통 자신을 물기 때문이라든지, 너무 짖고 통제되지 않아서라든지, 말을 듣지 않아서 등의 다양한 이유를 들곤 합니다. 이런 경우 저는 단순히 서열이나 복종 문제 때문이 아님을 설명해줍니다.

그런데 좀 더 구체적으로 이렇게 질문하는 경우도 있는데, 이런 경우 반려견 보호자분들을 이해시키고 납득하도록 설명하는 것이 상당히 어렵습니다.

"우리 강아지는 집에서는 엄청나게 사나워요. 목욕을 시키려고 하면 사정없이 물어요. 산책하려고 목줄을 묶으려 해도 물려고 해서, 마음대로 묶을 수가 없어요. 그런데 동물병원 수의사 선생님한테 가면 너무 얌전해요. 미용하거나 목욕할 때도 얌전하고요. 이건 분명히 너무 오냐오냐해줘서 우리를 만만하게 생각하는 거 아닌가요?"

어떤 분은 이렇게 얘기하기도 합니다.

"제가 목욕을 시키거나 빗질을 하려고 하면, 으르렁대고 물어서 마음대로 할 수가 없어요. 그런데 이상한 건 우리 남편이 빗질을 할 때는 전혀 그렇지 않아요. 얌전하게 있어요. 이건 저는 우습게 알고, 남편은 자신보다 서열이 위라고 여기기 때문이 아닌가요? 그러니 복종 훈련이나 서열 정리가 필요한 것 아닐까요?"

조금 다른 사례이지만 이렇게 얘기하는 분도 있습니다.

"우리 강아지는 평소에는 아주 온순한데, 산책하려고 옷을 입히거나 산책을 다녀와서 목욕을 시키려고 하면 물려고 해요. 산책을 싫어해서 그러면 산책이 싫어서 그렇다고 이해할 수 있는데, 산책은 무지 좋아하면서 그러네요. 이건 분명히 우리 가족을 우습게 알고 그런 것 같아요. 그러니 서열 때문이 아닐까요?"

언뜻 생각하기에는 반려견 보호자분의 말대로 보호자를 우습게 보고 서열 정리가 되지 않아 그런 것처럼 생각하기 매우 쉬운 경우가 아닐 수 없습니다. 특정인이니 특정 장소, 특정 상황에서만 공격성을 보이니, 충분히 그렇게 오해할 소지가 있습니다. 이런 현상에 대해 명확히 설명해줄 수 있는 사람도 없는 것이 현실입니다. 다른 일반적인 경우와 달리 이런 경우에는 과연 이분들의 생각처럼 서열 때문일까요? 자신보다 강해 보이는 대상에 대해서는 온순하게 행동하고, 가족들은 만만하게 생각해서 공격적인 행동을 하게 되는 걸까요? 도대체 어떻게 이해해야 할까요?

결론부터 말씀드리면, 이런 경우도 마찬가지로 가족을 만만하게 여기거나 서열 문제 때문이 아닙니다. 그 이유는 익숙함과 익숙하지 않음의 차이로 설명할 수 있습니다.

자신의 가족만 물고 동물병원에서 진료받을 때나 미용할 때는 물지 않고 얌전하게 행동하는 이유는 자신의 집이나 가족이 익숙한 장소이고 익숙한 대상이기 때문입니다. 반면에, 집에서는 사납게 행동하던 반려견이 동물병원에서 진료받거나 미용할 때 얌전한 것은 동물병원이라는 낯설고 익숙하지 않은 환경이나 사람에 대한 두려움 때문에 평소처럼 행동하지 못하고 움츠러들어 꼼짝하지 않고 얼어 있는 상태라고 할 수 있습니다.

집안의 가족 중 특정인에게는 얌전한데 다른 특정인에게는 사납게 행동하는 경우도 마찬가지 이유로 설명할 수 있습니다. 위의 두 번째 사례처럼 부인이 목욕을 시키거나 빗질을 하면 사납게 행동하는 반면 남편이 빗질을 하면 얌전한 이유는, 평소 오랜 시간 자주 대하고 자신을 끔찍이 대해주는 부인과 달리, 함께하는 시간이 짧아 자주 접하지 못하고 야단을 자주 치는 남편은 익숙하지 않거나 두려움의 대상일 가능성이 높습니다. 따라서 남편이 빗질할 때 얌전한 까닭은 익숙하지 않고 낯선 대상이기 때문에 주눅 들어 경직된 상태이기 때문입니다. 그러나 부인은 익숙하고 편안한 대상이므로 싫어하는 목욕이나 빗질에 대한 거부감과 스트레스를 가감 없이 표현할 가능성이 높습니다. 아울러 남편에게 평소 억눌린 스트레스를 익숙하고 편안한 대상인 부인에게 그런 식으로 표현하는 것으로 볼 수 있습니다.

이렇게만 설명하면 선뜻 이해하지 못할 수 있을 겁니다. 그러면 쉬운 예를 들어보겠습니다. 우리 사람의 경우를 생각해보시기 바랍니다.

우리 사람들도 친하지 않고 낯선 사람을 만나거나 익숙하지 않은 장소에 가면 어떻게 하나요? 평소와 달리 행동하는 것이 보통입니다. 평소에는 자주 화를 내기도 하고 싫은 내색을 쉽게 표현하는 사람도 다른 사람의 집을 방문하거나 낯선 사람이 주변에 있는 상황에서는 평소와는 달리 매우 격식을 차리고 점잖게 행동하는 경우가 대부분입니다. 이런 것을 보고 서열 문제라고 생각하는 사람은 아무도 없을 것입니다.

자녀들은 또 어떻습니까? 밖에서 남들 앞에서는 화 한 번 제대로 못 내고 한마디 말도 제대로 못 하는 자녀들이 가정에서 엄마 아빠 앞에서는 마음껏 화내고 너무도 쉽게 짜증을 내곤 합니다. 이런 행동을 보고 서열이 나빠서 그렇다고 생각하는 사람은 드물 겁니다. 익숙함과 익숙하지 않음의 차이라고 봐야 합니다.

반려견이 가족을 물고 공격적인 행동을 하는 것은 서열 문제가 아님을 분명히 아서야 합니다. 모든 문제를 서열 없음으로 탓하는 것은 힘든 반려견을 이중으로 고통 받게 하는 일입니다. 반려견이 공격적인 행동을 하는 데는 반드시 다른 이유가 있기 마련입니다.

반려견이 힘들어하거나 싫어하는 행동 혹은 상황을 강요해서는 안 됩니다. 반려견이 평소 힘들다는 신호를 보내는 건 아닌지 관심을 가져야 합니다. 반려견의 신호나 행동을 무시해서도 무관심해서도 안 됩니다. 그것은 반려견의 행복을 책임지는 보호자로서 우리 사람들의 의무일 것입니다.

흥분 상황을 주목하라

우리 반려견들은 불안감과 스트레스를
흥분하는 행위로 표현할 수 있습니다.

우리 사람들은 반려견의 행동을 보고 잘못 해석하는 경우가 많습니다. 그것은 사람들의 시각에서 반려견의 행동을 해석하려는 경향이 강하고, 원인이나 주변 상황, 심리 상태 등이 무엇인지 자세히 생각해보지 않은 채, 겉으로 드러나는 외형상의 행동만 보고 판단하기 때문입니다. 그 대표적인 경우가 흥분하는 반려견에 대한 판단입니다.

"우리 강아지는 산책하는 걸 엄청 좋아하는 것 같아요. 목줄만 들면 정신을 못 차려요. 밖에 나가서도 정신이 없을 정도예요. 정신없이 뛰고 이리저리 왔다 갔다…. 지나가는 사람에게도 무조건 좋다고 덤비고 달려들어요."

"우리 초코는 집에 손님이 방문하면 무척 좋아해요. 벨이 울리기만 하면 현관 앞으로 달려가서 정신없이 날뛰다가, 손님이 들어서면 흥분해서 짖기도 하고 너무 좋은 나머지 오줌까지 지린답니다."

위의 사례처럼 **흥분하는 모습의 반려견을 보고 우리 사람들은 일률적이고 단정적으로 '좋아서 그런 것'이라고 생각합니다.** 그러나 이런 흥분의 이면에는 좋아서 흥분하기보다는 다른 이유 때문에 흥분할 수 있다는 사실을 기억해야 합니다.

우리 사람들은 어떤 경우에 어떤 이유로 주로 흥분하는지 생각해보세요. 좋거나 기뻐서 흥분하는 경우, 화가 나서 흥분하는 경우, 불안해서 흥분하는 경우, 스트레스를 받아서 흥분하는 경우, 성적 흥분.

흥분하는 이유는 여러 가지일 수 있고, 흥분하는 것이 반드시 기쁘거나 좋아서뿐만이 아니라는 사실을 알 수 있습니다. 우리 반려견들이 흥분하는 이유도 사람처럼 여러 가지 이유 때문일 수 있습니다. 그리고 실제에 있어서는 상황에 따라 다르겠지만, 한 가지 감정 때문에 흥분하는 것이 아니라, 여러 가지 이유나 감정이 복합적으로 작용해서 흥분하는 모습을 보일 가능성이 높다고 봐야 합니다. 산책하는 것에 대한 좋은 감정과 함께, 낯설고 익숙지 않은 대상이나 환경에 대한 불안감 혹은 스트레스를 동시에 느낄 수 있는 겁니다. 이런 복합적인 감정을 흥분된 모습으로 표현한다고 보는 것이 정확합니다.

유명한 동물행동학자이자 수의사인 브루스 포글(Bruce Fogle)은 그의 저서 *The Dog's Mind*에서 흥분(excitement)을 불안감과 스트레스의 표현이라고 서술하고 있습니다. 생리학적으로 흥분하면 공포를 느끼는 상태와 동일하여 경련, 심장박동 수 증가, 헐떡임 등의 모습을 보이며, 안정하지 못하고 과도한 긴장 상태를 보이게 된다고 합니다. 그 결과 짖거나 보호자에게 지나치게 의존적인 행동을 하고, 심하면 오줌을 지리거나 똥을 싸기도 하며, 목줄이나 주변 물건을 씹기도 하고, 불안감에 하품을 하기도 한다고 합니다. 이들 흥분 상태의 행동이나 특징들은 모두 불안한 심리 상태에 의해 스트레스 호르몬의 분비가 높아진 것의 사인(sign)이라고 합니다.

일반적으로 스트레스를 받으면 스트레스 호르몬인 코티솔과 아드레날린이 분비됩니다. 흥분하면 스트레스 호르몬인 코티솔과 아드레날린의 분비가 증가합니다. 따라서 흥분 상태는 스트레스 상태와 다르지 않다는 것을 알 수 있습니다.

그 증거로 스트레스성 행동 중 차분하지 못하고 지나치게 날뛰고 흥분된 상태의 행동을 보이는 것을 하이퍼 액티브(hyperactive)라고 표현하는데, 흥분 상태와 스트레스 상태가 다르지 않음을 뒷받침하는 근거가 된다고 볼 수 있습니다. 흥분 상태를 반복하거나 지속시키는 것은 신체적, 정신적으로 좋지 못한 영향을 줄 수 있다는 사실을 주목할 필요가 있습니다.

이런 사실로부터 우리는 반려견들이 흥분하는 행동을 바르게 이해하려는 노력이 필요함을 알게 됩니다. **당신의 반려견이 흥분하는 모습을 보고 단순히 좋아서 그러려니 단정 짓는 것은 1차원적**

이고도 위험한 생각입니다. 내면적으로 엄청나게 힘들어하는 반려견의 다른 모습이 흥분하는 모습으로 표현될 수 있음을 기억해야 합니다. 우리 반려견들은 불안감과 스트레스를 흥분하는 행위로 표현할 수 있습니다. 그러기에 반려견이 지나치게 흥분한다면, 곰곰이 되짚어봐야 합니다. 주변이나 환경에 불안 요소나 스트레스 요소가 작용하고 있는 건 아닌지 말입니다.

　이제부터 반려견의 흥분 상황을 주목하시기 바랍니다. 반려견이 지나치게 흥분한다면 조심해야 합니다. 적신호일 수 있음을 감지하고, 긴장하고 세심하게 관찰해야 합니다. 그리고 흥분 상태를 누그러뜨리려는 노력을 시작해야 합니다. 반려견이 흥분할 때 너무 좋아서 그러려니 웃어넘기는 행동은 반려견 보호자로서의 책무를 저버리는 직무 유기에 해당할 수 있으니까요.

선택

깨무는 강아지

공격성은 나타나는 순간 악화되기 시작한다

관찰당하고 있는 나를 관찰하라

반려견과 아기

여러 마리의 반려견 기르기

반려견의 권리를 인정하라?!

반려견 교육은 게임이다

안심해! 절대로 혼내지 않을게

어미 개처럼 행동하라

퍼피 라이선스(puppy licence)? 페어런트 라이선스(parent licence)!

반려견과의 교감이란? 이런 것!

카밍 시그널(calming signal)은 반려견의 연애편지다

강제 훈련 왜 나쁠까?

분리불안증 문제 해결의 초점

분리불안증 5막 7장의 연극

04

안심해! 절대로 혼내지 않을게

選擇

우리는 다만 반려견들에게 반려견이 행복할 수 있고,
아울러 우리가 그들에게 원하는 행동을 선택할 수 있도록
이해시키고 알려주면 됩니다.
그리고 그런 선택을 할 수 있게 시간을 두고 기다려주면 됩니다.

흔히들 인생은 선택의 연속이라고 합니다. 순간 순간의 선택의 결과가 현재의 내가 되고 미래의 내가 된다는 생각을 하니, 선택의 중요성을 다시금 느끼게 됩니다. 최선의 삶을 위하여 매순간 최선의 선택을 하기 위해 노력하고 깨어 있어야 한다는 생각도 해 봅니다.

우리 반려견들에게도 선택은 매우 중요합니다. 어떤 선택을 하느냐에 따라 생존하느냐 생존하지 못하느냐의 차이를 가져올 수도 있을 테니까요. 외부로부터 어떤 공격이나 강제가 가해지면 개들은 중요한 선택의 기로에 서게 됩니다. 도망가고 피하느냐(flight), 맞서서 싸우거나 공격하느냐(fight). 두 가지 중 어느 것을 선택하느냐에 따라 그들의 행동이 달라집니다.

그뿐만이 아닙니다. 그리 중요하지 않은 사소한 상황에서도 늘 선택은 반복됩니다. 우리 반려견들의 삶에도 항상 선택의 연속이라는 명제가 작용하는 것이지요. 순간 순간의 선택의 결과에 따라 동일한 상황이 닥쳤을 때 어떻게 행동할지에 대한 앞으로의 선택이 달라집니다.

동일한 상황에서의 반복된 선택은 습관이 됩니다.

우리 반려견들은 어떤 방식으로 자신의 행동을 선택할까요? 흔히 말하듯이 복종심에 의해 선택을 할까요? 아니면 서열 인식이란 것에 의해 선택을 하게 될까요?

아닙니다. 절대로 아닙니다. 복종심이나 서열에 의해 선택한다고 생각하셨다면, 크게 착각하고 계신 겁니다. 복종심이라고 믿는 것은 공포심의 다른 이름일 뿐입니다. 공포심이나 강제나 폭력에 의한 선택은 선택이라고 할 수 없습니다. 비자발적 선택입니다. 자발적인 선택이라고 할 수 없습니다. 그건 선택이 아닌 겁니다. 선택의 여지가 없는 선택이기에 불행한 선택이며, 다른 기회가 주어진다면 그런 선택을 하지 않을 것이 분명합니다.

우리 반려견들은 기본적으로 자신의 행동에 대한 결과를 통해 판단하고 이를 토대로 이후의 행동에 대한 '선택'을 결정하게 됩니다. 이것이 바로 반려견들의 자발적인 행동의 선택 방식입니다.

순간순간의 선택의 결과는 경험으로 쌓이고, 경험은 다시 미래의 행동을 결정하는 기준이 됩니다. 그러기에 반려견들은 자신의 행동에 대한 결과나 반응에 매우 민감합니다. '자신의 행동에 대한 결과나 반응'에는 주변 사람이나 다른 개들의 반응을 빼놓을 수 없습니다. 그렇습니다. 우리 반려견들은 같이 생활하는 가족이나 다른 반려견의 반응이나 행동을 보고 배우고 그 행동을 따라하기도 합니다. 그래서 반려견을 기르는 보호자분들은 반려견들의 행동에 모범이 되어야 합니다.

물론 여기서 말하는 '모범'이란 인간사회의 기준이나 가치를 의미하는 것은 아닙니다. 반려견 교육을 하는 데 있어 이 점은 매우 중요합니다. 이런 사실을 모르고 반려견 교육을 한다면, 핵심을 모르고 공중에다 헛발질을 해대는 것과 다르지 않습니다.

반려견 교육을 할 때나 평소에 반려견의 행동을 유심히 관찰해 보세요. 어떤 상황에서 어떤 행동을 하는지. 우리가 어떤 행동을 할 때 어떤 모습을 보이는지. 스스로 어떤 행동을 할 때 어떻게 주변의 반응을 살피는지. 어떤 행동을 하려고 할 때 우리 사람들의 동의를 구하려거나 어떤 힌트를 얻으려고 얼마나 애쓰는지.

우리 사람들의 선택이 반려견들의 선택이 됩니다. 우리 사람들의 선택이 어떻게 달라지느냐에 따라 반려견들의 선택도 달라질 수 있습니다. 반려견들이 바른 선택을 할 수 있도록 도와주시기 바랍니다.

야단치고 고함쳐서 선택을 강제하거나 강요하지 마세요. 우리는 다만 반려견들에게 반려견이 행복할 수 있고, 아울러 우리가 그들에게 원하는 행동을 선택할 수 있도록 이해시키고 알려주면 됩니다. 그리고 그런 선택을 할 수 있게 시간을 두고 기다려주면 됩니다.

저는 반려견들이 행복한 선택을 하기 바랍니다. 행복한 선택들이 모이고 모여서 행복한 반려견이 됩니다. 행복한 반려견을 둔 보호자는 더불어 행복할 수 있습니다.

깨무는 강아지

깨무는 행동 자체는 원래 자연스런 행동입니다.
문제 행동이 아닙니다.
문제는 깨무는 행동에 대한
사람들의 인식이나 대처 방법에 있습니다.
깨무는 행동에 대한 잘못된 대처가 문제 행동을 만들고,
문제 강아지를 만듭니다.

"우리 강아지는 이제 생후 3개월 정도 되었는데요. 가만히 있는데 틈만 나면 사람한테 와서 손이나 발을 깨물어요. 예전에는 별로 아프지 않았는데, 갈수록 세게 깨물어서 어떤 때는 아파서 참을 수 없을 지경이에요. 그냥 두면 나중에 커서 심하게 물거나 공격적인 행동으로 발전할까봐 걱정이 되네요. 그래서 '안 돼!'라고 하거나 못하게 야단도 쳐봤는데, 아무런 소용도 없어요. 오히려 더 심해지는 것 같아요…."

반려견을 키우는 보호자분들이 주로 하는 하소연이고 궁금해 하는 내용입니다.

자근자근, 깨물깨물 깨무는 행동은 주로 3, 4개월 이전의 어린 강

아지들에게서 많이 나타납니다. 한마디로 아주 자연스런 행동이라고 볼 수 있지요. 어린 아이들이 가까이 다가와서 얼굴을 부비고 손으로 건드리거나 만지는 행동에 비유해도 될 것 같습니다. 어린 강아지들은 모든 것을 입에 넣어보고 씹어보기도 하면서 사물이나 대상을 알아가고 탐색하려는 행동을 하는 경향이 있는데, 손발을 깨무는 행동은 이런 본능적인 행동의 연장선상에 있다고 봐도 될 것 같습니다. 유아기에 어미의 젖을 빨고 물고 하던 습성이 남아 있어서거나, 그때 충족되지 못한 본능적 욕구가 그런 행동으로 표출되는지도 모르겠습니다.

사람의 관심을 끌기 위한 행동일 수도 있고, 같이 놀자는 표현일 수도 있습니다. 일종의 놀이 행동이라고 할 수 있습니다. 어미에게서 같이 태어난 동배의 강아지들은 흔히 서로 깨물고 뒹굴며 놀이를 즐기는 행동을 하면서 잠자는 시간을 제외한 대부분의 시간을 보내는데, 이런 행동 습성이 사람과 함께 생활하는 때에도 그대로 지속되기 때문이라고도 볼 수 있습니다.

사람들의 적절치 못한 반응과 대처로 인한 학습된 행동일 가능성도 있습니다. 강아지가 깨무는 초기에 놀아주듯이 반응을 보여주거나 뿌리치거나 밀어내는 행동을 의식적, 무의식적으로 하기 쉬운데, 이런 반응은 깨무는 강아지의 행동에 대한 의도적, 비의도적 보상으로 작용하여 깨무는 행동을 강화할 수 있기 때문입니다. 깨물 때 야단을 치거나 혼을 내는 행동도 마찬가지로 깨무는 행동을 강화하는 요인이 됩니다.

사람의 움직임이나 접근 방법, 반려견을 대하는 방식에 잘못이 있어서 반려견을 자극하고 깨무는 행동을 유발하는 이유가 되기도 합니다.

적절히 발산되지 못한 에너지를 그런 식으로 표출하는 것일 수도 있습니다.

때때로 스트레스성 행동을 그런 식으로 표현하는 반려견도 많습니다. 낯선 상황에 직면하거나 야단을 맞는 등 불안감을 느끼거나 스트레스를 받으면, 느닷없이 행동이 과격해지거나 사람의 손발을 깨무는 행동을 하는 반려견들이 있는데, 이는 스트레스성 행동이라고 봐야 합니다.

대부분의 경우 자연스런 행동이라고 볼 수 있으므로, 심하지 않은 경우라면 이를 억지로 고치려 하거나 야단칠 필요가 없습니다. 시간이 지나면 자연스레 잦아질 가능성이 큽니다.

그러나 반려견에 따라서는 깨무는 행동이 정도가 조금 지나쳐서, 아파서 참을 수 없을 지경이거나 손발에 상처를 남길 정도로 반복적이고 공격적으로 지속되는 경우도 있습니다. 신고 있는 양말을 물어뜯어 양말에 구멍이 날 정도로 망가뜨리거나 실내화를 신고 있으면 물어뜯고 매달려 실내에서 걸어 다니기 어려 울 정도로 심한 행동을 보이는 경우도 있습니다. 심하게 깨무는 반려견들 중에는 어릴 적 가정으로 입양되기 전 어미 개와 동배새끼들과 지내는 과정을 제대로 거치지 못하고 너무 일찍 격리되어, 깨무는 강도를 조절하지 못하고 절제되지 못한 과격한 행동을 보이는 수도 있습니다. '상대방을 너무 세게 깨물면 안 된다는 사실(bite inhibition)'을 익히지 못한 겁니다.

이런 경우라면 마냥 기다리며 저절로 없어지기를 기다리거나 참기에는 너무 힘들 수 있습니다. 또 스트레스성 행동이거나 학습된 행동이라면, 시간이 지난다고 쉬이 없어지지 않고, 오랫동안 지속되거나 더 심해질 수 있으며 공격적인 행동으로 발전할 수도 있습니다. 이런 경우에는 당연히 적절한 교육이 필요하다고 봐야겠습니다.

그렇다면 우리는 깨무는 행동에 대해 어떻게 대처해야 할까요?

우선 깨무는 행동에 대해 의식적이든 무의식적이든, 그 행동을 강화할 수 있는 보상이 주어져서는 안 됩니다. 깨물면 반려견과 놀아주거나 억지로 밀어내거나 뿌리치는 등 깨무는 행동에 대한 보상이 주어진다면, 강아지는 그 행동을 계속하게 될 테니까요.

평소 반려견과 생활하는 데 있어 움직임이나 접근 방법, 반려견을 대하는 방식에 잘못이 있어서 반려견을 자극하고 깨무는 행동을 유발시키거나 심화할 수 있으므로, 반려견을 대하는 방법, 접근 방식, 움직임 등 우리가 무심코 하기 쉬운 행동들이 반려견에게 어떤 느낌을 줄지 이해하고 조심스럽게 행동하는 것이 좋습니다.

스트레스성 행동이라면 스트레스의 원인이나 불안 요소를 면밀히 파악하여 이를 제거해주는 노력이 선행되어야 합니다.

 가장 경계해야 할 태도는 깨무는 행동에 대해 이를 도전이나 공격적인 신호로 오해하고, 혼을 내거나 강제로 억압하려는 자세입니다. 서열의 미신에서 벗어나지 못한 사람들은 반려견이 놀이 과정에서도 서열의 우위성을 가지려 하거나 표출한다고 여기고, 깨무는 행동을 사람에 대해 강아지가 서열의 우위를 표현하는 행위로 인식하여 서열 정리가 필요하다고 생각합니다. 억지로 배를 뒤집어 일어나지 못하게 하거나(alpha roll; 알파 롤), 입을 꽉 잡고 움직이지 못하게 하거나, 손가락으로 코를 아프게 튕기거나 깨무는 반려견의 입안 깊숙이 손을 집어넣어 불쾌감을 주라는 해법을 주장하기도 합니다.

 깨무는 순간마다 신문지 등으로 바닥을 치며 야단을 치거나 눈을 똑바로 노려보며 야단을 치라는 얘기도 합니다. 심지어 깨무는 순간 입을 세게 때리라고도 합니다. 깨무는 행동이 사람에 대한 복종심이 부족하고 서열 정리가 되지 않은 탓이므로, 복종 훈련을 철저히 시켜야 한다고 주장하기도 합니다.

 당신이 행여나 이런 해법에 마음이 이끌리신다면, 그때부터 반려견과 당신의 관계에는 보이지 않는 벽이 생기고 금이 가기 시작한다고 볼 수 있습니다. 반려견의 순수한 마음을 다치게 하는 일이 됩니다. 반려견의 마음에 상처를 주게 됩니다. 좋다고 다가와서 말을 거는 아이에게 고함치고 저리 가라고 야단을 치는 행동과 다르지 않습니다. 심심해서 같이 놀자는 아이에게 버릇 없다고 권위를 내세우는 어른의 모습과 다르지 않습니다. 호의적인 손짓을 폭력으로 대응하는 것과 다를 바 없습니다.

바람직한 태도는 깨무는 행동을 반려견의 의사표현이나 우리에게 보내는 하나의 신호로 받아들이려 노력하는 것입니다.

깨무는 행동은 뭔가 그들이 심심하거나 놀이 욕구가 충족되지 못하고 있다는 증거가 아닐까요? 에너지가 적절히 발산되지 못하고 있다는 증거는 아닐까요? 스트레스나 불안감의 표현은 아닐까요? 야단치고 서열이란 잣대를 들이댈 것이 아니라, 그들이 원하고 필요로 하는 것이 무엇인지 파악하여, 그것을 먼저 해주려는 노력이 선행되어야 하지 않을까요? 이런 노력이 선행된다면, 깨무는 행동은 자연스레 줄어들 것입니다.

아울러 깨무는 행동을 자연스럽고도 올바른 학습의 기회로 만들어줄 수 있습니다. 반려견이 스스로의 충동이나 감정을 조절할 수 있는 능력을 길러주고, 사람이 반려견에게 원하는 것이 무엇인지 알려주는 기회로 삼을 수 있습니다. 결과적으로 건전한 교감의 통로를 만들어주는 계기가 될 것입니다.

당신의 반려견이 자꾸 깨무나요? 그렇다면 답을 찾아봐야 합니다. 질문을 던져봐야 합니다. 그들이 원하는 것이 무엇이고 필요로 하는 것이 무엇인지 고민하고 돌이켜봐야 합니다. 무엇보다 먼저 그것들을 먼저 해주는 것이 우선입니다. 적절한 시기에 반려견과 놀아주는 것이 해답일 수 있습니다. 집 주변 가까운 공원에 산책을 자주 가는 것이 해결책이 될 수도 있습니다.

물론 반려견이 깨물 때 그에 대한 대응이나 보상으로 그렇게 하라는 것이 아닙니다. 평소에 그렇게 하라는 의미입니다. 반려견을 대하는 나의 행동과 주변 환경이나 생활에 불안 요소나 스트레스 요소가 없는지 꼼꼼히 살펴보고, 이를 제거해주는 일도 필요합니다. **깨무는 행동을 못 하게 하고 혼내는 행동이 우선되어선 절대로 안 됩니다.**

아울러 깨물지 않도록 알려주는 과정이 필요합니다. 교육을 통해 내가 원하는 것을 반려견에게 알려주면 됩니다. "안 돼!"라고 고함치거나 혼내지 않고도 깨물지 않게 교육할 수 있습니다.

깨무는 행동 자체는 원래 자연스런 행동입니다. 문제 행동이 아닙니다. 문제는 깨무는 행동에 대한 사람들의 인식이나 대처 방법에 있습니다. 깨무는 행동에 대한 잘못된 대처가 문제 행동을 만들고, 문제 강아지를 만듭니다.

깨물 때의 대처방법

본문에서 얘기했듯이 깨무는 행동은 자연스런 행동입니다. 자연스레 고치는 것이 중요합니다. 절대로 혼내거나 때려서 고치려 해서는 안 됩니다. 몇 가지 방법을 소개하겠습니다. 증세가 심하지 않은 강아지라면 아래의 주의사항만 지켜도 깨무는 행동을 현저하게 개선할 수 있습니다. 증세가 심하거나 그래도 나아지지 않는다면 전문가의 도움을 받는 것이 좋습니다.

1) 보호자의 행동을 주의하는 것이 우선입니다. 보호자는 멋대로 행동하면서 강아지의 깨무는 행동을 고치는 데에만 집중하는 것은 바른 해법이 아닙니다. 평소 강아지 주변에서 위협적으로 행동하거나 스트레스를 주는 행동을 하면 안 됩니다. 강아지 주변에서 뛰는 등 급하게 움직이지 말고 차분히 행동하도록 노력해야 합니다. 강아지의 머리를 함부로 만지는 행동도 깨무는 행동을 유발하므로 삼가야 합니다.

2) 강아지가 막상 깨문다면 혼내거나 때리는 행동은 물론 뿌리치거나 깨물고 있는 상태에서 계속 움직이는 행동도 하지 말아야 합니다. 이런 행동은 깨무는 행동에 대한 '반응'이나 '관심'으로 작용하여 깨무는 행동을 더 악화시키게 됩니다.

3) 깨무는 순간 말하거나 움직이거나 쳐다보지 말고 모든 행동을 멈추고 가만히 있어야 합니다. 조금 아플 수 있겠지만 그 정도는 참아야 합니다. 이렇게 하면 금방 깨무는 행동을 멈추게 됩니다. 그때 천천히 다시 움직이면 됩니다. 움직일 때 또 깨문다면 앞의 과정을 재차 반복하면 됩니다.

공격성은
나타나는 순간
악화되기 시작한다

반려견의 공격성은 나타나는 순간부터 더 악화되기 시작합니다.
보다 정확하게 표현하면, 공격성이 외부로 표출되기 훨씬 이전부터
지금껏 악화되어왔다고 할 수 있습니다.
힘들다는 신호나 감정 표현을 무수히 반복하면서 말입니다.
그럼에도 이런 신호나 감정 표현들이 묵살당하거나 무시되면서
매순간 속으로 곪아왔던 것입니다.

반려견 교육을 의뢰받아 가정을 방문해서 공격성을 보이는 여러 반려견들의 사례들을 보면, '어떻게 이 지경이 될 때까지 왔을까?' 라는 의문과 함께 안타까운 마음이 들 때가 한두 번이 아닙니다. 너무나 공격적인 나머지 낯선 사람이 집안에 들어서면 다짜고짜 덤벼들어 무는 반려견, 보호자가 손을 대기만 해도 느닷없이 무는 반려견, 목욕을 시키려 하거나 옷을 입히려 하면 이빨을 드러내고 사납게 거부하거나 공격하는 반려견, 심지어 목줄을 매려 해도 사납게 무는 반려견, 먹이를 손에 들고 가까이 다가가도 경계하고 물

기까지 하는 반려견….

 그래도 전문가에게 반려견 교육을 의뢰해서 증세를 개선해보려는 분들의 반려견은 그나마 행운이라고 볼 수 있습니다. 공격성 때문에 알게 모르게 버림받거나 학대받는 반려견들은 또 얼마나 많을까요?

 공격성은 나타나는 순간부터 더 악화되기 시작합니다. 물론 반려견 보호자분들도 나름대로 공격성을 예방하기 위해, 악화되거나 재발하는 것을 방지하려는 많은 노력을 기울입니다. 그러나 이런 노력에도 불구하고 시간이 갈수록 증세는 오히려 더 악화될 가능성이 큽니다.

 왜 그럴까요? 무엇보다 하지 말아야 할 것은 공격성을 보인다고 기분 나쁘고 화가 난다고 반려견을 혼내고 때리는 행위입니다. 반려견이 공격성을 보이게 된 원인이 무엇이건 불문하고, 반려견이 공격성을 보이는 순간 혼을 내면 절대로 안 됩니다. (물론 예외적으로 반려견에 따라서는 공격성을 보이는 순간 혼을 내면, 다음부턴 그런 행동을 보이지 않는 반려견이 있긴 합니다. 하지만 이런 반려견은 극히 소수에 불과하며 반려견과의 신뢰관계에 깊은 상처를 남기게 됩니다. 이런 부작용이 심각하고 예외적인 경우를 고쳐졌다고 착각하거나 일반화하는 것은 매우 위험함 일입니다.)

 대부분의 경우 혼을 내면 공격성은 더 악화됩니다. 여기에는 몇 가지 이유가 있지만, 가장 큰 이유는 공격성을 띠는 상황에 대해 더 큰 스트레스와 좋지 못한 기억을 형성시키기 때문입니다.

예를 들어, 옷을 입혀 외출하려는데, 심한 거부감을 드러내고 으르렁대며 물기까지 하는 경우, 사람들은 보통 강제로 힘으로 붙잡고 끝까지 입히거나 때리거나 고함지르면서 강압적으로 옷을 입힙니다. 그러면 반려견은 옷 입는 것에 대한 거부감과 스트레스 외에 강제와 야단에 대한 좋지 못한 기억과 스트레스를 동시에 겪게 됩니다. 즉 옷을 입는 상황에 대해 이중적인 스트레스를 형성하게 되는 것이지요. 이런 일이 반복되면 될수록 옷 입는 행위에 대한 반려견의 거부감과 스트레스는 더해지고, 점점 더한 공격성으로 발전합니다.

특히 공격성이 나타나는 초기에 실제로 물지는 않지만 으르렁거리거나 물려는 시늉을 보일 때, 때리거나 혼내면 상황은 급속도로 악화됩니다. 반려견은 그 상황을 기억하고 다음부터는 더 심한 거부감과 공격적인 반응을 보이는 한편, 실제로 물지는 않고 으르렁거리거나 물려고 하는 행동이 효과가 없다고 여기거나 사람으로부터 공격적인 반응을 불러오는 등, 나쁜 결과로 이어진다고 여겨 으르렁대거나 물려고 하는 경고의 신호를 생략하고 느닷없이 갑자기 무는 행동으로 악화되는 것입니다.

으르렁거리거나 문다고 때리거나 혼내면 증세를 더 악화시키는 이유는 또 있습니다.

보통 으르렁거리거나 물 때 반려견을 때리면 더 공격적인 반응을 보일 가능성이 높습니다. 스트레스로 이미 예민해져 있는 상황이기에 더 그러합니다. 반려견은 때리거나 혼낼 때마다 더욱 더 이빨을 드러내며 끝까지 방어적인 공격성을 드러낼 가능성이 높습니다. 결국 사람이 포기하고 물러나게 됩니다. 이렇게 때리거나 혼내다가 사람이 포기하고 물러서면 어떻게 될까요? 다음부터는 공격적인 반응을 보이지 않게 될까요? 천만의 말씀입니다. 반려견은 그 상황에서 자신이 끝까지 이빨을 드러내고 공격적인 반응을 보인 결과 상대방이 물러났다고 생각할 가능성이 큽니다. 자신의 공격적인 반응이 성공했다고 여기게 되는 것입니다.

이런 학습원리를 '네거티브 리인포스먼트(negative reinforcement)*'라고 합니다. 어떤 행동을 더 강화(强化)하게 되는 학습 원리입니다. 결과적으로 공격적인 행동을 더 강화하게 됩니다. 다음부터는 더 자신감을 갖고 공격적인 행동을 하게 될 것입니다.

때리거나 혼내지 않는다 하더라도 공격성은 날이 갈수록 나빠질 가능성이 큽니다. 반려견이 싫어하는 상황을 계속해서 강요하고, 그로 인해 공격성을 자극하기 때문입니다. 이것은 반려견을 계속된 스트레스 상황에 노출시키는 것과 같습니다. 옷을 입히면서 때리거나 혼내지 않는다 하더라도, 반려견이 거부감을 보이는 옷 입히는 행동을 반복하면 할수록 강한 거부감을 드러내게 되고, 더 강

---

* **네거티브 리인포스먼트(negative reinforcement)** : 미국의 행동주의 심리학자 스키너(B. F. Skinner)의 학습 원리 중 하나. 어떤 행동을 하면 싫어하거나 나쁜 결과가 사라지게 하여 그 행동을 강화(强化)하게 된다는 학습 원리. 개가 으르렁거리거나 물면 결과적으로 싫어하는 목욕을 하지 않게 되어, 으르렁거리거나 무는 행동이 강화되는 것이 그 예이다.

한 공격성으로 발전할 가능성이 높아지는 것입니다.

때리거나 혼내지 않는 경우에도 네거티브 리인포스먼트에 의해 공격적인 행동이 강화되는 현상을 보이게 됩니다. 보통 으르렁거리거나 공격적인 반응을 보이면, 사람들은 당황하거나 겁을 먹고 반려견에게 하려던 행동을 중단합니다. 이 과정에서 반려견은 자신의 으르렁거리거나 공격적인 행동으로 싫어하는 상황을 끝내게 했다고 여기게 됩니다. 네거티브 리인포스먼트에 의한 강화 현상이 발생하게 되는 것이지요. 그 결과 다음부턴 좀 더 적극적이고 공격적인 반응으로의 강화 현상이 나타나게 되어, 공격적인 행동이 점점 악화됩니다.

공격성이 나타나면 점차 악화되는 또 다른 이유는 호르몬의 영향을 들 수 있습니다.

공격성을 나타내는 순간 강아지의 뇌에서는 스트레스 호르몬인 코르티솔(cortisol)이 분비됩니다. 분비된 스트레스 호르몬은 상당 기간 지속적으로 반려견을 흥분과 긴장 상태에 빠뜨립니다. 이런 상태에서는 사소한 자극만 주어져도 공격적인 반응을 나타내고 더 많은 스트레스 호르몬을 분비시켜, 더 예민한 긴장 상태와 흥분 상태로 이어지는 공격성의 악순환을 지속시킬 위험성이 커집니다.

이와 같이 **반려견의 공격성은 나타나는 순간부터 혼을 내든 혼을 내지 않든, 어느 경우에나 시간이 갈수록 점점 더 악화됩니다.**

그렇다면 우리는 어떻게 해야 할까요?

첫째, 공격성이 나타나는 순간부터 공격성을 줄이기 위한 적극적인 노력을 기울여야 합니다. 시간이 지나면 지날수록, 그런 상황을 방치하면 방치할수록 증세는 악화될 테니까요.

가능한 한 전문가의 도움을 받아 신속하게 공격성 예방 또는 치료 프로그램을 실천하는 것이 좋습니다. 당연히 긍정적인 방식으로 교육하는 검증된 애견 훈련사에게 교육을 의뢰해야 부작용을 최소화할 수 있습니다.

주의할 것은, 인터넷 등에서 흔히 얻을 수 있는 어설픈 지식으로 체인 목줄을 채거나 신문지 또는 페트병 등을 이용한 강제 훈련 방식으로 스스로 문제를 해결하려 해서는 안 된다는 점입니다. 이런 방식들을 따라하다가는 공격성을 더 악화시킬 가능성이 높습니다. 으르렁거리거나 물려고 할 때, 체인 목줄을 채거나 신문지나 페트병 등을 이용하여 때리거나 혼내서 고치려는 강제 훈련 방식은 더 강한 공격성을 불러오는 부작용을 수반합니다.

둘째, 다른 모든 문제 행동이나 증세와 마찬가지로 강아지의 공격성도 예방이 최선임은 두말할 필요가 없겠지요.

반려견은 공격적인 행동을 보이기 이미 오래전부터 우리 사람들에게 힘들다는 감정 표현이나 싫다는 신호를 반복적으로 보였을 가능성이 큽니다. **공격성을 예방하려면, 반려견이 보내는 감정 표현이나 신호를 유심히 관찰해야 합니다. 반려견이 힘들다는 표현을 하고 싫다는 표현을 한다면, 그런 상황을 계속 강요하는 것은 금물입**

니다. 반려견의 그런 의사 표현을 존중하는 한편, 싫어하거나 힘들어하는 상황을 억지로 강요하지 말고, 그때부터 적극적으로 예방하려는 노력을 기울여야 합니다. 가장 바람직한 대처 방법은 반려견이 싫어하거나 거부감을 보이는 대상을 미리 예상하여, 사전에 이를 예방하려는 노력을 꾸준히 실천하는 것이라고 할 수 있습니다.

반려견의 공격성은 나타나는 순간부터 더 악화되기 시작합니다. 보다 정확하게 표현하면, 공격성이 외부로 표출되기 훨씬 이전부터 지금껏 악화되어왔다고 할 수 있습니다. 힘들다는 신호나 감정 표현을 무수히 반복하면서 말입니다. 그럼에도 이런 신호나 감정 표현들이 묵살당하거나 무시되면서 매순간 속으로 곪아왔던 것입니다. 그러기에 공격성이 구체적으로 외부로 표출되기 이전에 미리 예방교육을 실천하는 것이 무엇보다 중요합니다. 만약 구체적인 공격성이 외부로 표출되었다면, 처음 나타난 순간부터 초기에 이를 줄이기 위한 매우 적극적인 노력을 기울여야 합니다. 시간을 끌며 방치해서는 안 되겠지요.

스스로 해결하려는 노력도 위험합니다. 시간을 지체하지 말고 최대한 빠른 시일 내에 긍정적인 방법으로 교육하는 전문가의 도움을 받아, 필요한 예방과 치료 교육을 실천하는 것이 안전합니다. 주변에는 비용이 부담스럽다는 이유로 인터넷 검색이나 한두 권의 강아지 훈련 책에서 얻은 단편적인 지식으로 스스로 해결하려는 분들이 많은데, 자칫 증세를 더 악화시킬 수 있으므로 주의해야 합니다.

무는 행동을 예방하려면?

공격성은 다양한 원인에 의해 생겨나고 악화됩니다. 공격성이 나타난 이후에는 고치기 쉽지 않습니다. 예방이 최선입니다. 공격성이 생기는 대표적인 원인을 기준으로 그 예방법을 간략히 살펴보면 다음과 같습니다.

1) 사회화기에 충분하고 다양한 사회화 교육을 시도합니다.
2) 만성적인 스트레스를 받지 않도록 합니다.
3) 혼내거나 때리지 않습니다.
4) 하기 싫어하거나 두려워하는 것을 강제로 시키지 않습니다.
5) 입에 물고 있는 것을 억지로 빼앗지 않습니다.
6) 반려견이 침대나 소파 등 휴식을 취하고 있는 곳에서 강제로 쫓아내지 않습니다.
7) 반려견이 휴식을 취하고 있을 때 건드리거나 귀찮게 하지 말고 내버려둡니다.
8) 반려견의 몸짓언어를 이해하고 그에 어긋나지 않게 대합니다.
9) 신뢰감을 잃지 않도록 행동합니다.

관찰당하고 있는
나를 관찰하라

평소 반려견을 대할 때, 반려견 주변에서
행동할 때 조심하시기 바랍니다.
관찰당하고 있는 자신을 관찰하시기 바랍니다.

'누군가 보고 있다.'

어디서 많이 들어본 듯한 말이죠? 메어리 하긴스 클라크의 추리 소설 제목입니다. '나는 지난 여름에 네가 한 일을 알고 있다'라는, 1997년에 개봉된 공포영화를 보신 분들도 계실 겁니다.

이런 영화나 소설 제목처럼 누군가가 나를 처음부터 끝까지 낱낱이 지켜보고 있다면 어떤 느낌이 들까요? 오싹한 느낌이 들기도 하고, 기분 나쁠 것 같기도 하고…. 좋아하는 이성이 지켜본다면, 기분이 나쁘진 않을 것 같습니다. 아무튼 누군가가 끊임없이 나를 지켜보고 있다면, 행동 하나하나가 무척 조심스러워질 것 같습니다.

알렉산드라 호로비츠(Alexandra Horowits)는 그의 저서 *Inside of a Dog*에서, 개를 인간을 연구 관찰하는 인류학자(anthropolosist)

로 표현하면서, 유능한 관찰자로서의 개를 묘사하고 있습니다. 개는 우리의 관심이나 시선이 어디를 향하는지 늘 탐색하는 까닭에 우리보다 우리를 더 잘 알게 된다고 합니다. 개는 우리 주변에서 조용히 우리의 모든 움직임을 관찰하며, 우리의 사소한 버릇까지 세세히 안다고 합니다. 개만큼 우리를 유심히 관찰하고, 개만큼 우리를 잘 아는 동물은 없다고 합니다.

이처럼 개들은 우리 사람들의 행동을 항상 예의주시하며 관찰하는 전문적인 관찰자입니다. 그들은 우리의 작은 행동 하나하나도 결코 가벼이 넘기는 법이 없습니다. 사소한 움직임에도 예민하게 반응합니다. 우리가 앉아 있다가 일어나는 동작에도 하고 있던 모든 행동을 멈추고 주의를 집중하여 관찰합니다. 팔의 사소한 움직임, 손가락의 움직임, 손이나 팔의 위치, 걸음걸이의 빠름과 느림, 말투, 자세, 심지어 눈동자의 움직임과 눈의 깜빡임까지도 읽고 그 변화와 차이를 감지합니다.

가정을 방문하여 반려견 교육을 하다 보면, 그런 모습들을 너무도 자주 볼 수 있습니다. 반려견에게 어떤 동작을 새로 가르치다 보면, 반려견은 처음에는 매우 신중하게 반응합니다. 사람이 원하는 동작이 무엇인지 그에 대한 확신이 없기에, 많이 망설이기도 하고 일부러 엉뚱한 행동을 하기도 합니다. 골똘히 생각하는 모습을 보이기도 하고, 내 행동에서 무엇인가 단서를 얻으려는 듯, 자신의 행동에 대한 동의를 구하려는 듯, 교육하는 나의 행동 하나하나 작은 움직임 하나도 놓치지 않으려고 애쓰는 모습을 볼 수 있습니다.

이렇게 집중하면서 어떤 행동이나 동작을 하려던 찰나에 주변에서 이상한 소리가 들리면, 그 소리도 놓치지 않습니다. 그 소리와 그 동작을 연관 짓습니다. 마찬가지로 어떤 행동을 하려던 순간 주변에 있던 사람이 살짝 움직이기만 해도, 그 변화를 감지하고 자신이 하려던 행동과 연관 짓습니다.

우리와 함께 사는 반려견들은 우리 사람들의 사소한 행동도 절대 가벼이 지나치는 법이 없습니다. 평소 반려견과 생활함에 있어서, 또는 반려견 교육을 함에 있어서 이런 사실을 잊어버린다면, 우리는 반려견에게 의도하지 않은 그 무엇을 가르치게 될지도 모릅니다. 더 정확하게 말하면, 우리는 항상 우리의 행동을 통해서 함께 생활하는 반려견에게 끊임없이 그 무엇인가를 가르치고 있다고 볼 수 있습니다. 바꾸어 말하면, 우리 반려견들은 항상 우리의 모습이나 행동을 통해 끊임없이 무언가를 배우고 있다고 볼 수 있습니다. 그러기에 우리 반려견들의 행동은 우리 자신의 또 다른 모습입니다. '개도 사람을 닮는다'는 표현이 틀리지 않습니다.

산책할 때 어떻게 행동하는가에 따라, 반려견이 짖을 때 어떤 반응을 보이는가에 따라, 손님이 방문할 때 어떤 행동을 취하는가에 따라, 벨이 울릴 때 어떻게 움직이는가에 따라, 반려견이 깨물 때 어떤 반응을 보이는가에 따라, 외출할 때 어떤 행동을 보이는가에 따라, 배변할 때 어떤 반응을 보이는가에 따라 우리 반려견들은 시시시각각 우리의 행동이나 반응을 보고 판단하게 됩니다. 그렇게 학습하게 됩니다.

　반려견을 혼자 집에 두고 외출할 때 도망가듯 급하게 옷을 입고 따라오려는 반려견에게서 도망치듯 외출하지 않나요? 반려견은 사람의 황급한 외출 모습을 보고 혼자 남는 상황을 더 힘들어하고 불안해 할 가능성이 높습니다. 벨이 울리면 후다닥 급하게 현관으로 달려가거나 반려견을 안거나 붙잡지 않나요? 반려견은 보호자의 급한 행동에 뭔가 좋지 않고 불안한 일이 일어났음을 감지하고 더 긴장하며 짖어댈 가능성이 높아집니다.

　혹시 당신은 반려견 교육이라면 '앉아', '엎드려', '기다려' 등의 소위 몇 가지 명령어를 가르치는 것이 전부라고 생각하거나 그런 것이 가장 중요하다고 생각하시지 않나요? 그렇게 생각하신다면 당신은 당신의 반려견을 제대로 교육할 수 없습니다. 당신의 반려견은 '앉아', '엎드려', '기다려'라는 훈련을 할 때만 배우는 것이 아니기 때문입니다.

　반려견들은 우리의 행동이나 동작 하나하나를 통해 늘 배우고 있습니다. 일상에서 매 순간순간마다 우리 행동이나 태도를 통해 배우고 있기 때문입니다. 나의 행동이 반려견에게는 그 상황에서의 하나의 행동 지침이 됩니다. 나의 행동이 반려견에게는 모범답안이 됩니다. 우리는 자신의 행동을 통해 반려견에게 시시각각 가르치고 있습니다.

평소 반려견을 대할 때, 반려견 주변에서 행동할 때 조심하시기 바랍니다. 관찰당하고 있는 자신을 관찰하시기 바랍니다. 반려견 교육을 잘하는 비법을 찾는다면, 바로 그것이 반려견 교육을 잘하는 비법이 됩니다. 좋은 반려견을 기르는 최고의 방법이 됩니다.

반려견과
아기

아기 주변에서는 좋은 일만 생기게 해야 합니다.

얼마 전 아기에게 공격적인 반려견을 고쳐달라는 의뢰를 받아 한 가정을 방문했습니다. 5년 정도 된 포메라니언이었는데, 어릴 적부터 기르던 반려견이었다고 합니다. 그러다 약 1년 전 아이를 낳게 되어 아기와 반려견이 함께 생활하게 되었답니다. 그런데 최근 들어 갑작스레 아기에게 달려들어 아기를 물고 공격한다는 거였습니다. 그런 일이 최근 몇 개월 동안 3, 4차례 있었다고 합니다. 문제는 아기에 대한 공격성이 시간이 지날수록 강도를 더해가는 것 같다는 거였습니다. 아기를 공격하려 할 때 아기를 보호하기 위해 반려견을 막거나 아기를 안으면, 그 사람에게도 공격적으로 덤벼들고 물어서 고민이 이만저만이 아니라고 했습니다.

그 반려견이 아기에게 처음부터 공격성을 보인 것은 아니었답니다. 처음에는 다가가서 냄새 맡기도 하고 아기를 핥아주기도 하는 등 공격적인 성향을 보이지 않았답니다. 그런데 시간이 지날수록 공격적인 성향을 보이는 이유를 알 수 없다는 것이었습니다.

그 반려견은 아기에게 왜 점차 공격적인 행동을 하게 된 것일까요?

반려견과 아기와의 관계를 서열이나 복종의 문제로 풀려는 견해가 있습니다. 사실 이런 주장이 인터넷이나 강아지 훈련 책에서 가장 흔히 찾아볼 수 있는 해법이기도 합니다. 내용은 대체로 이러합니다.

반려견과 반려견 사이에도 서열을 형성시켜줘야 문제없이 생활하게 되듯이, 사람과 반려견 사이에도 서열을 분명히 해줘야 한다고 합니다. 마찬가지로 반려견과 아기 사이에도 서열을 분명히 인식시켜주면 문제는 해결된다는 주장입니다. 반려견에게 아기보다 서열이 낮다는 사실을 인식하게 해야 한다는 것입니다. 반려견은 아기가 잠을 자거나 생활하는 방에 함부로 들어서는 안 되고, 당연히 아기가 누워 있는 침대 위로 반려견이 올라오게 해서도 안 된다고 합니다. 반려견을 아기보다 높은 장소에 올라오게 해서도 안 된다고 합니다. 그래서 침대는 물론이고 소파 위에도 올라가지 못하게 통제해야 한다고 합니다. 아기가 있는 공간에 함부로 들어오지 못하게 하고, 아기에게 함부로 가까이 접근하지 못하도록 해야 한다고 합니다.

그것뿐이 아닙니다. 아기보다 먼저 먹어서는 안 되고 아기보다 앞서 나가서도 안 된다고 합니다. 유모차에 아기를 태워 산책할 때도, 아기를 태운 유모차 뒤에 반려견이 따르도록 해야 한다고 합니다. 현관문이나 방문을 들어가거나 나갈 때도, 반려견이 아기보다 앞서 나가지 못하게 해야 한다고도 합니다.

제게 반려견 교육을 의뢰한 분은 이런 내용이 옳은 것으로 믿고 지금껏 아기 부근에 반려견이 접근하면 통제하려 애썼다고 합니다. 아기를 안고 있거나 돌보고 있을 때 반려견이 다가오면 "안 돼, 저리 가!"라고 고함치며 반려견을 쫓아내곤 했다는 것입니다.

이런 행동을 반복하자 처음에는 아기에게 온순하던 반려견이 점차 공격적인 성향을 보이기 시작했다고 합니다. 요즘엔 "저리 가!" 하고 소리만 질러도 아기에게 갑자기 덤벼들거나 옆에 있는 다른 반려견을 공격하여 문다고 합니다.

반려견과 아기의 관계를 서열이나 복종의 문제로 해결하려는 행동의 부작용을 보여주는 전형적인 예라는 생각이 듭니다. 절대로 반려견과 아기와의 관계를 서열이나 복종의 문제로 인식하거나 이를 통해 해결하려 하지 마시기 바랍니다.

물론 반려견에 따라서는 그런 방식으로 대해도 아기와 아무런 문제없이 잘 지내는 경우도 있을 수 있습니다. 온순하고 스트레스에 강한 반려견이라면 그런 식으로 강제하고 야단쳐도 아기에게 공격성을 보이지 않고 아기와 문제없이 잘 지낼 수도 있을 테니까요. 그렇다 하더라도 반려견과 아기와의 관계를 서열, 복종의 방식으로 해결하려 한 방식이 옳아서, 그 효과로 그런 것이 아니라는 점은 분명히 알아야 합니다. 그런 반려견을 만난 건 단순히 '행운'

이라고 봐야 합니다.

어린 아이가 있는 가정에서 반려견을 새로 입양하거나 결혼해서 아기를 낳게 되어 기존에 기르던 반려견과 아기가 함께 생활해야 하는 상황이 된 경우, 아기와 반려견의 관계를 어떻게 해야 할지, 반려견과 아기 사이에 사고나 문제가 생길까봐 걱정하거나 고민하는 사람들이 많을 것으로 생각합니다.

아기에 대한 공격성을 예방하고, 반려견과 아기 사이에 사고나 문제가 생기는 것을 방지하려면 어떻게 해야 할까요? 자연스런 해법은 없는 것일까요? 아기와 반려견이 평화로이 공존하는 방법은 없는 걸까요?

우선 아기를 인식하는 반려견들의 생각이 어떠한지 이해할 필요가 있습니다. 반려견들이 아기가 어른에 비해서 몸집이 작기 때문에 우습게보거나 만만하게 본다고 생각하면 오해입니다. 반려견들이 아기를 선천적으로 싫어하는 것도 더더욱 아닙니다. 문제는 아기들의 자연스런 행동이 반려견들에게는 매우 자극적이고 위협적인 모습일 수 있다는 점입니다. 아기들의 고함소리나 울음소리는 반려견들을 긴장하게 할 수 있습니다. 아기들의 요란스런 몸짓과 동작들도 반려견을 자극할 가능성이 높습니다.

가장 좋은 예방책은 반려견이 어릴 때부터 아기의 모습이나 움직임, 동작, 아기의 목소리, 울음소리 등에 익숙해지게 하는 것입니다. 아기에 대한 '사회화'가 필요한 것입니다. 반려견의 사회화는 산책만 열심히 시키는 것으로 끝나는 것은 아니랍니다.

　아기가 기어 다니거나 걸어 다닐 수 있게 되면, 반려견의 눈을 찌르거나 귀나 꼬리를 마구 잡아당기고 귀찮게 괴롭히는 행동을 할 가능성도 있습니다. 아기들이 장난감을 다루듯 반려견을 함부로 만지고 괴롭히는 행동을 하지 않도록 평소 아기들을 잘 타이르고 가르쳐야 합니다. 우리 어른들은 이런 가능성이나 위험성을 항상 염두에 두고 있어야 합니다. 아기가 성장하여 스스로의 행동을 이해할 수 있는 나이가 될 때까지, 아기와 반려견 둘만 방치해서는 안 됩니다. 아기와 반려견이 함께 있을 때는 어른이 항상 지켜봐야 합니다.

　위에서 언급한 대로, 반려견과 아기의 관계를 서열이나 복종의 문제로 해결하려 해서는 안 됩니다. 아기 주변에 가까이 오지도 못하게 하고, 가까이 오면 쫓아내고 고함지르며 야단치는 행동을 반복하면, 반려견은 시간이 지날수록 아기를 '좋지 못한 기억의 대상'이나 '나쁜 일이 생기는 대상'으로 인식하게 될 가능성이 높습니다. 그런 일이 반복될수록 반려견에게 아기는 긴장감의 대상, 스트레스나 불안감의 대상이 됩니다. 아기가 움직이기만 해도, 아기가 울기만 해도, 아기가 뭐라고 하기만 해도 반려견은 긴장감을 느껴 공격적인 행동을 할 가능성이 높아집니다.

　아기를 물었다고 고함지르고 때리고 혼내는 행동도 아기와 관련된 기억이나 상황에 대한 인식을 더 나쁘게 하여, 사태를 더 악화시키는 요인으로 작용하므로 절대로 하지 말아야 합니다.

아기가 태어나기 전과 다른 급작스런 태도나 생활의 변화는 금물입니다. 아기를 경쟁이나 시샘의 대상으로 여기지 않도록 배려하는 것도 중요합니다. 개들에게 새로운 아기가 생기는 것은 자연스런 일일 수 있습니다. 야생의 개들은 아기강아지들의 돌발적이고도 무례할 수 있는 행동도 너그러이 이해하고 참아주는 경향이 강합니다. 노르웨이의 유명한 애견 훈련사 투리드 루가스(Turid Rugaas)가 주장한 '퍼피 라이선스(puppy license)'란 여기서 생겨난 말이라고 할 수 있습니다. 사람과 함께 생활하는 반려견에게도 아기가 새로이 생기고 가족이 늘어나는, 무리 구성원이 늘어나는 것이 자연스런 일이라는 것을 알려주세요.

아기 주변에서 서열을 가르치고 야단치고 고함지르는 행동은 개들이 본능적으로 갖고 있는 아기에 대한 호기심과 너그러운 감정을 잃게 만드는 원인이 됩니다. 반려견들이 어린 강아지에게 본래부터 갖고 있는 이해하고 너그러운 마음인 '퍼피 라이선스'를 훼손하게 됩니다.

먼저 반려견에게 아기 주변에서 차분하고 온순하게 행동하는 법을 알려주세요. 야단치거나 통제하려 해서는 안 됩니다. 아기 주변에서 차분하게 행동할 때마다 보상해 주는 것도 좋은 방법입니다. 아기 주변에서는 좋은 일만 생기게 해야 합니다.

반려견과 아기를 키울 때의 주의사항

반려견과 아기와의 관계에서 문제가 되는 것은 주로 반려견을 먼저 키우다가 나중에 아기를 낳게 된 경우입니다. 본문 내용 외에 다음 사항에 주의해야 합니다.

1) 나중에 아기를 낳을 계획이라면 미리부터 다른 아기를 접할 기회를 갖도록 노력하고 아기 부근에서 간식을 주는 등 아기에 대해 좋은 기억을 가지도록 하는 것이 좋습니다.
2) 아기를 낳기 전과 낳은 후의 환경을 갑작스레 바꾸는 것은 금물입니다. 환경을 바꾸려면 아기를 낳기 몇 달 전부터 준비해야 합니다.
3) 아기를 낳기 전후에 반려견을 대하는 보호자의 태도변화도 조심해야 합니다. 아기를 낳은 후에도 예전처럼 변함없이 반려견에게 관심을 가져야 합니다.
4) 아기를 낳아 집으로 데려오기 전에 미리 아기가 사용하던 담요나 수건 등을 이용하여 아기 냄새에 익숙하게 하는 것이 좋습니다. 아기가 사용하던 담요나 수건 등에 관심을 보이거나 냄새를 맡으면 간식으로 보상하는 것도 좋습니다.
5) 아기를 집으로 데려온 후에는 반려견이 아기를 쳐다만 봐도, 아기의 냄새를 맡으려고만 해도 간식으로 보상하는 것이 좋습니다. 아기 주변에서 차분하게 행동해도 간식으로 보상합니다. 초기에는 아기 울음소리가 날 때마다 간식으로 보상하는 것이 좋습니다. 아기 주변에서 "안 돼!", "저리 가!"라고 고함치거나 혼을 내고 쫓아내서도 안 됩니다. 반려견의 행동이 걱정스럽다면 반려견과 아기 사이에 끼어들어 가만히 기다리고 차분히 행동하면 보상하거나 관심을 다른 곳으로 돌려주면 됩니다.
6) 보호자가 아기를 안거나 만지거나 젖을 먹일 때 덤벼들지 않고 차분히 기다리는 교육을 미리부터 해주면 더욱 좋습니다.

여러 마리의
반려견
기르기

앗! 그러고 보니 우리 사람들끼리의 사회나 개들 사이의 사회나 개와 사람 사이의 사회나 상호 간에 관계가 유지되고 운영되는 원리가 다르지 않다는 것을 알 수 있네요?!

 반려견을 한 마리만 기르는 가정이 대부분이긴 하지만, 두 마리 이상 여러 마리의 반려견을 기르는 가정도 상당히 많습니다. 점차 여러 마리를 기르는 가정이 늘어나는 추세에 있다고 봅니다.

 대체로 처음에는 한 마리만 기르다가, 너무 외로워 보인다는 생각이 들거나 종(種)이 다른 사람이 대신할 수 없는 부분이나 공백을 채워주고자 이를 대신해줄 수 있는 다른 반려견을 추가로 새로 들이거나, 가족들이 모두 외출하고 혼자 집을 지켜야 하는 시간이 많아 분리불안증이 염려되어 새로 들이기도 하고, 여러 명의 아이를 키우듯 여러 마리의 반려견을 가족처럼, 자식처럼 기르는 가정도 있습니다.

한 마리의 반려견을 기르는 것과 비교하여 여러 마리의 반려견을 기르면 그에 따른 장점이 더 많은 편이긴 하지만, 단점이나 문제점도 있기 마련입니다.

여러 마리의 반려견을 기르는 가정에서 가장 힘들어하고 고민하는 문제는 반려견 사이의 관계입니다. 어떻게 하면 여러 마리의 반려견들이 친하게 지내도록 할 수 있을까? 반려견 사이의 다툼이나 싸움, 일방의 괴롭힘 등을 어떻게 해결할 수 있을까? 이런 문제들이 여러 마리의 반려견을 기르는 분들의 고민이나 상담 내용의 대부분을 차지합니다.

예전에 방문교육을 진행한 어떤 가정에서는 두 마리의 반려견이 서로 눈만 마주치거나 보이기만 해도 으르렁대며 싸움을 시작하는데, 한 치의 양보도 없이 죽일 듯한 기세로 싸움을 반복하여 격리시켜서 길러야 할 지경까지 이른 경우도 있었습니다. 어떤 가정에서는 한 마리의 반려견을 기르다가 새로 다른 반려견을 입양했는데, 기존에 기르던 반려견이 새로 입양한 반려견을 너무 무서워하고 가까이 다가오는 것을 싫어하여 으르렁대거나 공격적인 행동을 하고, 새로 입양한 반려견은 끊임없이 기존에 기르던 반려견 주변에서 서성대며 짖거나 괴롭히려는 행동을 하여, 둘 사이의 다툼이 끊이지 않아 가정의 평화마저 깨어지는 사례도 있었습니다.

반려견 사이에 싸움이나 다툼이 빈번하고 서로 친하게 지내지 못하는 이유는 뭘까요?

다른 문제와 마찬가지로 이 문제 역시 각각의 반려견이나 사례마다 다르고, 처한 환경과 보호자의 대처 방법 여하에 따라 달라질 수밖에 없는 문제이지만, 다음과 같은 대표적인 이유를 생각해볼 수 있습니다.

사회화가 중요한 시기에 다른 강아지에 대한 적절한 사회화 교육을 제때 시켜주지 못한 것이 원인이 될 수 있습니다. 이런 반려견들은 다른 반려견이 접근하거나 다른 반려견과 함께 있으면 불안해하고 경계하여, 다른 반려견이 가까이 다가오기만 해도 두려워하며 짖거나 공격성을 보입니다.

먹이나 물건, 특정인에 대한 소유욕, 경쟁심 등이 원인이 되어 반려견 상호 간에 다툼이나 공격적인 행동이 빈번해질 수 있습니다.

초기에 한두 번의 사소한 다툼이 있을 때 보호자의 과민한 반응이나 잘못된 대처가 문제를 더 악화시키는 원인이 되는 경우도 상당합니다.

반려견 사이에 나이나 크기, 성격 등의 부조화나 차이 때문에 다툼이 빈번하게 발생할 수도 있습니다. 예컨대, 열 살이 넘은 반려견을 기르다가 갓 태어난 어린 반려견을 추가로 입양한 경우, 기존에 기르던 나이 든 반려견은 어린 강아지의 활기찬 행동과 장난을 귀찮아하거나 스트레스를 느낄 수 있습니다. 이런 상황이 반복되다 보면, 어린 강아지에게 공격적인 반응을 보이게 될 가능성이 있습니다.

스트레스나 불안감이 다른 반려견에 대한 공격성의 원인이 되기도 합니다. 이런 사례는 상당히 많습니다. 어떤 코카스파니엘은 가족이 외출하려는 순간, 같이 키우는 다른 반려견을 공격하는 행동을 반복하곤 했습니다. 말티즈를 두 마리 기르는 어떤 가정에서는 산책하려고 목줄을 매면 짖어대면서, 옆에 있던 다른 반려견을 공격하기도 했습니다. 이런 행동은 특정 상황에 대한 불안감이나 스트레스가 다른 반려견에 대한 공격적인 행동으로 표출되는 사례라고 할 수 있습니다.

여러 마리의 반려견 사이의 다툼을 예방하고 해결하기 위해선 위와 같은 원인 요소들을 제거하거나 재점검해야 합니다.

그런데 이와 관련하여 반려견 사이의 다툼이나 공격성의 원인을 반려견 상호 간의 서열 정리가 되지 않아서라고 하거나 서열 관계의 오류 때문이라고 생각하고, 해법 또한 이를 해결하는 것이 최선이라고 주장하는 견해가 있습니다. 이런 견해는 과거로부터 현재에 이르기까지 주류를 이뤄온 주장이지만, 문제를 해결하기는커녕 반려견 상호 간의 갈등과 긴장을 조장하고 악화시키는 이론으로서 반드시 폐기되어야 할 잘못된 주장입니다. 이에 의하면 주로 나이가 많은 반려견이나 힘이 센 반려견, 공격 성향이 강한 반려견을 서열이 위인 반려견으로 인식하여, 그 반려견을 먼저 챙겨주거나 우선권을 주기를 일상화하면, 자연스레 서열 정리가 되어 상호 간의 다툼이나 공격성이 해결된다는 것입니다.

힘이 세거나 공격성향이 강한 반려견을 먼저 예뻐해주기, 먼저 먹이 주기, 먼저 목줄 매기, 앞서 나가게 해주기, 먼저 원하는 것 해주기, 높은 자리에 올려주거나 잠자리를 마련해주기….

힘이 세거나 공격 성향이 강한 반려견을 먼저 챙겨준다고 다툼이나 불화가 근본적으로 해결되진 않습니다. 힘이 세거나 공격 성향이 강한 반려견을 먼저 챙겨주었다 하더라도 잠시 후 다른 반려견을 챙겨주려고 하면, 힘이 세거나 공격 성향이 강한 반려견이 가만있지 않을 것은 뻔합니다. 질투심이나 경쟁심으로 약한 반려견을 또다시 공격하거나 끼어들기 때문입니다. 싸움을 피하기 어려워집니다. 반대의 경우도 마찬가지입니다. 힘이 세거나 공격 성향이 강한 반려견을 먼저 챙겨주면, 약한 반려견도 흥분하여 그 상황에 끼어들거나 덤벼들기 마련입니다. 싸움이 일어날 수밖에 없습니다.

이처럼 반려견 사이의 싸움이나 다툼을 서열 문제로 인식하는 입장은 사람과 반려견 사이의 관계를 서열 관계로 인식하는 입장과 맥락을 같이하는 것이라고 할 수 있습니다. 사람과 반려견 사이를 서열 관계로 인식하는 것이 반려견과 사람사이의 신뢰 관계를 파괴하고 갈등을 조장할 수 있는 것과 마찬가지로, **반려견 상호 간의 관계를 서열 관계로 인식하여 힘의 논리로 해결하려는 것은 긴장과 갈등 관계를 조장하여 관계를 더 악화시킬 가능성이 높습니다.**

한편, 사람이 벌을 주고 통제하여 반려견 사이의 다툼이나 부조화를 해결하려는 입장이 있습니다.

 그 대표적인 방법이 여러 마리의 반려견에게 체인 목줄을 매어두고 지켜보고 있다가, 다른 반려견에게 공격적인 행동을 하면 "안돼!"라고 외치며 즉시 매어둔 체인 목줄을 순간적으로 강하게 채서 벌을 주고 공격적인 행동을 통제하려는 방법입니다. 그러나 이 방법 역시 부작용을 초래할 수 있는 위험한 방법입니다. 체인 목줄로 벌을 주는 행동을 반복하면 할수록 반려견 사이의 반목과 긴장감은 더 커질 가능성이 높습니다. 문제를 해결하기보다는 장기적으로 더 악화시키는 방법에 지나지 않습니다.

 얼마 전 이런 사례를 접한 적이 있습니다. 한 마리의 골든리트리버와 두 마리의 비숑프리제를 기르는 가정이었는데, 새로 입양한 골든리트리버가 성장하면서 예전부터 기르던 비숑프리제를 공격하고 괴롭히기 시작했습니다. 이를 해결하기 위해 어떤 업체에 애견 방문교육을 의뢰했다고 합니다.

 그 애견 훈련사가 방문해서 알려준 해법은 벌을 주고 통제하는 방식이었습니다. 신문지를 두텁게 말아 준비해둔 상태에서 골든리트리버가 다른 비숑프리제를 공격하면, 그 순간마다 골든리트리버를 준비해둔 신문지로 강하게 때리고 신문지를 숨기라고 했다고 합니다. 그 보호자분은 그 방법대로 일정 기간 실천했다고 합니다. 결과는 어떻게 되었을까요? 고쳐졌을까요? 결과는 반대였습니다.

 예전보다 더 나빠져 더 공격적이고 신경질적으로 다른 비숑프리제들을 괴롭히고 공격했다고 합니다. 왜 그럴까요? 골든리트리버를 신문지로 때리고 통제하려는 행동이 스트레스를 더 유발하게 되었고, 그 스트레스로 말미암아 비숑프리제에 대한 공격성이 더 심해진 것이지요. 골든리트리버의 비숑프리제에 대한 생각이나 감정을 나쁘게 연관 짓게 하는 결과를 초래했기 때문입니다.

여러 마리의 반려견 사이의 다툼이나 불화를 해결하기 위한 방법으로 서열 정리를 한다거나 벌을 주고 통제해서 해결하려 해서는 절대로 안 됩니다. 폭력은 폭력을 부르고, 강제는 강제를 부를 뿐입니다. 힘의 논리로 해결하려 해서는 안 됩니다. 가정을 유지시켜주고 사회를 이끌어가는 것은 폭력과 강제가 아닙니다. 서로 협력하고 타협하고 공존하는 관계가 가정을 유지시키고 건전한 사회를 만들 수 있게 해줍니다. 반려견 사이의 관계도 마찬가지입니다. 사람들의 선입견과는 달리 공격적이고 힘센 한 마리의 개가 반려견의 무리를 유지시켜주고 이끌어가는 것이 아닙니다. 서로 협력하고 공존할 줄 아는 사회성이 좋은 개가 개들의 무리를 건강하고 평화롭게 유지시켜주는 데 가장 중요한 역할을 합니다.

다른 반려견을 공격하고 괴롭히는 개를 흔히 사람들은 '대장 개' 또는 '서열이 가장 높은 개'라고 지칭합니다. 그러나 이런 개들은 사실 사회성이 결여되고 공격적이며 스트레스에 취약한 비정상적인 개일 가능성이 있습니다. 우리 사람들은 조직 폭력배를 '서열이 높다'고 얘기하진 않습니다. 폭력성이 강한 사회 부적응자로 여깁니다. 대장 개 또는 서열이 높은 개라고 여기는 개들이 사실은 우리 사람으로 치면 조직 폭력배와 같은 비정상적인 존재일 가능성이 있다는 점을 생각해보셨는지요?

반대로 서열이 낮다고 여겨지는 개들은 실제로 서열이 낮아서라거나 힘이 약해서 그런 것이 아닐 수 있습니다. 그런 개들은 오히려 불필요한 충돌을 싫어하고, 서로 공존하고 양보하며 협력하는 관계를 원하고, 그 결과 다른 개가 공격하거나 괴롭혀도 참고 맞서서 공격하지 않는 것은 아닐까요? 협력과 공존을 원하는 사회성 좋은 개의 모습은 아닐까요? 인간 사회의 계급 사회에 길들여진 우리 사람들의 삐뚤어진 시각에서 비롯된 삐뚤어진 편견이 만들어낸 허상의 결과물이 '대장 개' 또는 '서열이 가장 높은 개'가 아닐까요? "돼지 눈에는 모든 것이 돼지로만 보이고, 부처의 눈에는 모든 것이 부처로만 보인다."라는 선현의 말씀은 이를 두고 하는 말이라고 생각됩니다.

따라서 **여러 마리의 반려견을 사이좋게 기르려면, 상호 간에 협력과 공존하는 방법을 가르쳐야 합니다.** 평소 협력 관계와 동료의식, 일체의식을 강화하고 상호 간에 충돌을 피하는 방법을 알려준다면, 자연스레 반려견 사이의 충돌이나 불화를 방지하고 여러 마리의 반려견을 사이좋게 기를 수 있습니다.

서열 정리나 통제와 벌이라는 구시대적이고 강제적인 방법을 사용하지 않아도 됩니다. 사회나 무리를 이끌어가는 원리는 서열도 통제도 아닌 협력과 공존입니다. 여러 마리의 반려견 사이를 서열과 갈등, 경쟁 관계라는 시각으로만 봐서는 근본적인 문제 해결이 어렵습니다.

앗! 그리고 보니 우리 사람들끼리의 사회나, 개들 사이의 사회나, 개와 사람 사이의 사회나 상호 간에 관계가 유지되고 운영되는 원리가 다르지 않다는 것을 알 수 있네요?!

같이 키우는 반려견들이 서로 싸울 때

여러 마리의 반려견들이 사이가 좋지 않아 서로 싸운다면 이를 혼내거나 통제해서 고치려 해서는 안 됩니다. 한쪽을 감싸거나 억지로 싸움을 말리려는 행동도 싸움을 더 부추길 수 있으며, 흥분한 상태이므로 싸움을 말리는 사람도 물기 쉬워 위험하므로 주의해야 합니다. 본문에서 얘기한 것처럼 서열관계로 해결하려 해서도 안 됩니다. 한쪽이 상대방을 계속해서 괴롭힌다면 해당 반려견이 어떤 스트레스 등 정신적인 이상증세를 겪고 있는 것은 아닌지 체크하여 그를 줄이는 노력과 병행해야 합니다.

1. 증세가 비교적 가벼운 경우

반려견들의 증세나 성향을 고려하여 아래의 방법들 중 적절한 방법으로 꾸준히 교육해야 합니다.

1) 반려견 사이에 서로 노려보는 등 긴장감이 흘러 싸움이 일어날 것 같은 기미가 보이면 미리 관심을 다른 곳으로 돌리거나 말없이 둘 사이에 끼어들어 가만히 있습니다.

2) 일방이 다른 쪽을 괴롭히거나 이미 싸움이 일어난 경우에도 말없이 둘 사이에 끼어들어 가만히 있습니다.

3) 2번이 통하지 않는 때에는 서로 싸우려거나 싸우는 순간 말없이 방문을 닫고 다른 공간으로 가버립니다. 이렇게 하면 보통은 싸움을 중단하고 보호자 쪽으로 오는 경향이 많습니다. 이런 과정을 싸울 때마다 반복합니다.

4) '함께' 무언가를 하도록 하면 반려견 사이에 유대감을 높일 수 있습니다. 함께 산책이나 놀이를 하고, 간식을 이용하여 앉아, 엎드려, 기다려 등 간단한 훈련을 함께 하거나 실내 곳곳에 간식을 숨겨두고 코를 사용하여 찾아먹도록 하는 노즈워크 게임을 함께 하면 도움이 됩니다.

5) 한쪽 강아지를 만지거나 안을 때 다른 강아지가 질투심에 덤벼들고, 안겨있는 강아지는 다른 강아지가 다가올 때 공격성을 보이는 경우라면 한쪽을 만지거나 안을 때 다른 강아지가 차분히 기다리면 간식으로 보상하기를 반복하여 차분하고 공격성을 보이지 않는 행동을 가르쳐주고 강화시켜줍니다.

6) 한쪽이 다른 한쪽 가까이 다가오거나 쳐다볼 때마다 간식으로 보상합니다.

7) 평소 싸울 가능성이 있는 상황에서 싸우지 않고 사이좋게 행동하면 간식으로 보상합니다.

8) 보호자가 싸우는 반려견들을 관리할 수 없는 시간대에는 서로 다른 공간에 분리시켰다가 관리·교육할 수 있는 때만 같은 공간에 있게 하면서 위의 과정을 반복하는 것이 좋습니다.

2. 증세가 심한 경우

마주치기만 해도 싸우는 등 증세가 심한 경우에는 평소 서로 다른 공간에 분리시킨 상태에서 교육을 진행해야 합니다.

1) 보호자가 교육이 가능하고 관리할 수 있는 때에만 짧은 시간 동안 둘을 만나게 하면서 교육하고, 그렇지 않은 때에는 다시 다른 공간에 분리시켜야 합니다.

2) 분리시켰다가 같은 공간에서 만나게 하는 때에는 처음에는 서로 안전한 거리를 유지한 채 간식으로 보상하기를 반복하다가 양쪽의 반응을 관찰하여 긴장감이나 공격성을 보이지 않으면 점차 거리를 가까이하면서 간식으로 보상하기를 반복합니다.

3) 위의 과정을 진행하면서 상황이나 교육의 진전에 따라 '1. 증세가 비교적 가벼운 경우'의 방법을 적절히 활용하여 교육하면 됩니다.

반려견의
권리를
인정하라?!

지금 당신의 반려견에게 문제 증세가 있다면,
우선 이런 개로서의 최소한의 권리,
개가 개로서 개답게 살아가기 위한 조건들이
충족되고 있는지부터 살펴보시기 바랍니다.

여러분, 어떻게 생각하세요? 우리 반려견에게도 '권리'라는 것이 있을까요? 혹자는 이런 질문에 피식 웃으며 "말도 안 되는 헛소리를 하고 있군." 하고 말할지 모르겠습니다. 또 다른 혹자는 "사람인 나도 내 권리를 제대로 누리지 못하는 형편인데, 개에게 무슨 권리?" 하고 냉소적으로 답할지도 모르겠습니다.

저도 지금껏 위와 같은 생각을 당연시하면서 살아왔습니다. 권리란 우리 사람만이 누리는 것이지, 결코 다른 동물이나 개에게는 인정될 수도 없고 누릴 자격조차 없는 것이라고 말입니다. 하등한 동물인 개들에게 권리라는 말을 들먹이는 것 자체가 가당찮은 얘기라고 생각해왔습니다.

그런데 곰곰이 생각해보니, 지금까지의 저의 이런 생각이 잘못된 것임을 알 수 있었습니다. 반려견을 포함하여 다른 동물들에게도 권리라는 것이 있고 마땅히 인정되어야 한다는 점을 느낄 수 있었습니다. 사람만이 권리를 가지고 이를 누릴 자격이 있다는 생각은 우리 사람들의 오만함에서 비롯된 것이 아닐 수 없습니다. 우리 사람들의 오만함과 우월의식, 교만함이 다른 동물들을 하찮은 존재로 여기고, 그들은 하등한 동물이니 아무렇게나 대해도 된다고 생각하게 했습니다. 그 결과 반려견을 포함하여 다른 동물들에게는 권리라는 말조차 사용하면 안 되는 잘못된 표현이라고 여기게 되었다고 생각합니다. 이런 저의 생각에 어떤 이는 이렇게 따지듯이 물을지도 모르겠습니다.

"그럼 그렇게 생각하는 근거를 대보세요. 납득할 만한 근거를 말씀해보세요!"

근거는 간단합니다. 사람이나 반려견을 포함한 다른 동물들 모두 생김새, 지능 등에 정도의 차이가 있을 뿐, 이 땅에서 함께 살아가는 소중한 '생명체'라는 점에서는 다를 것이 없기 때문입니다. 신이 창조한 피조물이라는 점에서는 동일하기 때문입니다. 우리 인간에게는 누구로부터 주어진 것이 아니라, 본래부터 태어나면서부터 가지게 되는 권리가 있다고 알고 있을 겁니다. 이를 천부인권(天賦人權) 또는 자연권(自然權)이라고도 합니다. 생명권, 자유권,

신체의 자유권, 생각의 자유권, 인격권, 인간답게 살 권리 등이 이에 해당한다고 볼 수 있습니다. 이들 권리들은 외부로부터 주어진 것이 아니라, 인간이 인간이기에 당연히 누려야 할 권리라고 할 수 있습니다.

그렇다면 소중한 생명체라는 점에서 우리와 다를 바 없는, 우리와 이 땅에서 함께 살아가는 반려견을 포함한 다른 동물에게는 이런 권리들이 인정될 수 없는 걸까요? 인간이 인간이기에 당연히 누려야 할 권리가 있듯, 동물이 그 동물로서 누려야 할 당연한 권리 또한 인정되어야 마땅하지 않을까요? 반려견이 개로서 누려야 할 당연한 권리가 인정되어야 한다는 것은 전혀 이상할 것이 없다고 생각됩니다. 우리 사람만이 사람으로서 누릴 수 있는 당연한 권리가 있다고 생각하는 것은 오만한 생각이 아닐 수 없습니다.

언뜻 이런 생각이 들기도 합니다. 개들이 우리 사람처럼 말을 하고 자신의 의견을 표현할 수 있다면, 어느 날 광화문 광장에 모여 시위를 하며 이런 구호를 외칠지 모른다는 생각을 해봅니다.

"우리에게도 권리를 인정하라!"

"개답게 살 권리를 인정하라!"

"개로서 누려야 할 당연한 권리를 인정하라!"

그렇다면 반려견들에게 어떤 권리들이 있을까요? 반려견이 반려견으로서 누려야 할 당연한 권리에는 시각에 따라, 넓은 의미로 볼 것인가 좁은 의미로 볼 것인가에 따라 다를 수 있겠지만, 다음과

같은 권리는 당연히 인정되어야 한다고 봅니다.

1) 마음껏 배변할 수 있는 권리
2) 마음껏 뛰어놀 수 있는 권리
3) 마음껏 냄새 맡을 수 있는 권리
4) 씹거나 물어뜯을 수 있는 권리
5) 다른 반려견과 만나고 뛰어놀 수 있는 권리
6) 다른 무리 구성원이나 사람과 함께 잠자고 함께 있을 권리
7) 폭력과 강제에 의해 학대받지 않을 권리
8) 사유 재산권

이런 권리들은 개가 개답게 살아가기 위해서 인정되어야 할 최소한의 조건이라고 할 수 있습니다. 이런 최소한의 조건들이 주어지지 않을 때 소위 '문제견'이 생깁니다. 스트레스와 좌절감을 유발하여 장기적으로는 공격성, 과도한 짖음, 강박행동장애 등의 수많은 증세들이 나타날 수 있습니다.

반려견들의 최소한의 기본적인 요구들이 충족될 수 있도록 보살피고 노력해야 하는 것은 보호자인 우리 사람들의 몫입니다. 반려견의 '권리'에 대응하는 우리 사람들의 '의무'라고 할 수 있습니다.

지금 당신의 반려견에게 문제 증세가 있다면, 우선 이런 개로서의 최소한의 권리, 개가 개로서 개답게 살아가기 위한 조건들이 충

족되고 있는지부터 살펴보시기 바랍니다. 이런 기본적인 조건들이 충족되지 않은 상태라면, 반려견 교육은 모래 위에 집을 짓는 것과 다르지 않습니다. 아무리 뛰어난 반려견 교육 비법이 있다 한들 소용이 없을 것입니다.

반려견
교육은 게임이다

게임 같은 반려견 교육을 반복하는 과정에서
반려견은 자신이 알지 못하는 사이에 문제 행동이 고쳐지게 됩니다.

"토토, 너 이제 혼났어. 무서운 선생님이 오셨으니까. 이제 큰일 났어, 큰일나."

제가 애견 방문교육을 위해 첫날 방문하여 현관문을 들어설 때, 자신의 반려견에게 이렇게 말씀하시는 분들이 있습니다. 물론 별 의미 없이 우스갯소리로 하는 말씀이었겠지만, 은연중에 사람들이 막연히 갖고 있는 반려견 교육에 대한 선입견을 나타내는 표현이라고 생각합니다. 반려견 교육을 엄격한 군대식 명령 복종 관계나 벌을 주고 혼내는 과정으로 생각하고 있었다는 반증일 것입니다. 서열을 바로잡고 사람에 대한 복종심을 강화하는 혹독한 과정으로 오해하고 있었다는 증거가 아닐까요? 하기야 인터넷이나 애견 훈련 책자에 온통 도배되다시피 한 내용이 서열, 복종에 관한 내용이니, 그렇게 오해하는 것이 당연하리라 생각합니다.

그런데 제가 가정을 방문하여 반려견들을 교육하는 모습을 보곤 신기해하거나 놀라워하고 기뻐합니다. 혼내지 않고도 문제 행동을 고치고 반려견 교육을 할 수 있다는 사실에 신기해하고 놀라워하며, 혼내지 않고 강제하지 않아도 되는 방법이 있고, 그런 방법을 알게 되었다는 사실에 무척 흥분하고 기뻐합니다. 경우에 따라서는 엄격한 복종 훈련 등을 기대했다가, 그렇지 않은 모습에 살짝 실망(?)하는 분들도 있답니다.

모든 반려견 교육 과정은 혼내지 않고 강제하지 않아도 가능합니다. 고함지르지 않아도 됩니다. 인상을 찡그릴 필요도 없습니다. "안 돼!"라고 말할 필요도 없습니다. 나아가 반려견과 게임을 하듯이, 재미있는 놀이를 하듯이 즐겁게 시간을 보내며 문제 행동을 고치고 반려견 교육을 진행할 수 있습니다.

게임 같은 즐거운 반려견 교육 과정을 통해 강아지는 쌓인 스트레스를 날려버릴 수 있게 됩니다. 교육을 진행하는 사람도 전혀 부담 없이 즐겁고 가벼운 마음으로 반려견과 즐거운 한때를 보낸다는 느낌으로 할 수 있습니다. 그러니 반려견과 따로 시간을 내어 놀아주지 않아도 됩니다. 놀이는 그것만으로도 충분할 수 있으니까요. 반려견은 교육 시간을 기다리고 교육을 더 하고 싶어 하게 됩니다. 이런 과정을 통해 반려견과 사람 사이의 신뢰 관계가 더욱 돈독해집니다.

엄격한 복종 훈련은 필요 없습니다. 기초 교육은 두뇌 게임처럼 놀이처럼 부담 없이 하면 됩니다. 당연히 체인 목줄로 채지 않아도 됩니다. 목줄을 맬 필요조차 없습니다. 짖는 반려견 교육도 게임처럼 재미있게 진행하면서 자연스레 짖지 않게 교육할 수 있습니다.

산책 교육도 반려견과 사람이 함께 즐기는 즐거운 시간을 보내며 자연스레 사회성을 기르고, 산책에 따른 문제 행동을 고칠 수 있습니다. 반려견 배변 교육도 야단치지 않고 억지로 가두지 않아도 원하는 장소에 용변을 보도록 가르칠 수 있습니다. 분리불안증 교육도 게임처럼 즐겁게 진행하다 보면, 어느 새 분리불안증이 없어지는 기적 같은 일이 생깁니다. 게임 같은 반려견 교육을 반복하는 과정에서 반려견은 자신이 알지 못하는 사이에 문제 행동이 고쳐지게 됩니다.

요즈음 제가 가정을 방문하여 현관문을 들어서면 반려견들은 반가워서 어쩔 줄 몰라 합니다. 어떤 보호자분들은 자신이 외출했다가 돌아올 때보다 더 반가워하는 반려견의 모습에 서운해하거나 약간의 질투심마저 표현하기도 합니다. 반려견이 저를 반기는 것은 전혀 혼내거나 강제함이 없이, 반려견 교육을 놀이처럼 게임처럼 진행하기 때문이겠지요.

모든 반려견 교육은 게임입니다. 게임처럼 재미있어야 합니다. 반려견 교육도 문제 행동 수정도 모두 게임처럼 놀이처럼 진행해야 합니다.

안심해!
절대로
혼내지 않을게

네가 어떻게 행동하기만을 기다리지 않을게.
내가 네게 할 수 있는 것, 해야 하는 것이 무엇인지 고민하고
그것을 먼저 하도록 노력할게.
그리고 기다릴게. 네가 내 마음을 이해하고 행동할 때까지.

"강아지가 잘못하면 혼내는 건 당연한 것 아닌가요? 자기가 잘못했다는 것을 알려줘야죠. 어떻게 혼내지 않고 키울 수 있나요?"

배변 문제든 짖는 행위든 무는 행위든, 이유를 불문하고 절대로 반려견을 혼내거나 때리면 안 된다는 제 말에 대한 어느 반려견 보호자분의 대답입니다. 사실 이런 생각은 어느 특정한 한 분만의 생각이 아닌 거의 대부분 반려견 보호자분들의 일반적인 생각일 것입니다.

저도 한때는 그렇게 생각했습니다. 필요하다면 혼도 내야 한다고. 강아지 훈련에서 벌이나 강제, 야단은 필요악(必要惡)이라고.

혼내지 않고도 얼마든지 교육할 수 있다는 사실을 알기 전까지는 말입니다. 긍정적인 교육법이 있다는 것을 알기 전까지는 말입니다. 긍정적인 교육법이 강제적인 강아지 훈련보다 훨씬 효과적이고 부작용이 없다는 것을 알기 전까지는 말입니다.

당신도 이제부터 사랑스런 반려견에게 이렇게 말해보세요. "안심해! 절대로 혼내지 않을게."

물론 이렇게 자신 있게 얘기하려면 그에 합당한 근거가 있어야 하겠죠. 혼내지 않고 기르려면 몇 가지 다짐을 할 수 있어야 합니다.

나는 네가 잘하리라 믿어. 내가 원하는 것이 무엇인지 알려주고 이해시켜주기만 하면, 너는 기꺼이 따라줄 것이라 믿기 때문이야. 네가 못 하는 것은 순전히 모르기 때문이니까. 너의 행동에 보상(報償)이 주어지고, 그 행동을 내가 좋아하고 기뻐한다는 사실을 알게 되면 반드시 잘하리라 믿어.

혼내지 않고 너를 이해시키고 내 말을 알아듣지 못하는 네게 자연스레 알려주려면 특별한 방법이 필요하겠지. 더 자연스럽게 더 잘 이해시킬 수 있는 방법을 찾기 위해 늘 노력하고 고민하고 공부할게.

너를 혼내는 나의 행동이 얼마나 너와 나의 영혼을 파괴하고 너와 나의 관계를 단절케 한다는 걸 알기에 절대로 혼내지 않으리라 다시 한 번 다짐할게. 손바닥으로 엉덩이를 때리는 행동도, 신문지로 바닥을 두드리며 고함치는 행동도, 짖는다고 스프레이를 뿌리는 행동도, 주둥이를 잡는 행동도, 페트병을 집어던지는 행동도, 눈을 노려보는 행동도, 억지로 배를 뒤집는 행동도 모두 너에게는 폭력일 수 있다는 것을 잊지 않을게. 심지어 "안 돼."라고 고함치는 행동도, 잘못하거나 흥분한다고 "앉아."라고 고함치는 행동마저도 네게는 혼내는 행동이고 폭력일 수 있다는 점을 꼭 기억하고 절대로 하지 않을게.

너에게 하는 나의 사소한 행동도, 무심코 대하던 나의 행동도 너에게는 폭력이고 위협이며, 마음의 상처를 줄 수 있다는 사실을 알게 되기까지는 참으로 오랜 시간이 필요했단다. 나의 오만함과 무지 때문이지. 평소 너를 대하는 방법부터 조심하고 또 조심할게.

세상엔 공짜가 없다던데. 기브 앤 테이크는 모든 관계의 변치 않는 철칙인데. 네게만 요구하고 바란다면 이치에 맞지 않는 거겠지. 반려견 교육은 강아지와 사람 사이의 상호작용이라는데. 네가 어떻게 행동하기만을 기다리지 않을게. 내가 네게 할 수 있는 것, 해야 하는 것이 무엇인지 고민하고, 그것을 먼저 하도록 노력할게. 그리고 기다릴게. 네가 내 마음을 이해하고 행동할 때까지.

"안심해! 절대로 혼내지 않을게."

어미 개처럼
행동하라

침착하고 경험 많은 온순한 어미 개처럼 행동하시기 바랍니다.
우리가 모르는 사이에 반려견은
우리 행동을 보고 따라하고 있을지 모릅니다.

 개들이 우리 인간들과 생활하지 않고 야생 생활을 하는 모습을 상상해봅니다. 약육강식의 거칠고 위험한 야생에서 자신의 생명을 지키고 종족을 보존하기 위해선 경험과 학습이 필요합니다. 사냥 기술도 익혀야 하고, 위험을 피하는 방법도 익혀야 하고, 어떤 것은 위험한 반면 어떤 것은 위험하지 않고, 어떤 것은 해도 좋은 행동이고 어떤 것은 하면 안 되는 행동이고, 무리 구성원들과의 소통과 대화는 어떻게 해야 하고 놀이는 어떻게 해야 하는지…. 많은 것들을 내재된 본능과 경험을 통해서 배우게 됩니다.
 반려견들의 학습은 생후 약 2주경 눈을 뜨면서부터 시작된다고 볼 수 있습니다. 생후 3, 4주가 되면 어미에게서 함께 태어난 다른 형제 강아지들과 뒹굴고 깨물고 장난치면서 소통 방법과 교감하는 법을 익힙니다. 다른 개들과 공존하는 법을 배우는 겁니다. 이 시기의 놀이를 통해서 무리 생활에 꼭 필요한 '상대방을 너무 세게 깨물면 안 된다는 사실(bite inhibition)'을 경험적으로 배우게 됩니다. 상대방의 몸짓을 통해 상대방의 의도를 파악하는 방법도 익히게 됩니다. 상대방을 편안하게 하고 자극하거나 위협하지 않으려면, 어떻게 행동하고 어떤 자세를 취해야 하는지도 배우게 됩니다.

강아지가 눈을 뜨는 생후 2주경부터 생후 4개월까지는 매우 중요한 시기입니다. 앞으로 평생을 살아가는 데 필요한 중요한 부분을 이 시기에 익히게 됩니다. 이 시기 강아지들의 뇌는 스펀지와 같습니다. 주변의 보고 듣고 냄새 맡는 모든 것들을 있는 그대로 받아들이게 됩니다. 이 시기에 경험하고 익힌 대상에 대해서는 이후 평생을 살아가면서 익숙해 하고 편안해 하지만, 이 시기에 접해보지 못하고 경험하지 못한 대상에 대해서는 항시 경계하고 두려워하게 됩니다. 이 시기에 다양한 경험과 '사회화'가 중요한 것은 바로 이 때문입니다.

반려견들의 학습에서 중요한 부분을 차지하는 것이 다른 무리 구성원들의 행동입니다. 다른 무리 구성원들의 행동을 모방하고, 이를 통해 상황을 파악합니다. 다른 구성원들이 뛰면 자신도 뛰고, 다른 무리 구성원들이 짖으면 자신도 짖고, 다른 무리 구성원들이 두려워하거나 경계하면 자신도 그러하고, 다른 무리 구성원들이 장난감을 가지고 놀면 자신도 그러하고, 다른 무리 구성원들이 냄새를 맡으면 자신도 냄새 맡기에 열중하고…….

그중에서도 어미에게서 같이 태어난 다른 형제 강아지들과의 놀이를 통한 학습과 어미를 통한 모방과 학습은 가장 중요합니다. 어린 강아지와 어미 개가 들판을 이동합니다. 어린 강아지에게는 모든 것이 낯설고 신기합니다. 이것저것 입으로 넣어보기도 하고 씹어보기도 하고 냄새도 맡아보고…….

강아지는 시시각각 다른 강아지나 어미 개의 행동을 유심히 관찰할 것입니다. 어미 개가 멈추면 새끼 강아지도 멈추고, 어미 개가 가면 새끼 강아지도 따라 움직입니다. 이상하고 낯선 대상을 만났습니다. 어미 개의 몸짓이 달라집니다. 심장박동 수도 빨라지고 스트레스 호르몬이 분비됩니다. 그런 몸짓과 감정이 강아지에게도 전달됩니다. 이런 과정을 통해서 강아지는 그 대상이 두려운 대상이고 조심해야 할 대상임을 배우게 됩니다.

또 다른 대상을 만났습니다. 새끼 강아지가 소심하고 겁 많은 녀석이라면, 두려워서 어찌할 바를 모를 수 있습니다. 낑낑대며 어미에게로 다가가 어미 뒤에 숨거나 어미 곁을 떠나지 않으려고 안간힘을 쓸 수 있습니다. 불안함과 스트레스로 낯선 대상을 향해 짖어보기도 하고, 주변을 이리저리 날뛰어보기도 합니다. 이때 어미 개의 경험상 그 대상이 무서워할 대상이 아니라면, 어미 개는 어떻게 행동할까요? 아무렇지도 않다는 듯이 태연스레 행동할 것입니다.

새끼 강아지의 행동을 보지 못한 듯 엉뚱한 곳을 쳐다보는 시늉을 할 수 있습니다. 멈춰 서서 가만히 다른 곳을 응시하거나 별일 아니라는 듯 하품을 반복할 수도 있습니다. 앉아서 태연히 몸을 긁는 척하거나 전혀 동요 없이 주변의 냄새를 맡고 있을 따름입니다. 불안감에 떨던 새끼 강아지는 어미 개나 다른 강아지들의 이런 모습을 보고 처음에 당황하고 불안해 하던 모습과는 달리, 차츰 안정을 찾게 됩니다.

'어!? 내 판단이 잘못된 것인가? 아무도 불안해하거나 무서워하지 않잖아! 그럼 내 판단이 잘못된 모양이군. 이건 무서운 대상이 아닌 것임이 틀림없어.'

불안해하던 강아지는 이런 생각을 하며 낯선 대상이 경계할 대상이 아니라는 것을 배우게 됩니다.

새로운 대상을 만났습니다. 새끼 강아지는 호기심 반 두려움 반으로 새로운 대상에 관심을 보이기도 하고 경계하기도 합니다. 이때 어미 개의 표정과 몸짓, 행동이 매우 호의적임을 감지하게 됩니다. 꼬리를 흔들고 기쁜 표정으로 반가움을 표현합니다. 장난스런 몸짓으로 상대와 놀이를 즐기기도 합니다. 이를 통해 새끼 강아지는 그 대상이 좋은 대상이라는 걸 익히게 됩니다.

물론 강아지가 어미 개나 다른 강아지를 통해서만 학습하는 것은 아닙니다. 스스로의 행동에 대한 결과에 따른 학습은 평생을 통해 진행됩니다. 어떤 대상이나 행동에 대한 결과가 좋으면 그 행동을 계속해서 반복하게 됩니다. 그리고 대상이나 행동에 대한 결과가

무의미하거나 좋지 않은 결과로 나타나면, 그 행동을 멈추거나 더 이상 하지 않게 됩니다. 그렇지만 생후 약 16주까지의 어린 강아지들은 무엇보다도 우선적으로 어미 개나 다른 무리 구성원들의 행동을 통해서 앞으로 평생을 살아가는 데 필요한 것들을 배웁니다.

사람들은 보통 생후 8주에서 10주가 지난 강아지를 입양합니다. 그러니 이때 우리 사람도 어미 개처럼 행동하는 것이 좋습니다. 어미 개가 새끼 강아지에게 세상을 가르쳐주듯이 말입니다. 생후 약 16주 전까지 이곳저곳 데리고 다니며 최대한 많은 것을 보고 듣고 냄새 맡고 경험하게 해주는 것이 필요합니다. 생활이 단순하고 변화가 느리던 먼 옛날의 야생 시절이나 농경 시대와는 달리, 복잡하고 변화무쌍한 현대사회에서 개들이 사람과 생활하면서 익히고 경험해야 할 것은 너무나도 많습니다. 평생을 살아가면서 필요한 모든 것들을 생후 약 16주 이전인 사회화기에 경험해야 합니다.

여기에는 어린 강아지를 입양한 사람의 역할이 매우 중요합니다. 야생 시절의 어미 개의 역할을 사람이 대신해줘야 합니다. 반려견과 길거리를 걷다 보면 오토바이가 시끄럽게 지나갑니다. 반려견이 화들짝 놀라거나 긴장합니다. 놀란 반려견은 낑낑대거나 보호자에게 매달리거나 짖어댈 수 있습니다. 어쩔 줄 몰라서 "안 돼."라고 하거나 "괜찮아, 괜찮아." 하며 달래주실 생각인가요? 그렇게 하면 반려견의 불안감을 더 키우게 됩니다. 적대감을 더 키우게 됩니다. 침착하고 경험 많은 어미 개처럼 평정을 유지하셔야 합니다. 어미 개처럼 행동해야 합니다. 어미 개처럼 차분하고 자신 있게 행동해야 합니다.

초인종이 울립니다. 화들짝 놀라며 인터폰으로 쫓아갑니다. 현관문을 열어주러 급히 뛰어갑니다. 사람의 갑작스런 몸짓과 행동에 반려견도 화들짝 놀랍니다. 반려견들이 잔뜩 긴장합니다. 보호자의 행동이 평소의 행동과는 전혀 다릅니다. 비상 상황임이 분명합니다. 무슨 좋지 않은 일이 일어난 것 같습니다. 이런 일이 수차례 반복되면 반려견들은 초인종 소리만 울리면 이리저리 날뛰며 짖어대기 쉽습니다. 반려견을 안정시키려면 차분하게 행동해야 합니다. 천천히 일어나 별일 아니라는 듯 행동해야 합니다.

반려견이 손이나 발을 자꾸 깨뭅니다. 반려견이 집안 물건을 물어뜯습니다. "안 돼!"라고 고함지르고 혼내기 쉽습니다. 사람들은 하면 안 되는 걸 가르쳤다고 생각할 것입니다. 그러나 실제로는 반려견에게 '공격성'을 가르친 것입니다. 반려견에게 공격성을 가르치는 바보짓을 하지 마시기 바랍니다. 차분하고 온순한 어미 개라면 그렇게 가르치지 않습니다.

애견 훈련이라고 하면 사람들은 '앉아', '엎드려', '기다려' 등 형식적인 신호(cue)를 가르치는 것을 가장 중요하게 생각하기 쉽습니다. 애견 방문교육을 하면서 사람들에게 앉아 등 몇 가지 형식적인 신호(cue)보다 더 중요한 교육 원리 등을 얘기하면, 오히려 답답해하거나 무관심하게 반응하는 일이 많습니다. 어서 빨리 반려견의 나쁜 행동이나 고쳐줄 것을 기대하거나 한두 가지 요령을 익히려는 데 더 관심을 갖습니다.

그러나 더 중요한 건 반려견과의 생활이고, 반려견의 생각이나 행동을 이해하는 것입니다. 사람들의 행동과 생활을 통해 반려견은 순간순간 학습을 합니다. 반려견들의 관찰력은 참으로 예리합니다. 그러니 함부로 행동하면 안 됩니다. 침착하고 경험 많은 온순한 어미 개처럼 행동하시기 바랍니다. 우리가 모르는 사이에 반려견은 우리 행동을 보고 따라하고 있을지 모릅니다.

퍼피 라이선스(puppy licence)?
페어런트 라이선스(parent licence)!

어린 반려견에게 퍼피 라이선스(puppy licence)가 있듯이,
우리 사람들에게는 페어런트 라이선스(parent licence)가
필요하다는 생각이 듭니다.
반려견의 부모가 될 수 있는 자격증 같은 것 말입니다.

  노르웨이의 세계적인 동물행동학자이자 애견 훈련사인 투리드 루가스(Turid Rugaas)는 '퍼피 라이선스'라는 용어를 사용했습니다. 생후 2, 3개월 정도의 어린 반려견들이 마음껏 놀이를 즐기고 주변을 탐색하며, 주변의 사물이나 환경, 상대방과의 상호 작용을 통해 하나하나 배워 나가고 경험해 나가도록, 부모의 입장에서 너그러이 이해하고 기다려줄 필요가 있다는 주장을 담은 용어입니다.
  반려견들은 마음껏 놀이를 즐기고 주변과의 상호 작용을 통해 세상을 배워 나갈 특권이나 자격이 있으므로 혼내고 야단부터 칠 것이 아니라, 이를 인정하고 스스로 세상을 배워 나갈 수 있도록

너그러이 기다려주고 사랑으로 가르쳐주자는 뜻입니다. 반려견을 문제없이 기르려면 혼내고 강제하고 따라다니며 잔소리하고 무조건 못 하게 하고 통제해야 한다는 우리 사람들의 일반적인 선입견이나 고정관념과는 정반대의 주장입니다.

실제로 야생의 개나 늑대들은 자신의 새끼들에게 엄한 교육이나 훈련을 시키지 않는다고 합니다. 사람들이 일반적으로 잘못 생각하는 것과는 달리, 어린 새끼들에게 서열이나 복종을 강요하는 것이 아닙니다. 부모로서 곁에서 보호해주고, 너그러이 이해하고, 스스로 경험하고 세상을 배워갈 수 있도록 기다려주고, 행동을 통해 필요한 것들을 알려준다고 합니다. 이렇게 부모 개나 늑대로부터 사랑으로 보살핌을 받으며 강아지로서 누려야 할 모든 것을 자연스레 누리면서 성장한 강아지나 새끼 늑대들은 문제견이나 문제 늑대가 없는 건강하고 정상적인 어른이 된다고 합니다.

그런데 어미 개나 늑대가 기른 강아지나 새끼 늑대들은 아무런 문제 없이 건강하게 성장하는 반면에, 사람들과 함께 생활하거나 사람들이 기른 강아지에게서는 무수히 많은 문제견과 문제 행동들이 나타나는 아이러니를 보입니다. 그건 사람들이 강아지를 제대로 이해하지 못하고 잘못된 방식으로 기르고 교육하고 있다는 반증일 것입니다.

어린 반려견에게 퍼피 라이선스(puppy licence)가 있듯이, 우리 사람들에게는 페어런트 라이선스(parent licence)가 필요하다는 생각이 듭니다. 반려견의 '부모가 될 수 있는 자격증' 같은 것 말입니다. 페어런트 라이선스는 이런 내용이 되어야 할 것입니다.

1) 반려견을 문제없이 기르려면 반려견의 습성이나 본능 등 반려견을 올바르게 이해해야 합니다.
2) 그들의 언어와 의사 표현, 신호를 알고 있어야 합니다.
3) 그들도 두려움과 싫음을 표현하고, 좋아하는 감정과 기쁨을 표출하며, 불안과 스트레스를 받으면 갖가지 스트레스 장애와 문제 행동을 일으키는 존재이며, 근본적으로 사람과 다르지 않다는 것을 이해해야 합니다.
4) 우리 사람의 사소한 몸짓과 행동들이 그들에게 어떤 의미를 가지는지 이해해야 합니다.
5) 그들이 기본적으로 누려야 할 것들이 무엇인지 파악하고, 이들을 충족시켜줘야 합니다.
6) 성급한 결과를 바라고 강제하고 강요할 것이 아니라, 부모의 마음으로 너그러이 기다리고 사랑으로 대해줘야 합니다.
7) 혼내고 야단치고 통제하는 것이 우선되어선 안 됩니다. 반려견이 어떤 행동을 하기를 바란다면 먼저 알려주고 이해시켜 주는 것이 우선되어야 합니다.
8) 반려견을 교육하거나 가르쳐주는 방법은 강제나 벌, 서열이나 복종이 아니라, 긍정적이고 자연스런 방법이어야 합니다.

9) 구체적으로 긍정적이고 자연스런 방법을 익히고 배우는 것은 보호자의 몫이자 의무입니다. 반려견에게 무조건 화를 내고 성급하게 강제하는 까닭은 긍정적이고 자연스런 교육법을 모르기 때문입니다.

전문가라 자처하는 애견 훈련소나 애견 훈련사가 진정한 전문가가 되려면, 이런 방법이나 내용들을 꾸준히 연구·공부하여 반려견을 교육하고, 반려견 보호자분들에게 알려주고 가르쳐주어야 하지 않을까요? 반려견 보호자들이 페어런트 라이선스를 가질 수 있게끔 말입니다.

퍼피 라이선스란 말은 매우 적절한 표현이고 중요한 의미를 내포한 용어입니다. 그러나 그보다 더 중요하고, 반려견을 기르는 보호자들이 반드시 갖춰야 할 것이 페어런트 라이선스라는 생각이 듭니다.

페어런트 라이선스! 반려견을 기르고 반려견을 교육함에 앞서 갖춰야 할 보호자로서의 기본적인 덕목이라고 할 수 있습니다.

반려견과의
교감이란?
이런 것!

반려견과의 교감이란 반려견의 감정 표현을 이해하는 것입니다.
반려견이 느끼고 표현하는 감정을 인정해주는 겁니다.
그리고 기다려주고 강요하지 않는 겁니다.
반대로 나의 감정을 반려견에게 알려주는 것이기도 합니다.
내가 싫다는 것, 괜찮다는 것을 알려주는 것입니다.
내가 반려견에게 원하는 것을 알려주거나 이해시켜주는 것입니다.

우리는 흔히 '교감하다', '교감을 나누다'라는 표현을 자주 합니다. 사람들 사이의 교감이라는 표현도 하긴 하지만, 주로 '동물과의 교감', '반려견과의 교감'을 애기할 때 교감이란 표현을 많이 하고 있습니다.

사람들 사이의 교감이나 교감 방법에 대해서는 누가 가르쳐주지 않아도 모두들 자연스레 알고, 자신도 모르게 상대방과 교감하고 있기에 크게 어려워하거나 힘들어하지 않는 것이 보통입니다. 그건 아마도 사람들은 '말'이라는 편리하고도 강력한 의사소통 수단이 있기 때문이겠죠.

 그러나 동물들은 우리 사람들과 달리 말을 못 하는 까닭에 우리 사람들과는 소통하는 방식이 다르거나 제한적일 수밖에 없습니다. 그래서 우리 사람들은 동물들과의 소통이나 교감에 대해 잘 알지 못하거나 익숙하지 못합니다. 말이라는 편리하고도 강력한 의사소통 수단에 익숙해져, 다른 소통 방식에 무관심하거나 망각한 까닭도 다른 동물들과의 교감에 익숙하지 못하게 된 이유가 될 것입니다. 이렇듯 우리는 반려견과의 교감이란 표현을 자주 쓰긴 하지만, 그것이 왜 필요하고 중요한지, 어떻게 하면 되는지에 대해 물으면 누구도 자신 있게 대답하지 못하는 것이 현실입니다.

 반려견과의 교감이란 뭘까요? 왜 필요하고, 왜 중요한 것일까요?

 교감(交感)이란 상호 간의 감정이나 느낌을 함께 공유하는 것이라고 정의할 수 있습니다. 따라서 사람이 반려견을 일방적으로 예뻐만 해준다고 해서, 그것을 교감한다고 표현하기란 어렵습니다. 반려견과 교감하기 위해서는 우선 반려견과 눈높이를 맞춰야 합니다. 반려견들의 의사소통 방법을 알아야 합니다.

 사실 반려견들은 이미 오래 전부터 행동이나 몸짓을 통해 그들의 감정이나 느낌을 표현해오고 있었습니다. 그렇게 우리에게 늘 말을 하고 있었다고 말할 수 있습니다. 우리 사람들이 반려견의 그런 속삭임을 듣지 못하고 눈치 채지 못했을 뿐입니다.

 교감하는 방법을 알지 못하고 제대로 교감하지 못한다면, 우리

사람들은 반려견들에게 깊은 신뢰감을 쌓지 못하게 됩니다. 보다 깊은 유대 관계를 형성하지 못하게 됩니다. 서로 간에 오해와 불신을 초래하고, 관계를 단절시키며, 스트레스를 유발할 수 있습니다.

그렇다면 구체적으로 교감이란 어떤 것이며, 어떻게 교감해야 할까요? 몇 가지 사례를 들어보도록 하겠습니다.

예를 들어, 어떤 소리를 듣고 반려견이 짖습니다. 소리에 대한 두려움과 경계심 때문에 짖을 가능성이 큽니다. 이때 "안 돼."라며 고함지르고 야단칠 것이 아니라, 별일 아니니 진정하라는 신호를 보여주는 겁니다. 나아가 조용히 했으면 좋겠다는 나의 바람을 반려견에게 알려주고 가르쳐주는 겁니다.

반려견이 힘들다는 표현을 합니다. 무섭다는 표현을 하기도 합니다. 싫다는 표현도 합니다. 그런 감정 표현들을 무시해서도, 알아채지 못하고 그 상황을 강요해서도 안 됩니다. 그것은 교감하는 상황과는 거리가 멉니다. 그런 감정 표현이나 몸짓을 인지하고 반려견의 감정을 존중하고 인정해주는 겁니다. 그리고 그런 상황을 강요하지 않는 겁니다. 나아가 내가 그 상황이나 대상에 대해 반려견이 가지기를 원하는 감정이 어떤 건지 알려주고 이해시켜주는 겁니다.

반려견이 겁이 많고 예민하며 경계심이 강합니다. 사람이 가까이 다가가면 움츠러들고 눈치를 보며 자꾸 피합니다. 가까이 다가가려 할수록 멀어집니다. 어떤 때는 만지려고 하면 으르렁대거나 물려고 하기도 합니다. 이때 빨리 친해지겠다고 억지로 만지려 들거나 급하게 다가가면, 사태를 더 악화시킵니다. 교감하는 자세가 아닙니다. 일정한 거리를 유지하며 스스로 마음을 열 때까지, 또는 스스로 다가올 때까지 기다려주는 겁니다. 시간을 두고 천천히 다가가고, 천천히 접근하는 겁니다.

반려견과 번화한 거리를 산책할 때, 앞에 나타난 이상한 대상이나 물체를 보고 멈춰서거나 빨리 가지 않고 천천히 움직이는 경우가 있습니다. 무언가에 두려움을 느낀다는 뜻입니다. 이때 급하다고 빨리 가자고 억지로 잡아끌거나 목줄을 채며 재촉해선 안 됩니다. 교감하는 자세가 아닙니다. 반려견이 두려워하는 대상이 사라지거나 반려견이 스스로 용기를 내어 움직일 때까지 가만히 기다려주는 겁니다. 좀 더 적극적으로는 그 상황에서 반려견이 다른 감정을 가질 수 있게, 용기를 가질 수 있게 가르쳐주고 이해시켜주는 겁니다.

귀여운 반려견과 무언가를 같이 한다면 무언의 교감이 이루어집니다. 반려견과 산책을 같이 하는 것, 반려견과 반려견이 좋아하는 놀이나 게임을 같이 하는 것, 반려견과 같이 잠을 자는 것, 반려견과 같이 음식을 먹는 것. 이런 것들이 반려견과 쉽게 교감하는 방법입니다.

반려견과의 교감이란 이런 것입니다. 반려견의 감정 표현을 이해하는 것입니다. 반려견이 느끼고 표현하는 감정을 인정해주는 겁니다. 그리고 기다려주고 통제하려 하거나 강요하지 않는 겁니다. 반대로 나의 감정을 반려견에게 알려주는 것이기도 합니다. 내가 싫다는 것, 괜찮다는 것을 알려주는 것입니다. 내가 반려견에게 원하는 것을 알려주거나 이해시켜주는 것입니다.

  이제부터 마음의 벗, 내 친구 반려견과 제대로 된 교감을 나눠보세요!

카밍 시그널
(calming signal)은
반려견의 연애편지다

반려견들의 감정이나 심리 상태를 이해하고 교감하기 위해서
카밍 시그널에 대한 이해는 필수적입니다.

　우리 반려견들의 감정에 대해 생각해보신 적이 있으신가요? 우리 반려견들도 감정 표현을 할까? 한다면 어떤 방법으로 하는 걸까? 그런 감정 표현을 우리 사람들이 알 수 있는 방법은 없을까? 우리 반려견들과 교감하는 방법을 알 수는 없을까?
　우리 반려견들도 말을 하지 못하지만 다양한 방법으로 자신의 감정을 항상 표현하고 있습니다. 주로 몸짓이나 행동을 통해 그런 감정들을 표현합니다. 말하자면 '몸짓언어'를 통해 늘 자신의 감정을 표현하는 것입니다. 반려견들은 몸짓언어를 통해 '힘들어요', '싫어요', '공격하지 마세요', '무서워요' 등의 감정 표현을 합니다. 카밍 시그널은 이런 몸짓언어의 일종입니다. 우리가 흔히 알고 있는 보

디랭귀지(body language)의 일종인 셈입니다. 우리 사람을 포함하여 모든 동물은 보디랭귀지를 무언중에 활용합니다.

우리 사람들도 표정이나 몸짓, 행동 등을 통해 그 사람의 성향이나 습성, 현재의 심리 상태 등을 어느 정도 짐작하고 추측할 수 있듯이, 동물들이나 반려견들도 몸짓이나 행동을 통해 의도적 또는 비의도적으로 스스로의 감정을 표출합니다.

우리 사람과 반려견을 포함한 다른 동물들의 몸짓언어의 가장 큰 차이점은 그 중요도에 있습니다. 사람은 말이라는 강력하고 편리한 의사소통 수단이 따로 있어 상대적으로 몸짓언어의 중요성을 잊어버리거나 가벼이 여기기 쉽지만, 다른 동물들과 반려견들에게 몸짓언어는 매우 중요한 의사소통 수단입니다. 유일한 의사소통 수단이라고 하는 것이 정확한 표현일 겁니다. 그러기에 반려견들의 몸짓언어를 이해하는 것은 매우 중요합니다.

카밍 시그널은 노르웨이의 애견 훈련사인 투리드 루가스(Turid Rugaas)에 의해 체계적으로 연구되고 주창된 것인데요. 무리 생활을 하는 개들 상호 간의 의사소통을 위한 몸짓언어의 일종으로서, 무리 상호 간의 충돌을 방지하고 상대방의 공격성을 차단하거나 완화하는 역할을 하는 의사소통 수단이자 몸짓언어를 의미합니다. 반려견들의 감정이나 심리 상태를 이해하고 교감하기 위해서는 카밍 시그널에 대한 이해는 필수적입니다.

저는 카밍 시그널을 알기 전에는 반려견의 사소한 행동이나 몸짓에 별다른 의미를 부여하지 않았었습니다. 의미 없는 동작으로만 여겼습니다. 나의 감정만이 중요하고, 나의 생각이나 느낌만이 중요할 따름이었습니다. 그러나 카밍 시그널을 이해하고부터 몸짓언어의 중요성을 뼈저리게, 정말이지 뼈저리게 느낄 수 있었습니다. 반려견의 사소한 움직임과 멈춤, 눈동자의 움직임과 시선, 털의 모양, 자세, 걸음걸이, 몸짓 등 어느 하나 소홀히 보아 넘기지 않으려 매 순간 순간 애쓰고 있음을 고백합니다.

그런 사소한 행동이나 몸짓 하나하나는 반려견이 내게 말하고 있는 것과 다르지 않기 때문입니다. 자신의 현재의 감정을 조금도 꾸밈없이 표현하는 것이기 때문입니다. 우리는 반려견의 감정 표현이나 카밍 시그널을 항상 주의 깊게 관찰하여 사소한 신호라도 놓치지 않으려 노력해야 합니다. 반려견의 감정 표현이나 신호를 알고도 무시하는 것은 말할 필요도 없겠지만, 읽지 못하거나 놓치는 일도 표현하는 반려견의 입장에서 본다면, 자신의 감정 표현이 무시당하고 있다는 느낌을 받거나 상대방에 대한 자신의 감정 표현이 소용없다는 좌절감으로 이어질 가능성이 크기 때문입니다.

결과는 어떻게 될까요? 반려견과 사람 사이의 의사소통의 통로와 관계가 단절되고, 사람에 대한 신뢰감에 손상을 입히며, 상호간에 오해와 불신을 초래하게 됩니다.

이와 관련하여 가장 경계해야 할 일이 바로 혼내고 강제하는 것입니다. 혼내고 강제하면 반려견의 감정 표현을 억압하거나 무시

하는 결과를 초래합니다. 반려견들이 본래적으로 갖고 있던 카밍 시그널을 잃게 합니다. 반려견들이 갖고 있는 '말'을 잃게 됩니다. 이보다 더 큰 불행한 일이 어디 있을까요? 의도했든 의도하지 않았든 결과는 마찬가지입니다. 반려견을 기르는 데 있어 최소한 혼내고 강제하는 일은 없어야 하는 이유이기도 합니다.

 반려견의 카밍 시그널을 이해하고 면밀히 관찰하며 또한 소중히 여기기 바랍니다. 반려견이 가장 사랑하는 우리 사람에게 자신의 진솔한 감정을 표현하고 고백하는 연애편지라고도 할 수 있으니까요.

강제 훈련
왜 나쁠까?

지속적으로 혼을 내면 개는 지나친 경계심,
비이성적인 공포심, 성급함,
충동적인 행동, 과도한 활동성, 사소한 자극에 대한 과도한 공격성,
사회적인 위축과 소심함, 즐거움이나 공포심에 대한 감수성의 상실,
우울증 등 여러 가지 부작용을 겪게 됩니다.

반려견을 교육하는 데 있어 벌이나 강제가 효과 없는 이유는 무엇일까요?

많은 애견 훈련사들이나 반려견 교육에 관한 책들을 보면, 벌을 주거나 혼내고 강제적, 강압적으로 대응하고 훈련하는 것을 반대하고, 하지 말 것을 주장하고 있습니다. 그러나 야단이나 벌과 강제에 의한 애견 훈련이 왜 나쁘고 효과가 없는지, 그 부작용이 무엇인지에 관한 자세한 언급은 없습니다. 야단이나 벌, 강제적이고 강압적인 애견 훈련이 왜 나쁘고 효과가 없으며 부작용이 무엇인지를 살펴보면 아래와 같습니다.

우선 강압적인 벌은 개에 대한 학대가 되기 쉬운 경향이 있습니

다. 어떤 행동에 대한 벌은 일시적으로 그 행동을 멈추게만 할 뿐입니다. 개는 얼마 지나지 않아 야단맞은 행동을 반복하게 되고, 그에 따른 벌의 빈도와 강도는 점점 높아지는 악순환을 겪게 됩니다.

지속적으로 혼을 내면 개는 지나친 경계심, 비이성적인 공포심, 성급함, 충동적인 행동, 과도한 활동성, 사소한 자극에 대한 과도한 공격성, 사회적인 위축과 소심함, 즐거움이나 공포심에 대한 감수성의 상실, 우울증 등 여러 가지 부작용을 겪습니다. 이러한 부작용이 형성되면, 처음에 나타난 문제 행동들보다 더 고치기 어려워지고, 사소한 자극에도 과민하게 반응하며, 예전에는 아무렇지 않게 지나치던 환경과 사물, 사람들, 다른 개들에 대해서도 공포심을 느끼고 공격성을 드러내게 되는 경우가 많습니다.

벌은 개와 사람 사이의 신뢰 관계에 손상을 입힙니다. 가족을 비롯하여 사람들을 경계하고 의심하며 무서워하게 될 것입니다. 개와 사람 사이의 교감과 소통은 어려워지고 반려 관계는 금이 가고 맙니다.

벌을 주는 순간 개는 공포심에 휩싸이기 쉽습니다. 공포심은 학습 기능을 단절시킵니다. 공포심과 두려움을 느끼는 상태에서 개는 아무것도 할 수 없고, 배우는 기능도 마비됩니다. 이는 사람의 경우에도 마찬가지입니다. 강압적인 야단을 맞은 개는 다음에 똑같은 상황에서 해야 할 것이 무엇인지를 전혀 배우지 못합니다. 개는 오로지 그 상황에 대한 공포심과 두려움만을 배울 따름입니다.

무엇보다 벌을 통한 강제훈련은 문제의 원인을 줄여주거나 없애주지 못하고 문제를 근본적으로 해결해 줄 수 없으며, 증세를 더 악화시키게 됩니다. 순간적으로 공포심에 질리게 하거나 강제적인 통제에 하던 행동을 일시적으로 하지 못하게 하고 멈추게 할뿐 상황을 더 악화시킬 따름입니다. 예를 들어 보겠습니다. 짖는 문제를 해결하기 위해 체인목줄 등을 써서 고통을 가하는 방식으로 강제훈련을 해서 고치려는 사람들이 많습니다. 외부에서 이상한 소리가 들려 짖을 때마다 "안 돼!"라며 체인목줄을 채면서 고통을 가하면 어떻게 될까요? 반려견은 갑작스런 체인목줄의 충격과 고통 때문에 처음에는 짖을 생각마저 하지 못하게 됩니다. 이런 현상이 처음 며칠간은 지속됩니다. 이런 모습을 보고 사람들은 '이제 짖는 행동이 고쳐졌구나'라고 생각하기 쉽습니다. 과연 고쳐진 걸까요? 천만의 말씀입니다! 그건 고쳐진 것이 아닙니다. 일시적으로 겁을 먹고 이제껏 하던 행동(짖음)을 멈춘 것뿐입니다. 며칠이 지나면 반려견은 그 상황에 적응을 하게 되고 증세는 악화되어 예전보다 더 심하게 짖게 됩니다. 과도한 짖음을 해결하려면 짖음의 대상이나 상황에 대한 반려견의 생각이나 인식을 바꿔줘야 합니다. 그런데 체인목줄을 통한 강제훈련은 짖음의 대상이나 소리에 대한 두려움이나 경계심 자체가 줄어들게 하거나 없애주지 못합니다. 체인목줄의 고통과 공포심에 질려 하던 행동을 멈추었을 뿐 짖음의 대상이나 소리에 대한 두려움과 경계심은 없어지지 않고 반려견의 뇌리에 그대로 남아 있습니다. 오히려 짖음의 대상이나 상황과 체인목줄의 고통을 연결 짓게 되어 시간이 지나면 지날수록 더 악화시키는 결과를 초래합니다. 짖음의 대상이나 상황은 체인목줄의 고통을 연상시키고, 체인목줄의 고통과 동일시되는 이중의 스트레스를 유발합니다. 벌을 주고 강제를 가하면 가할수록 짖음의 대상이나 소리에 더 예민하게 반응하고 공격적인 행동으로 발전하게 됩니다. 다시 시작된 짖음을 멈추게 하려면 더 강한 충격을 가해야 합니다. 이런 부작용은 체인목줄을 쓰지 않고 신문지로 때리거나 페트병을 던져도 마찬가지 수순을 밟게 됩니다. 이것이 훈련인가요? 훈련이라는 이름의 '학대'가 아닐 수 없습니다.

개들은 사람들의 관심에 민감하게 반응합니다. 벌은 비록 그것이 부정적 측면에서의 관심이지만, 그 행동을 강화하는 강화물이 되는 역할을 하게 됩니다. 문제 행동에 대한 관심 끌기가 되어, 벌을 주면 줄수록 문제 행동을 부추기는 역효과를 가져올 수 있습니다.

벌은 개로 하여금 공포심과 불안감에 휩싸이게 하며, 좌절감을 안겨줍니다. 이는 스트레스와 문제 행동을 증폭시키고, 이런 식으로 스트레스에 지속적으로 노출된 개는 공격 성향과 불안정성 등 갖가지 문제 행동을 표출하게 됩니다. 일시적으로 행동을 억압할 뿐, 근본적인 해결책을 제시해주진 못합니다. 억압된 행동은 얼마 지나지 않거나 다른 기회가 되면, 동일한 문제나 의외의 다른 증세를 유발합니다.

애견 방문교육을 하거나 반려견 교육 상담을 하다 보면, 이런 사례를 자주 접하게 됩니다. 예를 들어, 남편분이 반려견을 평소에 혼내고 무섭게 대하는 가정의 경우, 남편이 있을 땐 눈치만 살피며 얌전히 있는 듯하다가, 남편이 없는 상황이 되면 다른 가족들에게 매우 강한 공격성을 보이거나 통제되지 않고, 여러 가지 적절치 못한 행동들을 보이곤 합니다. 그리고 낯선 사람 특히 남편과 같은 낯선 남자에게 매우 강한 경계심과 공격성을 보이는 경우가 많은데, 그 이유가 바로 여기에 있는 것입니다.

부적절하고 무절제한 야단과 강제는 모든 개들이 본능적으로 타고난 몸짓신호나 언어를 잃게 합니다. 계속된 야단과 강제는 개가 보낸 몸짓신호나 언어가 깡그리 무시되게 하고, 나아가 그것이 잘못되었거나 효과 없는 신호가 되게 하는 심각한 문제를 가져옵니다. 개는 자신이 보낸 신호가 사람들에게 아무런 반응을 얻지 못하거나 오히려 야단과 강제를 유발한다고 오해하게 되어, 다음부터는 그 신호를 보내지 않거나 사용하지 않게 됩니다. 개는 정상적인 의사소통 수단을 잃어버리게 되는 것입니다. 개와 사람 사이의 의사소통과 교감은 단절됩니다. 그로 인한 좌절감과 스트레스, 불안감은 개로 하여금 만성적인 문제 행동을 일으키게 합니다.

무턱대고 야단치지 마세요. 바람직한 행동을 가르쳐주고, 원하는 행동을 칭찬하는 것이 우선입니다. 긍정적인 칭찬 위주의 교육 방식은 야단치는 것보다 당장은 더 어렵고 힘들 수 있습니다. 야단치고 벌주고 혼내는 애견 훈련 방식은 오히려 쉽습니다. 그건 누구나 할 수 있습니다. 조금 더 시간이 걸리고 힘들더라도, 긍정적인 방식으로 길들이고 인내심을 갖고 기다려주세요. 단기에 모든 것을 고칠 수 있다는 애견 훈련은 강압적이고 강제적인 훈련을 할 가능성이 매우 높습니다. 그런 말에 현혹되지 마세요.

　반려견 교육을 의뢰할 때는 성급한 결과만 바라고 강제적이고 강압적인 훈련을 하는 애견 훈련사나 애견 훈련소에 의뢰할 것이 아니라, 조금 더 시간이 걸리고 힘들더라도, 긍정적인 방식으로 교육하는 애견 훈련사나 애견 훈련소에 의뢰하시기 바랍니다. 지나고 보면 그것이 더 빠른 방법이었음을, 보다 근본적인 해결책이었음을 알게 될 것입니다.

분리불안증
문제 해결의
초점

보호자가 금방 돌아온다는 것을 어떻게 인식시킬 것인가?
혼자 남게 되는 불안감과 스트레스를
어떻게 하면 완화시킬 수 있을 것인가?

반려견의 분리불안증의 원인과 해결 방법에 대해 왈가왈부, 참으로 논란이 많습니다. 어떤 문제이든 간에, 모든 문제 해결을 위해서는 기본적으로 우선 정확한 원인을 파악해서 그 원인을 제거하는 것이 문제의 근본적인 해결책이 될 것임은 분명한 사실입니다. 이미 발생한 문제뿐 아니라 문제를 예방하기 위해서도, 원인 요소를 미연에 방지하거나 제거하는 것이 결정적인 요소입니다. 결국 문제 예방과 해결의 열쇠는 원인의 정확한 규명에서부터 출발한다고 할 수 있습니다.

그런데 반려견의 분리불안증은 그 원인이 무엇인지 정확하게 파악하는 것이 실제에 있어서는 쉽지 않은 문제입니다. 심리적인 문제라 100% 정확하게 파악한다는 것이 쉽지 않고, 한 가지 원인만 분리불안증 형성에 영향을 미친 것이 아니라 여러 가지 요소나 원인이 복합적인 영향을 미쳤을 가능성이 높기 때문입니다. 유전적인 성향이나 성격을 원인으로 보기도 하고, 침대에서 같이 데리고 자거나 잠시도 떨어져 지내지 않는 등 지나친 애정이 분리불안증의 원인이라고 보는 시각도 있습니다. 갑작스레 혼자 떨어진 충격이나 혼자 있을 때의 좋지 못한 사건이나 충격이 트라우마가 되어 분리불안증을 유발하기도 합니다. 어미 개나 동배새끼로부터 너무 일찍 분리된 탓에 애정결핍이나 심리적 불안정을 가져와 분리불안증이 생겨날 가능성이 높다는 의견도 있습니다.

사회화 시기에 적절한 사회화 교육을 하지 않아 소심하고 자신감이 결여된 반려견으로 성장한 까닭이라는 견해도 있습니다. 또 어릴 때부터 혼내고 야단을 많이 친 까닭에 성격이 위축되고 소심해져, 자신의 행동에 자신감을 잃고 주변의 환경이나 환경변화에 민감하게 반응하기 때문이라고도 합니다. 혼자 있는 연습이나 습관을 충분히 들이지 않아, 독립심이 부족해서 분리불안증이 생기게 된다는 의견도 있습니다. 집에만 갇혀서 생활하는 등, 개가 개로서 누려야 할 당연한 본능적인 활동이 차단된 비정상적인 생활이 불안증, 사람에 대한 집착 등 비정상적인 심리 상태를 만들고, 분리불안증을 비롯한 이상 행동의 원인으로 작용한다고 볼 수도 있습니다.

사람에 따라서는 반려견에 대한 사람의 리더십 부재나 서열 정리가 잘못된 것이 분리불안증의 주된 원인이라고 주장하는 견해도 있지만, 소설을 쓰고 계시는(?) 이야기라 일고의 가치도 없는 주장일 뿐이라고 생각합니다.

구체적인 원인은 위와 같이 여러 가지를 들 수 있고 그에 따른 해결책을 제시할 수 있겠지만, 여기서 잊지 말아야 할 할 점은, 분리불안증이 생기는 근본적인 원인은 개들이 가진 '무리 생활의 본능' 때문이라는 점입니다. 개들은 자신이 속한 무리 구성원과 '함께' 잠자고 '함께' 사냥하고 놀이하며 '함께' 먹이를 먹고 '함께' 생활하고 싶어 하는 존재입니다. 함께하지 못하고 혼자 남거나 무리에서 이탈하게 되면, 불안증이나 스트레스를 겪을 수밖에 없게 됩니다. 그렇기에 혼자 집을 지켜야 하는 반려견이라면, 정도의 차이가 있을 뿐 어떤 반려견이든 간에 조금씩이나마 분리불안증이 생길 가능성이 높다는 점입니다.

우리는 이런 가능성을 염두에 두고 미리 예방하거나 악화시키지 않으려는 노력을 기울일 필요가 있다는 사실을 잊지 말아야 합니다. 지금 당장 분리불안증 증세가 보이지 않는다고 방심하고 방치할 것이 아니라, 예방 차원의 노력을 반드시 해야 합니다. 이런 노력은 분리불안증 뿐 아니라 다른 문제 행동을 해결하거나 예방하는 데도 도움을 줍니다.

위에서 살펴본 대로 분리불안증의 원인을 어떻게 보느냐에 따라 그에 따른 구체적인 교육 방법이나 해결책도 다를 수 있겠는데요. 분리불안증의 해결책으로 주로 제시되는 여러 가지 방법들을 분류하면, 크게 나누어 두 가지로 귀결된다고 할 수 있습니다.

혼자 떨어지는 습관을 들이는 것이 해결책이라는 견해와 보호자가 금방 돌아온다는 인식을 심어주는 것이 주된 해결책이라는 견해가 그것입니다.

혼자 떨어지는 습관을 들이는 것이 중요하다는 입장에 따르면, 같이 자면 안 되고 따로 재워야 한다거나, 평소 너무 예뻐하지 말고 지나친 애정을 삼가라고 합니다. 독립심을 길러주고 의존적인 성향을 바꾸기 위해 완전히 무시하라고까지 합니다. 혼자 있는 공간이 필요하거나 혼자 떨어져 지내는 습관을 들이기 위해 혼자 있는 시간에 크레이트에 가둬두거나 크레이트에 갇히는 훈련을 시킬 필요가 있다고 합니다. 혼자 떨어져 있는 습관을 들이기 위해 5분씩, 10분씩 외출했다가 들어오는 연습을 할 필요가 있다고도 합니다. 특정한 장소에서 '기다려'를 시킨 다음, 조금씩 멀어졌다가 다시 돌아와 칭찬하기를 반복하면 된다는 주장도 이런 입장이라고 볼 수 있습니다.

반면에, 외출해도 금방 돌아온다는 인식을 심어주는 것이 중요하다는 견해는 반복을 통해 보호자가 금방 다시 돌아온다는 믿음과 안도감을 심어주면 된다는 입장입니다.

과연 어느 견해가 옳은 해법일까요? 사실 두 가지 견해는 상호 보완적이면서 불가분의 관계에 있습니다. 금방 돌아온다는 인식을 심어주면서 점차 혼자 떨어지는 습관을 들일 수 있고, 반대로 혼자 떨어지는 습관을 들이면서 금방 돌아온다는 인식을 심어줄 수 있기 때문입니다.

이렇듯 두 가지 견해는 상호 보완적이면서 불가분의 관계에 있기 때문에, 두 가지 견해 중 어느 것이 좋고 나쁜가를 구분하는 것은 언뜻 보기에 쉽지 않습니다. 어떻게 판단해야 할까요?

판단 기준은 첫째, 반려견과 사람 사이의 신뢰감과 유대 관계를 훼손하지 않아야 하고, 둘째, 분리불안증이라는 용어에서 알 수 있듯, 집안에 혼자 남게 되는 반려견의 불안감과 스트레스를 근본적으로 없애거나 완화할 수 있는가 하는 관점에 두어야 한다고 봅니다.

이런 판단 기준에 따르게 되면, 반려견 분리불안증에 대한 강제적인 훈련 방법은 언급할 필요조차 없이 배제되어야 마땅합니다. 반려견을 무시하는 방법도, 반려견을 크레이트 등에 가두는 방법도, 반려견을 억지로 따로 재우는 방법도 권장할 만한 해결책이 될 수 없습니다. 이런 방법들은 반려견과 사람 사이의 신뢰감과 유대 관계를 훼손시킬 뿐 아니라, 혼자 남게 되는 반려견의 불안감과 스트레스를 근본적으로 해결해주지 못하고 더 악화시킬 수 있기 때문입니다. 반려견을 따로 재운다고, 크레이트에 가둬둔다고, 반려견을 무시한다고 혼자 남게 되는 불안감과 스트레스 자체가 없어지는 것은 절대로 아닐 테니까요.

  결국 반려견 분리불안증 교육의 초점은, 보호자가 금방 돌아온다는 인식을 심어주는 것이 부작용 없이 근본적인 해결이 가능한 가장 좋은 해법이라는 사실을 알 수 있습니다. 반려견과 사람 사이의 신뢰감과 유대 관계를 훼손하지 않으면서도 보호자가 금방 돌아올 것이라는 믿음과 안도감을 심어줄 수 있어, 결과적으로 혼자 남게 되는 불안감과 스트레스를 완화하고 근본적인 원인 제거를 할 수 있는 방법이기 때문입니다.

  그렇다면 반려견 분리불안증의 구체적인 실천 방법도 여기에 초점을 맞춰야 합니다. 보호자가 금방 돌아온다는 것을 어떻게 인식시킬 것인가? 혼자 남게 되는 불안감과 스트레스를 어떻게 하면 완화시킬 수 있을 것인가?

분리불안증 예방·치료의 제1원칙

분리불안증을 예방하고 치료하기 위해서는 '금방 돌아온다는 인식'을 심어주는 것과 함께 반려견이 집을 편안하고 안전한 장소로 인식하도록 하는 것이 무엇보다 중요합니다. 집을 편안하고 안전한 장소로 인식하면 혼자 남는 상황이 돼도 두려움이나 스트레스를 덜 느끼게 되기 때문입니다. 이런 노력을 입양 초기부터 해주는 것이 중요합니다. 새로 이사를 한 경우에도 이런 점에 중점을 둬야 합니다.

1) 입양 초기의 처음 몇 주 동안은 특히 주의해야 합니다. 따라서 바뀐 환경에 적응하기까지 입양 후 한동안은 반려견과 집에 같이 머물러주는 것이 좋습니다. 새로 이사한 경우에도 마찬가지입니다.

2) 새로 이사한 지 얼마 되지도 않았을 때 또는 입양 초기부터 너무 오랜 시간 집에 혼자 두거나 아무런 준비 없이 갑작스레 혼자 두고 외출하는 일이 없어야 합니다. 부득이 가족이 모두 외출해야 하는 상황이라면 동행하거나 다른 사람에게 대신 봐달라고 부탁하는 것이 좋습니다.

3) 혼자 남는 상황에 조금씩 서서히 적응시켜야 합니다. 혼자 남는 상황에 적응되지 않은 상태에서 갑작스레 외출하면 강아지는 공포심으로 패닉상태에 빠져 혼자 남는 상황을 더 두려워하거나 싫어하게 됩니다. 분리불안증은 여기서부터 시작될 수 있으므로 주의해야 합니다. 혼자 남는 상황에 조금씩 서서히 적응시키는 방법은 '금방 돌아온다는 인식'을 심어주는 것입니다.

"금방 갔다 올게."

입양 초기나 새로 이사한 때에는 혼자 남는 상황에 조금씩 서서히 적응시켜야 합니다. 그 방법은 '금방 돌아온다는 인식'을 갖도록 하는 것입니다. 이미 분리불안증이 생긴 경우에도 마찬가지입니다.

처음에는 실내에서 반려견이 보이는 상태에서 잠깐 반려견에게서 떨어졌다가 금방 되돌아오기를 반복합니다. 다음에는 반려견이 보이지 않는 다른 공간으로 사라졌다가 금방 되돌아옵니다. 반려견이 불안해하지 않는다면 방으로 들어가 방문을 닫고 사라졌다가 금방 되돌아오기를 반복합니다. 이런 과정에 익숙해지고 불안한 모습을 보이지 않는다면 현관문을 열고 바깥으로 나갔다가 금방 되돌아오기를 반복하면 됩니다. 이때 반려견에서 멀어질 때마다 손바닥을 보이며 신호를 하는 것이 좋고, 금방 되돌아오기를 쉼 없이 연속해서 반복해서는 안 되며, 평상시와 같은 자연스러운 느낌을 주기 위해 반려견에게로 되돌아와서 다시 다른 공간으로 가기까지 약간의 시간 간격을 둬야 합니다. "갔다 올게."라는 말을 해도 좋습니다. 반려견을 혼자 두고 다른 공간으로 이동할 때마다 반려견이 좋아하는 간식을 던져주면 빠른 성과를 얻을 수 있습니다.

분리불안증은 단기간의 교육만으로는 나아지지 않는 경우가 많으므로 포기하지 않고 꾸준히 실천하는 것이 중요하고, 전문가의 도움을 받아 체계적으로 교육하는 것이 좋습니다.

분리불안증
5막 7장의 연극

당신의 반려견은 매일 무대 위에 홀로 남게 되는 배우입니다.

연극 좋아하시나요? 저는 주머니 형편상 연극을 자주 보진 못하지만, 연극 보는 것을 아주 좋아하는 편입니다. 특히 작은 규모의 소극장에서 바로 앞에서 펼쳐지는 무대 위 배우들의 생생한 움직임과 표정, 목소리 등을 가까이서 느낄 수 있다는 점이 영화나 TV에서와는 전혀 색다른 느낌을 얻을 수 있고, 관객과 무대 위의 배우가 교감할 수 있는 것 같아 좋습니다.

저는 연극에 문외한이긴 하지만 좋은 연극, 관객이 감동하는 연극을 만들려면 많은 사람들의 땀과 노력이 필요하리란 것은 쉽게 짐작이 됩니다. 훌륭하고 짜임새 있는 극본에 연출가의 연출력, 배우들의 몰입하는 연기, 수많은 시행착오와 노력 외에도 무대장치와 조명, 음향, 의상 등 세심하고도 철저한 준비가 있어야 훌륭한 연극이 탄생할 수 있고 관객의 호응과 감동을 이끌어낼 수 있을 것입니다. 반려견의 분리불안증을 예방하거나 치료하기 위한 교육도 5막 7장의 연극과 비슷하다는 생각을 해봅니다.

연극 무대는 여러분의 집입니다. 당신의 반려견이 당신과 함께 실제로 생활하는 곳이지요. 무대의 막이 오르고 연극이 시작되면, 반려견은 집안에 홀로 남게 됩니다. 당신의 반려견이 무대 위에서 홀로 남겨져 공포와 불안감에 이리저리 날뛰고, 짖거나 울어대고, 집안 물건을 물어뜯거나 뒤져놓고, 대소변을 아무 곳에다 실수하느냐 하지 않느냐는 연출자인 당신이 어떻게 미리 준비하고 노력하느냐에 따라 좌우된다고 할 수 있습니다. 미리 준비하고 무대가 막이 오르는 그 순간을 대비해 많은 노력을 기울였다면, 당신의 반려견은 무대의 막이 오르고 무대 위에 홀로 남겨져도 공포스러워하거나 불안감에 스트레스를 받아 이상 행동을 하지 않을 것입니다. 반대로 이런 상황을 예상하거나 대비해서 미리 준비하고 연습하지 않았다면, 당신의 반려견은 홀로 남겨진 무대 위에서 공포에 떨게 되고, 홀로 남겨지는 매일 매일의 무대는 당신의 반려견에게 그 무엇에도 비길 수 없는 참을 수 없는 현실이 되고 고통이 될 것이 분명합니다.

성급한 연극 준비는 반려견을 더욱 불안하게 합니다. 성급한 외출 준비와 도망치듯 하는 외출은 반려견을 더욱 불안하게 합니다. 아침에 일어나서 외출하기까지의 당신 모습은 어떠합니까? 일어나서 식사를 하고 세수를 하거나 샤워를 합니다. 드라이기로 머리를 말리고 화장을 합니다. 양말을 신고 외출복으로 갈아입습니다. 가방을 메고 자동차 키를 들고 현관 앞으로 갑니다. 신발을 신고 현관문을 열고는 도망치듯 급하게 사라집니다. 아주 급하게 사라집니다.

당신의 반려견은 당신의 이런 모습에 심한 충격을 받습니다. 당신과 헤어질 마음의 준비도 되지 않았는데, 큰일이라도 난 듯이 후다닥 준비해서 급하게 사라지니 불안감이 극에 달합니다. 그러므로 무대 준비는 차분히 단계적으로 진행되어야 합니다.

더구나 반려견의 무대 울렁증, 무대 공포증은 무대의 막이 오르는 순간, 즉 집안에 홀로 남겨지는 순간부터 시작되는 것이 아닙니다. 무대를 준비하는 때부터 이미 무대 울렁증은 시작됩니다. 당신이 외출 준비를 하는 순간부터 말입니다. 무대를 준비하는 때부터 시작되어 당신이 현관문을 열고 사라지는 순간, 무대의 막이 오르는 순간 극에 달합니다. 그렇기에 분리불안증 교육에는 무대의 준비 과정, 즉 외출 준비 과정도 포함되어야 합니다.

훌륭한 연극은 충분한 리허설(rehearsal)을 거쳐야 합니다. 처음부터 잘될 수는 없을 겁니다. 그러기에 많은 연습과 노력, 시행착오를 거쳐야 비로소 자신감이 형성되고, 배우는 당당히 무대에 설 수 있게 됩니다. 반려견의 분리불안증을 예방하고 치료하기 위해서는 연극 무대를 준비하는 것과 마찬가지로 수없는 리허설을 거쳐야 합니다.

반복된 리허설을 통해 반려견은 홀로 남겨지는 무대 위에서 불안해하지 않고 꿋꿋이 설 수 있게 됩니다. 그러기에 반복적인 리허설은 분리불안증을 해소하는 가장 중요한 열쇠입니다.

분리불안증 교육 의뢰를 받아 가정을 방문해서 반려견의 보호자분들께 주의사항과 실천해야 할 사항을 알려주고 다음에 방문할 때까지 숙제를 내주면, 이를 제대로 실천하는 분들이 의외로 많지 않습니다. 바쁘다는 핑계로, 피곤하다는 핑계로 제대로 실천하지 않습니다. 이는 충분한 연습과 리허설을 거치지 않고 무대의 막을 올리는 무모한 행동과 다르지 않습니다.

리허설과 무대 준비는 세심하고도 단계적인 진행이 무엇보다 중요합니다. 마음이 급하다고 욕심을 내면 일을 그르치게 됩니다. 기초부터 차근차근 리허설을 준비하고 반복해서 연습해야 합니다. 이전 단계가 확실하게 다져졌다고 생각될 때 다음 단계로 넘어가야 합니다. 반려견이 마음의 준비가 되지도 않았는데 5분간 나갔다가 들어오고, 10분 나갔다가 들어오고, 이윽고 20분 나갔다가 들어오는 식으로 훈련을 반복하면 된다고 생각합니다. 그러나 욕심과 성급함은 분리불안증 훈련의 가장 큰 실패 요인입니다.

효율적인 리허설을 위해서는 연출자의 노하우도 중요합니다. 전문가란 이런 때 필요한 것이겠지요. 분리불안증을 예방하고 치료하기 위해선 체계적인 교육을 도와줄 수 있는 전문가의 도움을 받는 것이 안전합니다. 물론 강제나 구시대적인 방법이 아닌 긍정적인 방법, 반려견과 사람 사이의 신뢰감을 훼손하지 않는 방법을 사용하는 전문가의 도움을 받아야 하겠지요.

무대에 오른 배우는 자신이 연기하는 것조차 잊어버릴 정도로 연기에 몰입하는 것이 가장 훌륭한 연기를 할 수 있는 조건이 될 것입니다. 무대에 홀로 남겨진 반려견도 자신이 홀로 남겨졌다는 불안감과 공포심, 스트레스를 잊어버리도록 할 수 있다면 가장 바람직한 상태가 될 수 있습니다. 그러므로 무대에 홀로 남겨지는 반려견이 다른 무엇인가에 집중할 수 있게, 나아가 혼자 남는 상황을 즐거이 받아들일 수 있게끔 배려하고 준비해야 합니다.

자, 이제부터 당신과 당신의 반려견이 모두 행복한 연극을 만들어보시기 바랍니다. 여러분은 훌륭한 연출자가 될 소질이 충분히 있습니다. 당신의 반려견은 매일 무대 위에 홀로 남겨지는 배우입니다. 행복한 배우, 자신감 있는 배우가 되도록 도와주세요. 그 몫은 당신에게 있습니다. 준비되셨나요? Ready go!

에필로그

알고 계셨습니까?

　오랫동안 미뤄둔 숙제를 막 끝낸 느낌입니다. 으레 그렇듯 마침내 해냈구나 하는 뿌듯함이 느껴지는 한편, 좀 더 잘할 수 있었는데 하는 아쉬움도 남습니다. 아직도 하고 싶은 얘기가 많습니다. 지금 다 하지 못한 얘기는 다음 기회로 미룹니다. 다음 번에 해야 할 숙제로 남겨두겠습니다. 반려견을 사랑하는 모든 분들께 더 좋은 얘기를 들려드리기 위해 앞으로도 많은 반려견들을 만나고 더 치열하게 고민하고 공부하겠습니다.

　저는 매일 가정을 직접 방문하여 반려견들의 방문교육을 합니다. 방문교육을 진행하다 보면 반려견 보호자분들과 보다 깊이 있는 얘기를 할 기회가 그리 많지 않다는 점이 아쉬움으로 남곤 했습니다. 이 책에 쓴 많은 글들은 반려견을 교육하면서 보호자분들과 더 얘기하고 싶었지만 못다 한 얘기, 하고 싶었던 얘기들일 수도 있습니다.

　여러 가정을 방문해서 많은 반려견들을 만나보면 행복해 보이는 반려견이 있는 반면, 행복해 보이지 않는 반려견도 많이 만납니다. 알고 계셨습니까? 행복하지 못한 반려견들은 힘들다는 표현을 항상 우리에게 하고 있다는 것을. 반려견이 힘들다는 표현이 이른바 '문제 행동'으로 나타나게 된다는 것을. 배변을 잘 가리던 반려견이 배변을 못 가리고 과도하게 물건을 물어뜯고 심하게 짖어대고 공격성을 보이는 행동들을 하면 그것이 힘들다는, 두렵다는 표현이라는 것을.

우리 사람들이 조금만 더 관찰하고 노력한다면, 그래서 반려견에 대해 더 잘 알게 되고 그것을 실천할 수 있다면, 반려견이 우리에게 하는 얘기를 놓치지 않고 미리 알아차릴 수 있습니다. 그러면 힘들다 못해 마침내 문제 행동으로 악화되는 불상사를 미리 막을 수 있습니다. 행복하지 못한 반려견이 되는 불행을 막을 수 있습니다. 결국 열쇠는 우리 사람에게 있습니다.

반려견과 사람은 다르면서도 같습니다. 다른 점만을 강조하면 친구로서 가족으로서 화합하고 함께하기 어렵습니다. 그러나 다른 점이 어떤 것인지 알고는 있어야 합니다. 기본적으로 반려견과 사람은 다르지 않다는 점에 중점을 두고 대할 필요가 있습니다. 그래서 반려견과 내가 다르지 않다는 사실에 바탕을 두는 한편, 서로 다른 점을 알고서 이해하고 배려하며 기다릴 수 있다면, 우리는 정말 반려견과 '가족'이 될 수 있습니다. 반려견과 함께 행복한 가족이 되기를 진심으로 바랍니다.